今と昔の
長崎に遊ぶ

増崎英明〔編著〕

長崎大学
地域文化研究会〔著〕

九州大学出版会

まえがき

本書は「長崎大学地域文化研究会」のメンバーにより執筆されたものである。研究会は、私たちの居住地である「長崎」をキーワードに、さまざまな視点から地域の解析を試みるため、領域横断的に集合して結成され、二〇一九年八月二三日には初会合が開催された。自然、地誌、歴史、文化、教育、言語、医療など、さまざまな分野の研究者・教育者が互いの自説を自由に発信することにより、相互に影響しあい、そこから各人が新たな視点を獲得することを目的としている。研究会は、その活動の一環として、「長崎の今と昔に遊ぶ」と題した学生講義を令和二年度に開始し、新型コロナウイルス感染症の渦中にあって、幸い多くの受講生からの支持を得た。研究会のメンバーは、感染症の蔓延により一堂に会する機会を奪われる中で、もっぱら通信による意思疎通を維持し、会員同士の相互理解を深めるとともに、新たなメンバーを増やしつつ共同作業を推進した。本書は、「長崎大学地域文化研究会」のメンバーが、それぞれの立ち位置から得られた「長崎」に関する情報、すなわち各人の活動の成果の一端を、社会に向けて発信する最初の取り組みである。本来、長崎大学の学生を対象として執筆されたものではあるが、長崎の重層的で他所には見られないユニークな歴史や文化を俯瞰するには絶好の著書であり、一般の読者についても楽しんでいただける内容となっている。奇しくも本書は、長崎開港（一五七一）から四五〇年の節目に当たる二〇二一年に発刊される。このことをもって、私たち「長崎大学地域文化研究会」は、高らかに産声をあげるのである。

二〇二一年四月吉日

長崎大学地域文化研究会代表　増崎英明

目次

まえがき　i

第一章　巨樹の記憶――二人のルイス――……増崎英明　1
はじめに　1
第一節　ルイス・デ・アルメイダ　1
第二節　ルイス・フロイス　10
おわりに　15

第二章　ポルトガル人が聞いた室町末期の長崎ことば……前田桂子　17
はじめに　17
第一節　室町末期に長崎に来たポルトガル人宣教師と日本語　17
第二節　ポルトガル人が見た中央語（京都語）と現代長崎方言　21
第三節　ポルトガル人が見た長崎ことばと現代長崎方言　23
第四節　ことばの伝播のしくみ　27
第五節　現代長崎方言の状況　29
おわりに　30
コラム　日葡辞書はどこで印刷されたか？　32

第三章　近世貿易都市長崎の特質を考える……木村直樹　33
——尾曲がり猫はどこからきたのか——
はじめに　猫の町長崎　33
第一節　長崎はどこか　34
第二節　江戸時代の外交（対外関係）の見方と長崎　35
第三節　国際貿易都市長崎の成立　36
第四節　江戸時代の長崎の姿　38
第五節　出島に暮らす人々　41
第六節　長崎貿易　42
第七節　唐人屋敷に暮らす人々　45
おわりに　猫は歴史の生き証人　46
コラム　出島と唐人屋敷　49
第四章　長崎の陶磁器にみるグローカル化……野上建紀　51
はじめに　51
第一節　肥前磁器の始まりと海外輸出　52
第二節　一七世紀中頃の東アジア情勢と肥前磁器　54
第三節　海外輸出への肥前磁器の対応　55
第四節　長崎から世界に輸出された肥前磁器　56
第五節　庶民の器「くらわんか」碗・皿と日用品化する磁器　64

第六節　海外に渡ったコンプラ瓶　66
おわりに――長崎の陶磁器とグローカル化　67

第五章　交響する長崎の中国文化――おどり、りょうり、まつり――……王　維　71
はじめに　71
第一節　龍踊り　72
第二節　長崎ちゃんぽん　81
第三節　新たな伝統の創造――長崎ランタンフェスティバル　86
おわりに　91

第六章　長崎八景――漢詩から長崎版画へ――……中島貴奈　95
はじめに――長崎版画「長崎八景」　95
第一節　漢詩「長崎八景」の作者たち　97
第二節　漢詩「長崎八景」小題の選定過程　98
第三節　漢詩「長崎八景」の作品世界　100
第四節　漢詩「長崎八景」のその後　105
おわりに――漢詩「長崎八景」と長崎版画「長崎八景」　106

第七章　長崎の鎮守諏訪神社……吉良史明　111
はじめに　111

第一節　異文化交流の舞台としての諏訪社　112
第二節　外寇防御の神としての諏訪大明神　118
おわりに　124

第八章　出島オランダ商館で書かれた最後の日本語文典の成立とその背景……Rudy Toet　127
はじめに　127
第一節　オランダ商館における日本語学習と日本語研究　128
第二節　クルチウス編ホフマン増訂『日本文法試論』の面白み　129
第三節　原稿の編纂と東インド総督への提出までの経緯　131
第四節　ホフマンによる増訂と刊行　136
第五節　名村八右衛門と勝海舟の関与　138
第六節　カトサンドリア号の難破とその後　140
おわりに　143

第九章　長崎における海軍伝習……南森茂太　151
——新知識・新技術導入の窓口として——
はじめに　151
第一節　海軍創設と海軍伝習の構想　152
第二節　長崎における海軍伝習の準備　155

第三節　海軍伝習　157
おわりに　160

第一〇章　幕末期における長崎のグラバー商会と志士たち　……………　田口由香　169
——長州藩・薩摩藩のイギリス留学——
はじめに　169
第一節　長州藩留学生　172
第二節　薩摩藩留学生　175
おわりに　177
コラム　薩摩藩蔵屋敷跡（長崎市銅座町）　179

第一一章　倉場富三郎が遺した日本西部及南部魚類図譜
（通称：グラバー図譜）　……………　山口敦子　181
はじめに　181
第一節　日本西部及南部魚類図譜（通称：グラバー図譜）とは　183
第二節　図譜を描いた画家たち　185
第三節　倉場富三郎（トーマス・A・グラバー）の生い立ちと真の功績　190
第四節　グラバー図譜の真の価値とは？　196
おわりに　206

第一二章　長崎に誕生した西洋式病院――長崎小島養生所――……………安武敦子　209
はじめに　209
第一節　日本初の西洋式病院の設計者　210
第二節　長崎養生所以前　211
第三節　長崎養生所の構想　212
第四節　一九世紀の西洋の病院建築について　216
第五節　長崎養生所のその後の日本での影響　222
おわりに　223
第一三章　長崎医科大生たちの一九四五年…………………………赤澤祐子　227
はじめに　227
第一節　長崎医科大学　228
第二節　大学病院　232
第三節　穴弘法　235
第四節　原爆医学資料展示室　236
おわりに　238
第一四章　長崎の世界遺産……………………………………………才津祐美子　241
――「潜伏キリシタン関連遺産」の問題点と今後の課題――
はじめに　241

第一節　「潜伏キリシタン」とは何か　242
第二節　世界遺産登録運動のはじまり　246
第三節　暫定リスト記載後の構成資産の変化　247
第四節　ＩＣＯＭＯＳ中間報告と再推薦――「長崎の教会群」から「潜伏キリシタン関連遺産」へ　250
第五節　「潜伏キリシタン関連遺産」の問題点　254
おわりに――今後の課題　258

第一五章　軍事都市としての長崎……大平晃久　263
はじめに　263
第一節　要塞と重砲兵大隊　264
第二節　後方拠点としての重要性　268
第三節　軍需産業と市街地形成　272
おわりに　276
コラム　護国神社　281

第一六章　長崎の岬を３Ｄで表現してみる……全　炳徳　283
はじめに　283
第一節　長崎の岬の原型を求めて　284
第二節　ＧＩＳデータによる長崎の岬の表現　292

おわりに　295

第一七章　軍艦島の今と未来……出水　享　297
はじめに　297
第一節　軍艦島の変遷　298
第二節　海の脅威との戦い　300
第三節　急速に加速する老朽化　302
第四節　軍艦島３Ｄプロジェクト　305
第五節　どう守っていくのか？　307
おわりに　309

あとがき　311
執筆者紹介　312

第一章　巨樹の記憶——二人のルイス——

増﨑英明

はじめに

ある年の一〇月七日。長崎は今日から「くんち」が始まる。料亭で宴会だが、少し早く着いてしまった。まだ陽は落ちていない。ふと春徳寺へ行ってみようと思った。桜馬場中学校のかどから坂を登る。すると突き当たりに大きな白い看板が立っている。長崎で最初にキリスト教の布教を行ったルイス・デ・アルメイダの記念碑である。

第一節　ルイス・デ・アルメイダ

(1) クスノキの見た「アルメイダ」

LUIS　DE　ALMEIDA

Medico e Missionario O primeiro portugues que chegou a Nagasaki 1567

ポルトガル語だろうか？　どういう意味なのか分からないが、とりあえず書き留めておいた。その後、ルイス・フロイスの『日本史』を全訳した松田毅一の『キリシタン時代を歩く』を読んでいたら、この石碑のことが出てきた。松田はこの碑文を「ルイス・デ・アルメイダ。医師かつ宣教師、一五六七年、長崎に着いた最初のポルトガル人」と訳していた。アルメイダという人物は、ポルトガルで免許を得た医師で、日本最初の病院を豊後（大分）で運営した。日本にやってきた最初の西洋医と言ってよい。日本の西洋医学史を論ずるさいは、まずアルメイダから始まる。古賀十二郎『西洋医術伝来史』には、「伴天連トーレスは、大友宗麟が寄進した土地に病院を建て、一般患者や癩病患者を収容し、アルメイダを勤務させた。（中略）永禄十年（一五六七）には長崎村に来て布教を始めたが、一年後には豊後日田に行った」とある。トーレス（トルレス）はザビエルとともに来航し、そのあとを継いだ人である。アルメイダは外科医だが、彼にはキリシタン名をパウロという元僧侶の内科医が助手となっていた。パウロが死去すると、同じくミゲルという邦人が助手となったが、彼らはいずれも漢方を善くしたという。

　アルメイダの時代（一六世紀）、西洋では内科医だけが本物の医者で、外科は床屋がやっていた。東洋医学でも、内科が本道（ほんどう）で、外科は外道（げどう）である。アルメイダと同時代、西洋では、一五四三年にヴェサリウスの画期的解剖書『ファブリカ』が出版され、同じころアンブロワーズ・パレは実践的外科学を始めていた。実践的というのは、結紮による止血および整骨であり、戦争で負傷した兵隊の治療（というか応急手当）である。「我包帯す、神、癒し賜う」（Je le pansai, Dieu le guérit.）というのはあまりに有名なパレの言葉だが、言い換えれば「とりあえず包帯をしておこう、あとは神様の領分だ」という意味で、この時代の外科治療の半分は、いまだ神様の仕事に属していた。つまり内科しかなかった医療という分野に、やっと外科が顔を出せるようになったのであり、それは洋の東西を問わなかった。だから日本に来たアルメイダが、医者であるとともに宣教師であったことも、漢方医と一緒に医療を行ったことも、正しく賢明であるし、理にかなったことであった、と私は思う。

　アルメイダは波乱万丈の人生を送った人である。一生を精一杯生き抜いたといってよい。人生の前半を、彼は医師というより大航海時代の船長として出発した。ポルトガル領だったマカオと日本を往復して巨万の富を得た。大海原は危険の巣窟だった。船はしばしば沈没した。台風もあれば盗賊たちもいた。だから彼自身も海賊のような荒くれものだったに違いないと想像する。しかし一方で、ルイス・フロイスは、「アルメイダはラテン語をとても上手に話した」と書いているので、それなりの家系の出身だろう。教育も受けているし、教養もあったに違いない。ところが彼はある日、苦労して稼いだ金をすべてイエズス会に寄付する。アルメイダは、ザビエルが来航した三年後の一五五二年、山口の大内氏の庇護で宣教活動をしていたトルレスを訪ねてくる。ルイス・フロイス『日本史』から引用する。

図１　ルイス・デ・アルメイダの碑
春徳寺（長崎市夫婦川町）に続く坂を登ると、正面にアルメイダの碑が現れる。1567 年、アルメイダはこの場所で、長崎で最初の布教活動を行った。左に目を転じると、形のいい大きなクスノキが見える。僧侶が通りかかったので尋ねると、樹齢は 600 年であるという。クスノキの右側に春徳寺の山門がある。（筆者撮影）

「ルイス・デ・アルメイダといい三千クルザードの財産を持つ富裕な商人である若者が、コスメ・デ・トルレス師を山口の市《まち》に訪れるため平戸からわざわざやって来た。彼は天分に恵まれており、イエズス会の仕事と布教事業に対してはなはだ稀有の特性を備えていた。（中略）彼は所持していたすべての物を、司祭ならびに修道士たちの生計、および貧しいキリシタンたちの扶助費としてイエズス会に譲渡した」

寄付した三千クルザードにどの程度の

価値があるか分からないが、豊後の病院が千クルザードで建ったと書いているから、現在の価値にすれば相当な金額であっただろう。アルメイダに何があったか想像するほかはないが、生き死にに関わるような個人的な事件があったことが想像される。その後、彼はイエズス会に入会し、教弟（イルマン）となった。前述のように日本最初の病院は豊後（大分）なので、医師としてのアルメイダは、長崎ではさほど知られていない。長崎でのアルメイダは、医師というより宣教師としての方が著名である。山口にトルレスを訪ねた頃（一五五二）のアルメイダは、まだ二七歳の富豪船長だった。豊後に日本最初の病院ができるのが一五五七年だから、この五年の間にイエズス会に入会している。日本のイエズス会は貧乏だったから、アルメイダからの寄付はたいへん助かったことだろう。

フランシスコ・ザビエルは一五四九年に鹿児島へ来て、その翌年には平戸へ行った。平戸の松浦氏はポルトガルとの交易による利益を欲したが、キリスト教の布教は望まなかったようで、それを察したポルトガルは、彼らの港を平戸から横瀬浦へ移した。そして大村純忠に接近した。純忠は才覚も度胸もあったのか、横瀬浦でキリスト教徒になった。ドン・バルトロメオと称した。彼らがキリスト教徒になった第一の目的は貿易であっただろうし、ポルトガル人もそのあたりは承知していただろう。大名の当主ほどの人間が、小説の中のように、ただ一つの方向だけを見ているはずがない。一方の宣教師たちも、ポルトガルから日本まで、嵐の海を乗りこえ、海賊と戦いながら、一年半から二年をかけてやってきた。そういう連中が優男のはずがない。少なくとも当時の宣教師たちは、肉体も精神も、きわめて頑健な人物たちだったはずである。大村純忠には味方もあるが敵も多い。なかでも長崎の深堀氏と諫早の西郷氏は協力して大村氏に対抗した。深堀と西郷を操っていたのは肥前の龍造寺隆信である。大村純忠には強力な味方が必要であった。味方を集めるには金が必要である。だからポルトガルとの交易を望んだ。深堀や西郷との戦いにおいては、むろん宣教師たちも共に戦ったに違いない。アルメイダもそういう宣教師たちのひとりで、やはり強靭な精神と肉体を有していただろう。私にはそんなふうに思われる。ルイス・フロイス『日本史』を紐解けば、戦国末期の日本で、西洋世界から少人数でやってきた宣教師たちの、死を賭した冒険が生き生きと叙述されている。人生とは一編の詩文である。

（2）アルメイダの見た「クスノキ」

図2左は石崎融思による春徳寺で『長崎古今集覧名勝図絵』から引用した。時期は文政三年（一八二〇）ころと考えられる。幕末の長崎三画人（鉄翁祖門・木下逸雲・三浦梧門）はいずれも石崎融思に絵を学んでいる。越中哲也によれば、『長崎古今集覧名勝図絵』は『長崎古今集覧』なる長崎名勝案内の補助的な本として企画されたが、さまざまな事情により一度も上梓されず、長崎市立博物館に眠っていたらしい。ここに掲げた春徳寺の図は未完であるが、門前に威容を誇る「クスノキ」が活写されている。幹の曲線も見事だが、この樹の最大の特徴は、その根張りである。二〇〇年前のすがただが、現在とさほど変わっていない。「当時の住持は融思とは師弟の間柄にあった画僧の鉄翁和尚であった」と越中哲也は書いている。アルメイダは、これよりさらに二五〇年前、今から数えると四五〇年前にこのクスノキを見ているはずである。現在の樹齢が六〇〇年とすれば、アルメイダが見たのは樹齢一五〇年のクスノキだったことになる。さすがに今ほどの大きさはなかったのではないか。さまざまに想像するうちに、このクスノキの見てきた歴史が彷彿とした。

（3）長崎のはじまりのころ

現在の春徳寺の場所にアルメイダが来たのは一五六七年のことで、そのことは『イエズス会士日本通信』に書かれている。永禄一一年（一五六八）、修道士ミゲル・バズ（Miguel Vaz）が志岐（苓北町）から送った手紙である。「パードレ・コスメ・デ・トルレスは昨年イルマン・ルイス・デ・アルメイダを長崎に派遣せり。その地の領主はドン・バルトロメオの臣下にして、すでにキリシタンなりしが、イルマンは同所において多数のキリシタンを得たり」とあるのがそれである。トルレスはザビエルが日本へ同伴した司祭で、第二代日本布教長。彼は長崎の領主であった

図２　アルメイダの見た「クスノキ」

左は『長崎古今集覧名勝図絵』から引用した文政３年（1820）ころの春徳寺。門前のクスノキの塀に乗り出すように発育した根の様子は今も変わらない。クスノキに色をつけた。右は現在のクスノキ（筆者撮影）。長崎でもっとも大きいとされる木は、大徳寺のクスノキである。だが、その木は大枝が切除され、今は大楠神社の隅でうずくまっている。春徳寺にあるこのクスノキは、大きさはともかく、形の美しさは日本一のクスノキと言ってよいだろう。樹齢600年、幹も根も大事にされてきた歴史を感じさせる。

大村純忠に洗礼をさずけた。その洗礼名がドン・バルトロメオである。大村純忠の臣下というのは長崎甚左衛門純景のことで、今の夫婦川、片淵あたりを支配していたが、クスノキの周囲の土地をイエズス会に寄進した。それから二〇二〇年で四五〇年あまりになる。クスノキの近くには長崎氏が城を築いており、その城は鶴城とか桜馬場城とか呼ばれていたらしい。

アルメイダがこの場所で布教を始めたのは、この地域の支配を大村純忠からまかされていた長崎甚左衛門純景がキリスト教徒であったからだろう。彼はこの場所を知行しており、キリシタン名をベルナルドと言った。二人は親族であり、イエズス会が横瀬浦にいたころ一緒に受洗したと考えられている。トルレスは日本人との融和に努めたので、日本人信徒は急増した。同時に、イエズス会から派遣される宣教師も次第に増えていった。やがて彼らは領地の一部をイエズス会に寄進した。その場所に、長崎で最初の教会トードス・オス・サントス教会がガスパル・ヴィレラ神父によって建立された。一五六九年のことである。ポルトガルが長崎の岬（現在の県庁跡地）を開港し、最初の船が来航するのは一五七一年だから、それより二年前の出来事である。ポルトガルによって開港される以前の長崎は、この教会の建ったあたり（今の鳴滝、片淵、夫婦川）が中心地であっただろう。

アルメイダはポルトガルで正式な免許を与えられた外科医である。彼は布教のために日本の各地を巡っているが、府内（大分市）では日本で最初の病院を仕切っていた。病院の様子は、永禄二年（一五五九）、司祭バルテザル・ガゴが府内からインドのイエズス会に送った手紙にある（括弧内は引用者注）。

「（病院は）両側に八室があり、多いときは一六人を収容できる。これに接して病人の世話をするための医員の住宅がある。周囲には縁側があり、病人はここに出て治療を受ける。これは外傷の治療（外科治療）であり、内科疾患には一人の老いた日本人が薬を投与する。病院の評判を聞いて、日本各地から患者がくるが、今年の夏以来、外科および内科の治療を受けた患者は二〇〇人をこえる。治療は霊魂のための説教と肉体のための粉薬・膏薬・焼灼剤である。病者には祈祷を教え、熱心なものには洗礼を授ける。内科医として日本人のパウロがいて、薬物と医学書の解説をしてくれた。彼の死後はミゲルが継いだが、彼も死んだ。外科治療はアルメイダが行い、キリシタンおよび異教徒は病が癒え、喜んで去っていった」

以上が、当時の南蛮医（と日本人の漢方医）が府内の病院で行った医療である。

天正一二年（一五八四）、ルイス・フロイスがイエズス会総会長に送った手紙は、アルメイダの最期の様子を伝えている。

「当一五八四年（中略）パードレ・ルイス・デ・アルメイダは、我等の主が去る一〇月に御もとに召し給うた。彼は日本にあること三〇年に近く、年齢はほとんど六〇歳で、我等の主デウスが当地方において大いに用い給うた一人である。（中略）豊後の病院を開設したのは彼であり、同所に異教徒の捨て子を収容し、己の手をもって負傷者その他一切の病人を治療し、肉体的および精神的にこれを癒した。（中略）彼は死する前、天草のレジデンシアに滞在していたが、その貧弱なる家はキリシタンで一杯であり、みんなは彼の足に接吻し、彼に涙を注いだ。アルメイダはすでに話すことができなかったが、愉快なる容貌をもって彼らを慰め、彼等一同を懐に入れて連れ去るかと思わるる程であった。パードレたちは荘厳な葬儀を彼のために行い、キリシタン等はこれによって感激した」

ルイス・フロイスはアルメイダと行動を共にすることが少なくなかった。親しかった友への「贈る言葉」なのであろう。それにしても、逝去する直前のアルメイダが、見舞客を「愉快な顔をして」慰めたという記述から、アルメイダの医師として、また司祭としての矜持が読み取れる。ある時は船乗りであり、億万長者となって全財産をイエズス会に与え、外科医として日本初の病院を運営し、司祭として死んだ。思い残すことは何もなかったのではないだろうか。

（4）長崎を見ていたクスノキ

日本における布教の拠点はいくつかあったようで、ザビエルは鹿児島から平戸、山口、京都、大阪、堺、豊後などへ出かけている。布教がうまくいきそうな場所もあれば、京都などはほとんど見込みはなさそうだった。ザビエルの時代は、何といってもキリスト教の日本における黎明期ではあるし、相当な苦労をしている。やがて三つの地区が布教の中心になる。下（シモ）Ｘｉｍｏ、豊後（ブンゴ）Ｂｕｎｇｏ、都（ミヤコ）Ｍｉｙａｋｏの三か所である。長崎は「下」に含まれるが、キリシタンによって急速な発展をとげた。一五六九年、長崎で最初の教会がこのクスノキの傍に建った。ガスパル・ヴィレラの手紙に「教会にするため殿（引用者注：長崎甚左衛門純景）から与えられた仏寺

図３　春徳寺

トードス・オス・サントス教会には、一時セミナリヨ、コレジヨ、活版印刷所が置かれていた。この教会は殉教者を納める場所であり、全国から遺骨が送られてきた。1619年に破壊され、その跡地に春徳寺が移築された。この門の向かいに美しくも巨大なクスノキが立っている。（筆者撮影）

を改造して、小さいながらも非常に美しい教会をトードス・オス・サントスに献げた」とある。この教会は、そのため諸聖人（トードス・オス・サントス）の教会とよばれることになった。それから二年後の一五七一年に、長崎港はポルトガルによって測量され開港したので、その後の長崎の発展は現在の江戸町付近へと移ることになる。だが、それ以前はこのクスノキのある長崎氏の支配地こそが中心地であり、江戸町辺りはただの雑木林にすぎなかった。だが開港後は土地を切り拓き、六つの町が作られ、イエズス会に寄進され、やがて長崎の中心地になった。長崎の住民はすべてキリシタンであったというが、一五九七年の日本二六聖人殉教あたりから、キリシタンの迫害が始まる。その頂点が、慶長一八年（一六一四）の「大追放」とよばれる出来事であり、徳川家康は禁教令を出し、宣教師はすべて長崎から追放されることになった。この時、当時から著名なキリシタン大名であった高山右近がマニラへ追放された。片岡弥吉『長崎の殉教者』によると、「時に、徳川氏と豊臣氏の間の関係が急迫していたので、家康は早急に宣教師や高山右近らの追放を実施させようと（中略）、右近らを福田に、宣教師たちは木鉢に、残りの人々は十善寺にやられた」という。高山右近と家族は長崎で二〇〇日ほどを過ごしており、トードス・オス・サントス教会を宿としたことが日本二六聖人記念館館長であったディエゴ・パチェコの著述にある。同書には「トードス・オス・サントスの歴史はキリシタン時代の中で最も思い出深い。（中略）現在、そこには、禅宗春徳寺が建っている。そして庭の井戸と門前の巨大な楠の木だけがその光栄ある過去を物語っている」とあり、このクスノキにも触れている。

第二節　ルイス・フロイス

（1）キリシタンの町

山王神社のクスノキは、今では「被爆クスノキ」として有名だが、むろん先の戦争よりずっと以前から存在して長崎の歴史を見ていた。一八二〇年ころに書かれた『長崎名勝図絵』に山王神社が描かれており、そこに、およそ二〇〇年前のクスノキの姿を見ることができる。クスノキは、鳥居の両側に、すでに大樹としてそびえ立っている。はっきりした樹齢は不明だが、環境省の調査には「三〇〇年以上」とある。諸本には五〇〇年から六〇〇年と書かれているので、ここでは樹齢を六〇〇年と仮定する。片方のクスノキは、現在もそうであるように、他方よりすでに大きい。長崎が日本の全体に関わるような歴史を持って登場するのは、一六世紀以降であり、ポルトガル来航との関連である。もちろん長崎という土地自体はそれ以前から存在した。このクスノキは、そんな長崎の歴史を黙って見ていたのである。

一六世紀から一七世紀初頭まで、長崎はキリシタンの町であった。はじまりは一五五〇年にポルトガル船が平戸へ来たことで、前年に鹿児島へ渡来したザビエルは、さっそく平戸へ向かっている。それから二〇年のあいだに、ポルトガルが入港する港は、平戸から横瀬浦、さらに福田へと移動した。その後、一五七〇年に長崎付近を測量し、翌年にポルトガル船が初めて長崎に入港した。今からちょうど四五〇年前の出来事である。当時の大村領長崎村は長崎甚左衛門純景によって知行されており、その城下町は現在の鳴滝・片淵・夫婦川町付近であった。早くも一五六七年、外科医であり宣教師でもあるルイス・デ・アルメイダがこの場所でキリスト教の布教を始めたことは前述した。長崎氏はイエズス会に土地を提供し、その場所に長崎最初の教会（トードス・オス・サントス）がガスパル・ヴィレラによって建てられた。そこに今は春徳寺がある。一五七一年、現在の長崎県庁跡地に教会が建ち、その周囲に最初の六町がつくられ、この六町を拠点として、町は周囲へ拡大し、周辺の地域から人々が流入した。一、五〇〇人ほどだった長崎の人口は一七世紀には五万人にまで膨れ上がった。当初すべての住人がキリスト教徒であった。肥前地方の領主である大村純忠（バルトロメオ）、長崎地方を任せられた長崎甚左衛門純景（ベルナルド）、時代は下るが外町の代官である村山等安（アントニオ）、みな洗礼を受けたキリシタンである。長崎の中心地は、長崎氏の在所である片淵方面から、急速に六町方面へと移行した。この時代、山王神社は未だ存在していない。山王神社が建つのは、島原の乱平定のため江戸から下ってきた松平信綱（知恵伊豆）が、この浦上の地を訪れた後のことである。浦上は天正一二年（一五八四）、有馬晴信からイエズス会に寄進されたので、この辺りにキリシタンゆかりの教会や病院があったとしても不思議ではない。しかし、豊臣秀吉は天正一五年（一五八七）の九州征伐に際して、浦上を長崎・茂木とともにイエズス会から取り上げて公領とした。以後、長崎は徳川時代が終わるまで天領として幕府の支配を受けた。

（2）日本二六聖人殉教事件

豊臣秀吉のキリシタン政策は、一五八七年にバテレン追放令を出したものの、当初の追放は長くは続かず、迫害は比較的緩やかなものであった。イエズス会もまた静かな布教につとめていた。ところが、イエズス会の有していた日

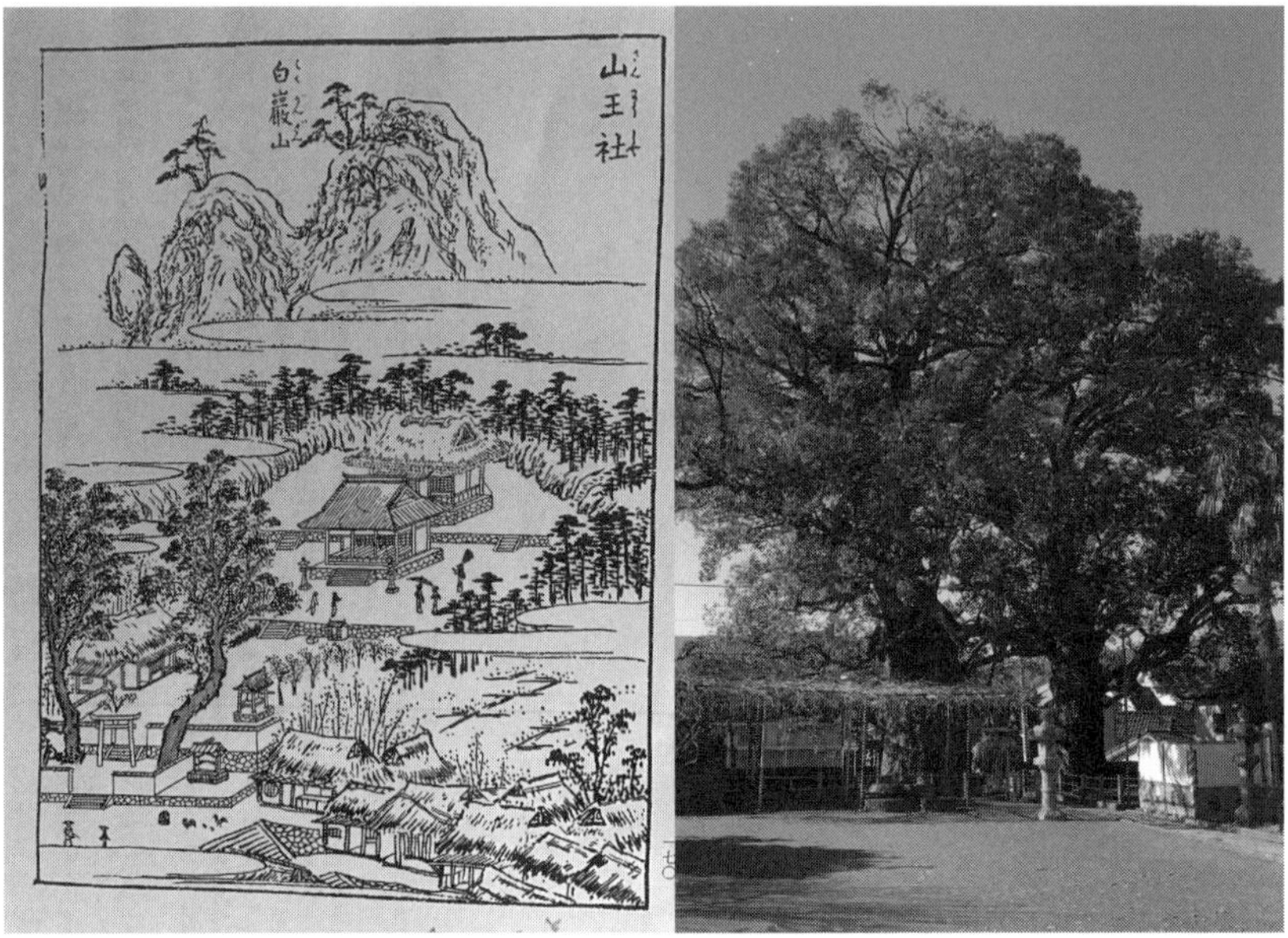

図４　日本二六聖人の見た「クスノキ」

『長崎名勝図絵』は文政年間（1818 ～ 1831）における長崎の様子を伝えるが、そこに山王神社のクスノキが描かれている。現在の樹齢を 600 年とすれば、15 世紀からの長崎を見守っていたことになる。当時はキリシタンの施設があり、日本二六聖人はこの場所で休息した。知恵伊豆とあだ名された松平信綱が、島原の乱平定後に立ち寄り、山王を祭るように指示したという。クスノキに色をつけた。（右は筆者撮影）

本布教の占有権がくずれると、フランシスコ会などイエズス会以外の宣教師やスペイン系の船員が挑発的な言動をくり返した。怒った秀吉は一五九七年、主にフランシスコ会系の宣教師や信徒をとらえて長崎へ送致し処刑した。いわゆる「日本二六聖人殉教事件」である。

当時の京都奉行は石田三成であった。彼は豊臣秀吉の命令を受け、フランシスコ会員七名と信徒一四名、イエズス会関係者三名の合計二四名を捕縛した。日本二六聖人殉教事件は、最晩年のルイス・フロイスによってローマに報告されたが、その報告書によると、石田三成はキリシタン（とくにイエズス会）に対して同情的である。秀吉の命令は、鼻と両耳を切り落とすようにということだったが、三成は左の耳の一部（耳たぶ）を切ることで済ませた。秀吉もまたイエズス会員には、それなりに気を使っている。秀吉は、自身の通訳をつとめていたジョアン・ロドリゲスや、日本人から「うるがんさま」と呼ばれて親しまれたオルガンティーノとは身近に接した。二人ともイエズス会員である。秀吉は「通詞ジョアン（ロドリゲス）が（殉教事件の）うわさを聞いて心配するであろうから早船で人を送って、安心するように伝えよ。またミヤコにいるあの老人（オルガンティーノ）も心配しているであろうから、安心するように伝えよ」と言ったらしい（ルイス・フロイス『日本二六聖人殉教記』、括弧内は引用者注）。二四人は三人ずつ牛車に乗せられ、京都・大阪・堺を引き回され、陸路で長崎へと向かった。途中、二人の信徒が追加されて二六名になった一行は、彼杵からは船で時津に渡った。本来、長崎の町中を引き回す予定であったが、当時の長崎奉行であった寺沢広高の弟・寺沢半三郎（フロイスはハザンブロと書いている）は騒ぎが起こるのを恐れ、長崎の町へ向かう計画を変更して、長崎郊外で処刑することにした。そこは罪人の処刑場であったが、ポルトガル人たちの意向を入れて、罪人の処刑場とは離れた海辺に面した場所に二六本の十字架を立てた。

処刑場へ向かう日本二六聖人が最後に休んだ場所は、現在の山王神社付近である。そこには癩病患者を収容するための「サン・ラザロ病院」があった。「殉教記」によれば、浦上にいる間に、多くの人の往来があっており、それなりの長い時間をこの場所で過ごしたことがうかがわれる。キリシタンが運営する病院があったのだから、小さな教会くらいはあったに違いない。「パシオ神父は、癩病の療養所で、三人のイルマンの告解を聴くために待っていた。神父は三人を療養所に入らせ、そこで告解を聞いた。イエズス会員のパウロ三木はまだ治癒していない耳の傷跡から流れた血の染み付いた着物を着ていたが、長い道中に準備していたことなので、生涯の総告解をした」という。そのあとパシオ神父は「他の二人を別々に呼んで、与えられた権限でもってイエズス会に入会させた」。こうして処刑される数時間前のつかの間に、ディエゴ喜斎とヨハネ五島は正式にイエズス会に入信する願いがかなった。

（3）クスノキは見ていた

一五九七年二月五日午前一〇時。二六人のキリシタンたちは、処刑地「西坂の丘」に到着した。京都からおよそ

図５　被爆後間もない「クスノキ」
これは1945年に撮影された「被爆クスノキ」である。石垣と石段だけが残った焼尽の風景である。クスノキは黒焦げになっている。

一、〇〇〇ｋｍの道のりを、およそ一か月をかけてたどり着いたのである。長崎の港に向かって一列に並べられた二六本の十字架に全員が縛りつけられ、四人の執行人が駆けながら殉教者を刺していった。見物に集まっていた四、〇〇〇人の群衆からどよめきの声があがった。記録者であるルイス・フロイスは、十字架の形状など、処刑の様子を細部に至るまで詳細に書き留めた。「十字架は四本の木で成り、一つは十字架本体、他は両腕のため、両足のため、残りは腰かけるために突出した木」であった。フロイスは、そこに十字架の絵を添えている。だがフロイス自身は、殉教の情景を見ていないだろう。彼は疼痛やむくみ、疲労感が強く、すでに死が近づいていた。だから西坂まで行けたとは思えない。彼が現場にいなかったことは「二六人に付き添って歩いていたジョアン・ロドリゲス神父はこの総ての事柄を私に知らせた」と書いていることからも明らかである。もし見ていたとすれば、岬の教会から遠望したのに違いない。フロイスは、同年三月に「殉教記」を完成させ、七月八日に岬の教会で昇天した。翌年には豊臣秀吉が伏見城で没した。

おわりに

以上に述べてきた二人のルイス（ルイス・デ・アルメイダとルイス・フロイス）についての出来事は、今からおよそ四五〇年前に実際に長崎で起こった出来事である。春徳寺と山王神社に現存する樹齢六〇〇年に達する二本のクスノキが、今よりずっと若かったころ、つぶさに目撃したであろう出来事である。今、山王神社の傍に浦上街道の碑が建っている。これは日本二六聖人の通った道なのである。

参考文献

片岡弥吉『長崎の殉教者』角川選書、一九七〇
古賀十二郎『西洋医術伝来史』形成社、一九七二
越中哲也註解『長崎古今集覧名勝図絵』長崎文献社、一九七五
外山幹夫『資料で読む長崎県の歴史』清文堂、一九九三
ディエゴ・パチェコ『九州キリシタン史研究』キリシタン文化研究会、一九五二
長崎史談会『長崎名勝図絵』藤木博英社、一九三一
松田毅一『キリシタン時代を歩く』中央公論社、一九八一
村上直次郎ほか訳『イエズス会士日本通信』雄松堂、一九六八
ルイス・フロイス（松田毅一・川崎桃太訳）『日本史』中央公論社、一九七八
ルイス・フロイス（結城了悟訳）『日本二六聖人殉教記』聖母文庫、一九九七

第二章　ポルトガル人が聞いた室町末期の長崎ことば

前田桂子

はじめに

皆さんは長崎方言にどのようなイメージを持っているだろうか。日本の最西端に位置し、都会とは呼べない地域の訛ったことば。または最近の方言ブームで、かわいいことば、という印象を持った人もいるかもしれない。ここではその長崎方言について、歴史を遡り、室町時代末期に来日したポルトガル人宣教師の記述から当時の使い方を観察する。また、室町以降現代までのことばの変遷を見て、これからの方言について考えてみよう。

第一節　室町末期に長崎に来たポルトガル人宣教師と日本語

一五七一年、長崎の港にポルトガル船が入港し、イエズス会のキリスト教宣教師が布教を始めた。それ以来、多くの外国人が長崎に居住することになる。そもそもポルトガル人が日本という国の存在を知ったのは、一五四三年(1)にポルトガル人三人を乗せた船が種子島に漂着したことがきっかけであるが、それから六年後の一五四九年にはフランシスコ・ザビエルが日本にやってくる。ザビエルはマラッカで知り合った日本人アンジローを伴って鹿児島、平戸、山口、豊後など各地で布教を行った。当時の日本人にとって、キリスト教の教えとともにヨーロッパの文明や武術は目新しく、興味をそそられたことであろう。日本で最初のキリシタン大名大村純忠は、はじめは教義よりもポルトガル人の武力に興味を持ったと言われる。多くの敵に囲まれた自らの身を武力で守ってもらうためであった。その際、横瀬浦（現西海市）を開港し、キリシタンに便宜を図って教会まで作ったがまもなく焼き討ちに遭って消失し、一五六五年に福田港、一五七一年に長崎港へと港を移す。その時、長崎の地（旧長崎県庁所在地）にも「岬の教会」を建設し、一五八〇年には教会にほど近い長崎六町（島原町・大村町・平戸町・横瀬浦町・外浦町・文知町）をイエズス会に寄進して関係を深めた。そういう中、一五八二年には四人の少年が天正遣欧少年使節として、長崎港からローマに向けて出航した。その頃、長崎の鼻と呼ばれる細長い高台（現長崎市立図書館や裁判所のある地域）を中心に、教会や修道院や福祉施設などが一三棟(2)も建設され、キリスト教信者の町として隆盛を誇った。

しかし、キリシタンにとって平穏な時代は長く続かず、一五八七年には朝鮮出兵で九州を訪れて状況を知った豊臣秀吉により、「バテレン追放令」が出される。天正少年使節が帰国したのは一五九〇年で、すでに国内のキリシタンに対する風当たりが強くなっていた頃である。キリシタンは、取り締まりによって移転を繰り返しながら、ヨーロッパから持ち帰ったグーテンベルク印刷機で多数の書物を印刷することになる。一六一二年に江戸幕府による「禁教令」が出され、一六一四年に長崎の教会がほとんど破壊されてしまうまで、書物の出版は約二〇年にわたって続いた。当時出版された書物には、次のようなものがあるので例示する。

一五九一年『サントスの御作業』『どちりいなきりしたん』加津佐刊
一五九二年『ドチリナキリシタン』『ヒイデスの導師』『天草版伊曽保物語・平家物語・金句集』天草刊
一五九六年『コンテンツス・ムンヂ』天草刊

一五九七年『ナバルスの懺悔』天草刊
一五九八年『さるばとるむんぢ』『落葉集』長崎刊
一五九九年『ぎやどぺかどる』長崎刊
一六〇〇年『ドチリナ・キリシタン』『どちりなきりしたん』『おらしよの翻訳』『朗詠雑筆』長崎刊
一六〇三年『金言集』長崎刊
一六〇四年『ロドリゲス日本大文典』『日葡辞書』長崎刊
一六〇五年『サカラメンタ提要』長崎刊
一六〇七年『スピリツアル修業』長崎刊（大浦天主堂蔵）
一六〇七年『聖教精華』長崎刊
一六一一年『ひですの経』『太平記抜書』長崎刊

これらは、ポルトガル人宣教師達が日本語を学ぶ教科書であったり、日本の歴史を描いたものであったり、教訓的内容の寓話や金言格言、また、教義について述べたものであったりと、キリスト教の布教に必須の内容となっている。ポルトガル人日本語学習者のためと思われるローマ字本の他に、日本人の信者のために仮名で書かれた書物もある。

当時、神学校も建てられた。ローマに送られた長崎コレジヨ（神学校）の名簿が残っているが、そこから、修道院に住む修道士はポルトガル人、イタリア人、スペイン人、日本人と様々な国の人が一緒に学んでいたことが窺える。一六〇三年の長崎コレジヨのカタログ(3)には、

司教……ドン・ルイス・セルケイラ　五一歳　ポルトガル人
パードレ……フランシスコ・パジオ　五〇歳　準区間長　日本語が非常によくできる　イタリア人

ディオゴ・ディ・メスキータ　五〇歳　院長　準区間長顧問　日本語非常によくできる　ポルトガル人
ガスパル・カルヴァリヨ　四〇歳　副院長　日本語非常によくできる　ポルトガル人
ジョアン・ロドリゲス・ツヅ　四〇歳　会計係　準管区長顧問　日本語非常によくできる　説教する　ポルトガル人

という記述がある。中でも最後に挙げたジョアン・ロドリゲス・ツヅは、日本語が非常によくできた。彼はポルトガルに生まれ、少年のころ日本に渡り、一五八〇年臼杵の修練院でイエズス会に入会した。若い頃から少なくとも二〇年以上日本人とともに生活してキリスト教を学んだことから、日本語に熟達したようである。通詞として、豊臣秀吉の信頼も得ている。

彼の業績の中でも、特筆すべきことは『日本大文典』(4)を著したことである。本書は日本語の文法のみならず、口語や文語、丁寧な言い方やぞんざいな言い方、方言など、状況に合わせた表現に気を配った実用的な日本語の教科書である。彼は『日本大文典』の「緒言」にこの本の成立について述べている。その中には、キリスト教の布教のために日本語を知る重要性について述べ、「欧羅巴や印度から来るわが伴天連や伊留満《イルマン》が、この国民の言葉を一層容易に学習し得るやうにするが為に、一つの文典を組織して印刷する」こととなったこと、そして本書が、活用や品詞論のみならず「正確にして且上品に話す事を教える規則と法式とを出来るだけ平易に説明」したものであることを記している。

さらに、彼らは「都」の言葉遣いが最も優れていると認識していたことが読み取れるが、その都の言葉でさえ発音の乱れがあるということを指摘している。例えばジ・ヂ・ズ・ヅの四つ仮名がそれである。古代の日本語にはダ行のヂ［dzi］とザ行のジ［zi］には聞いてわかるほどの発音上の区別があったという。同様にダ行のヅ［dzu］とザ行のズ［zu］も発音が異なっていたが、以下の記述からは室町時代頃に、これらの区別は混乱していたことがわかる。

○〝都〟の言葉遣が最もすぐれてゐて言葉も発音法もそれを真似るべきであるけれども、〝都〟（Miyaco）の人々も、ある種の音節を発音するのに少しの欠点を持ってゐることは免れない。
○Gi（ヂ）の代りにJi（ジ）と発音し、又反対にGi（ヂ）と言ふべきところをJi（ジ）といふのが普通である。……

現代は、ダ行のヂもザ行のジも同じ［ʒi］という発音なので、両者に区別があったというのは意外に思う人が多いだろうが、近世の日本人が書いた資料にも両者の区別を説いた記述があり、よく知られた事実である。しかし、仮名で書かれた資料から具体的な発音まで知るのは困難であるが、ローマ字表記のキリシタン版であればそれがよく分かる。これはキリシタン版の言語史資料として優れている点の一つである。

第二節　ポルトガル人が見た中央語（京都語）と現代長崎方言

さて、『日本大文典』当時の中央語について書かれたものの中から現代の長崎方言につながる事象を見てみよう。まず、動詞活用型について、現代は五段、下一段、上一段、サ変、カ変の五種類しかないのに対し、室町期には下記に示した(1)の表のように上二段、下二段がまだ健在であった。但し、終止形は連体形に影響されて、両者は同じ形になっていた。また、(2)の表のとおり、形容詞は現代語と同じく、終止形がイで終わる形になっていた。(3)の助動詞も平安時代の古典文法の形とも、現代語の形とも異なる。例えば使役のスル・サスルは古典語の使役ス・サスと現代語セル・サセルのちょうど中間的な形といえる。また、意思の助動詞はウ、打ち消しはヌであり、これらはともに現代の長崎方言にも「食べサスル（食べさせる）」「スウデ（しようよ）」「イカン（行かない）」という形で残っている。

助詞では、(4)の語が挙げられる。古典でよく見られる主格の助詞ノも長崎では一般的な用法である。対象を表わすヲバも、現代の長崎方言バに繋がり、中央語の終助詞ワイは方言バイのルーツだと言われる。また、「行かねばならない」のネバから方言ンバが生まれ、現代でも長崎では「頑張らんば」が使われている。

(1)動詞…終止形と連体形が同形

	基本形	未然	連用	終止	連体	已然	命令
上二段	起くる	き（ぬ）	き（て）	くる	くる（時）	くれ（ば）	きよ
下二段	食ぶる	べ（ぬ）	べ（て）	ぶる	ぶる（時）	ぶれ（ば）	べよ

＊表は筆者による

(2)形容詞…｛ク活用、カリ活用｝終止形は「〜い」

多し	基本形	未然	連用	終止	連体	已然	命令
ク活用	多い		く（て）	い	い（物）	けれ（ば）	
カリ活用		から（ず）	かり（き）	かる	かる（物）		かれ

＊表は筆者による

(3)助動詞…断定ジャ　使役…スル・サスル　受身…ルル・ラルル　意思推量…ウ・ラウ・ツラウ　打消…ヌ

(4)助詞……主格ノ・ガ　対格ヲ・ヲバ　終助詞ワイ　否定条件、当為表現ネバ

では、発音を見てみよう。先に、ダ行の「ヂ」とザ行の「ジ」は下記の(5)のようにキリシタン版で書き分けられており、発音の区別があったことを述べたが、その他にも『日本大文典』には(6)〜(9)について記述がある。いずれも現代共通語には残っていないが、(6)〜(8)は現代長崎方言にその片鱗が残っている。

⑸四つ仮名の区別（キリシタン版の表記は、ぢ…gi　づ…zzu　じ…ji　ず…zu）
地下（ぢげ）…gigue　水（みづ）mizzu　頭上（づじゃう）…zzujǒ　自然（じねん）…jinen　文字（もんじ）…monji　硯（すずり）…suzuri　数（かず）…cazu

⑹開合の区別　開音［au］→［ɔ:］　坊主{bǒzu}、会うて{vǒte}
合音［ou］［eu］→［o:］　大きな{vôqina}、今日{qeô}

⑺セ［xe］の発音　世界{xecai}　時節{jixet}

⑻入声音　刹那{xetna}　時節{jixet}（p.t.k は促音化する）

⑼鼻音　̃g ̃d　濁音は鼻濁音　nangasaqui　firando

例えば、現代方言で「大風（おおかぜ）」をウーカゼ、「今日」をキュー、意思表現「~しよう」をシューと言うことがある。これらの本来オ段長音が方言でウ段に変化するという現象は室町時代に合音だったものだけに起こる。このことから、長崎方言が室町時代語を反映していることの証拠となる。また、⑺の「シェカイ（世界）」「ジセツ（時節）」や⑻の入声音は、現在でも県内のあちこちで聞くことができる。

第三節　ポルトガル人が見た長崎ことばと現代長崎方言

前節では、室町時代に中央語だったものが現在長崎方言として残っている例を取り上げた。では次に、室町時代当時にすでに存在した長崎方言で、ポルトガル人が記録した事象を挙げる。ロドリゲスは、九州から関東までの方言の特徴を『日本大文典』に記しているが、肥前、肥後、筑後の方言として、以下の点を挙げている。

⑴疑問の文末表現は「読むいろう」

(2)終助詞バオ（バイに通じる表現か）
(3)命令形ミロ、セロ、（京都ではミヨ、ミイ、セヨ、セイ）
(4)音の訛り　ai→e:
(5)形容詞のカ語尾　（良か、古か、など）

(1)は、現代でも長崎県の郡部で聞くことがある。「どうだろうか」をドウイロ、「行くだろうか」をイクイロ、イクニロなどと言う。(2)は終助詞で、中央語のヨ、ゾと同じ働きをするものだと説明されている。バオというのはあまり聞きなれない表現かもしれない。現代長崎方言で「いいよ」というのをヨカバイと言うが、バオはその類語である。長崎方言のバイのルーツは中央語のワと考えられる。ワは九州でバと発音され、さらに江戸時代にはバー、バイ、バヨなどの派生形が生まれているので、バオはその一形態であろう。中でもバイが一番使用されたために他の形は淘汰されてしまったようだが、『日本大文典』のバオは一連の終助詞の中で最も古い例となる。(5)の形容詞のカ語尾は、『日本大文典』の記述によって、室町時代に遡ることがわかる。カ語尾は形容詞のカリ活用に由来すると言われている。室町時代は中央語の話しことばにおいて、用言の終止形が連体形に同化したため、終止形も「―カル（例：良かる）」となった。その後、ぞんざいな発音では語尾が落ちた「―カ（例：良か）」という言い方が誕生しても不思議ではない。話し言葉を文献で確認するのは容易ではないが、平安末期の『今昔物語集』にはすでに「多か」の例が見える[5]。長崎方言の形容詞のカ語尾はこれに由来すると考えられる。

(3)命令形については、以下の通りである。

○又、Agueyo（上げよ）、Miyo（見よ）などのやうなYo（よ）に終る命令法に於いて、Yo（よ）をRo（ろ）に変へる。例へば、Miro（見ろ）、Xero（せろ）、Aguero（上げろ）、Quiro（着ろ）、Abiro（浴びろ）、など。

(4)に挙げた発音についてもai連母音が［eː］となるという指摘があるが、次に示すように、ロドリゲスはそれを聞いて発音が汚いと感じたようである。

○〝肥前〟(Fijen)でもこの〝下〟(ximo)の多くの地方でも、A(ア)かO(オ)かの次のY(イ)の辞はE(エ)に変へて、それを発音するのに甚だしく悪い一種のソンソネーテ[6]を伴ふ。例へば、Xecai(世界)をXecae(せかえ)、Yoi(良い)をYoe(よえ)、Amai(甘い)をAmae(あまえ)、Daiji(大事)をDaeji(だえじ)、Taixet(大切)をTaexet(たえせッ)、Firoi(広い)をForoe(ほろえ)、Curoi(黒い)をCuroe(くろえ)といふなど。歯の間にあるかのやうな発音の仕方である。

すでに述べたように、『日本大文典』の編纂目的は、布教のために「正確にして且上品に話す事を教える規則と法式とを出来るだけ平易に説明」することであった。その一方で、彼らの多くが居住する九州地方の住民のことばを理解するための知識も必要であった。そこで本書には、現地語の聞き取りのための記述も充実している。以下は、中央語と比較した音の訛りや、使用頻度の高い特に注意すべき語の説明である。

○この〝下〟の九ヶ国(九州のこと)はすべて、〝すばって〟(subatte)発音するôを長音のŭに変へる。例へば、Ixxô(一升)、sô(添ふ)、queô(今日)などをIxxŭ(いっしゅう)、sŭ(すう)、quiŭ(きゅう)などといふ。

○ある地方では、Tçŭ(ツー)をTô(トー)に変へる。例へば、Mǒxitçŭjezu(申し通ぜず)をMǒxitôjezu(申しとうぜず)といふ。又、反対に、Tô(トー)をTçŭ(ツー)に変へる。例へば、Tôzaimon(藤左衛門)をTçŭzaimon(つうざいもん)、Tôdai(燈台)をTçŭdai(つうだい)といふなど。

○移動を示すYe(へ)の代わりにNi(に)、No yǒni(のやうに)、Nogotocu(の如く)、Samaye(様へ)、Sana(さな)などを使ふ。そこから次の諺が出来てゐる。Quiŏye, Tçucuxini, Bandôsa.（京へ、筑紫に、坂東さ。）（中略）○多数の粗野な語がある。例へば、Angai（あんがい）、Congai（こんがい）、Angaina（あんがいな）、Congaina（こんがいな）、Angaini（あんがいに）、Congaini（こんがいに）、など。

同じくキリシタン版で、『日本大文典』と同年に出版された『日葡辞書』[7]にも、方言の記述がある。『日葡辞書』は掲載語が三二、〇〇〇語に上る。これほどの語彙数を持ち、ことばを発音から引けて活用や意味、用例まで書かれた辞書は当時において画期的である。『日本大文典』と同じく京都の言葉をお手本としているため、方言はX.の記号で区別されている。九州方言は、『日葡辞書』には四〇〇語余り記載がある。その中から、現代でも使われている例を一部挙げよう。片仮名表記が見出しで括弧内は意味である。

アセル（雀が足や嘴で餌を探すやうに引掻いて散らす）、アユル（果物などが自然に落ちる）、イゲ（とげ、いばら）、オロイ（わるい、そまつな）、ガゥリ（蔓草になる小さな瓜）、カルウ（背負う）、ギャーケ（風邪）、クビル（縛る）、コブ（蜘蛛）、サマ（窓）、ス（穴）、セカラシイ（忙々しい）、セク（閉める）、ナガシ（日本の長くつづく雨）、ナバ（茸）、ヌカル（刀や槍で一方から一方へ貫かれた）、ネズム（つねる）、ヒラクチ（まむし）、ヒンヌグ（力を込めて抜く）、フスル（つぎをあてる）、フセ（継当て）、フム（靴をはく）、ホガス（穴を空ける）、ホグル（孔があく）、ムキケ（吐却する病気）、ユガク（あとで味をつけるためにまづ食べものを熱湯に通す）、ヨマ（ひも）、ワクド（がまがえる）

これらは、実に四〇〇年以上にわたって方言として生き続けている語である。名詞、動詞、形容詞と、品詞は様々であるが、ともに日常生活に根付いた語であることがわかる。

第四節　ことばの伝播のしくみ

ことばはどこから来て、どこに行くのだろうか。方言伝播の代表的な理論に「方言周圏分布論[8]」がある。柳田國男が「かたつむり」の方言形を全国的に調べ、その地理的分布から「ことばは都で生まれ、水の波紋が広がるように周辺に伝わっていくので、都から離れれば離れるほど、古い言葉が残っている」という結論に達した。

つまり、ことばは都で生まれて徐々に周辺に広がっていくため、都から同じ距離であれば離れた土地であっても同じ語が存在することがある、というわけである。

ノンダ、サルク、フトイ、オラブ、バチカブルという語に注目してみる。これらは、日葡辞書では中央語として掲載されている。しかし江戸時代の方言書や随筆には長崎方言として載っている。さらに現代の方言辞典で確認すると、ノンダ（延びた）、サルク（歩き回る）は九州地域に留まる用法であるが、フトイ（大きい）、オラブ（叫ぶ）、バチカブル（罰が当たる）は山形県以西の各地で使われており、方言周圏論的な伝わり方をしたと考えられる。

では、日葡辞書ですでに方言として掲載されていた語はどうだろうか。先に挙げた中からアユル、カルウ、ガゥリ、フムについて、現代の方言辞書『日本方言大辞典』で確認してみよう。

アユル（落ちる）、カルウ（背負う）は西日本方言、ガゥリ（瓜）、フム（履く）は現代も九州方言として掲載されている。これらは日葡辞書の頃から四〇〇年を経てもなお方言として生き続けたことになる。

ところで、長崎には室町時代末期よりポルトガル人、オランダ人、中国人を通じて外来語が入り、それが根づいたものがある。他の地域では使われず、長崎特有の語ということになれば、これも方言と呼べる。ポルトガル由来の長崎方言には、以下のものがある。

ボーブラ（abobora）…かぼちゃ　バンコ（banco）…長いす　バッテラ（bateira）…小舟

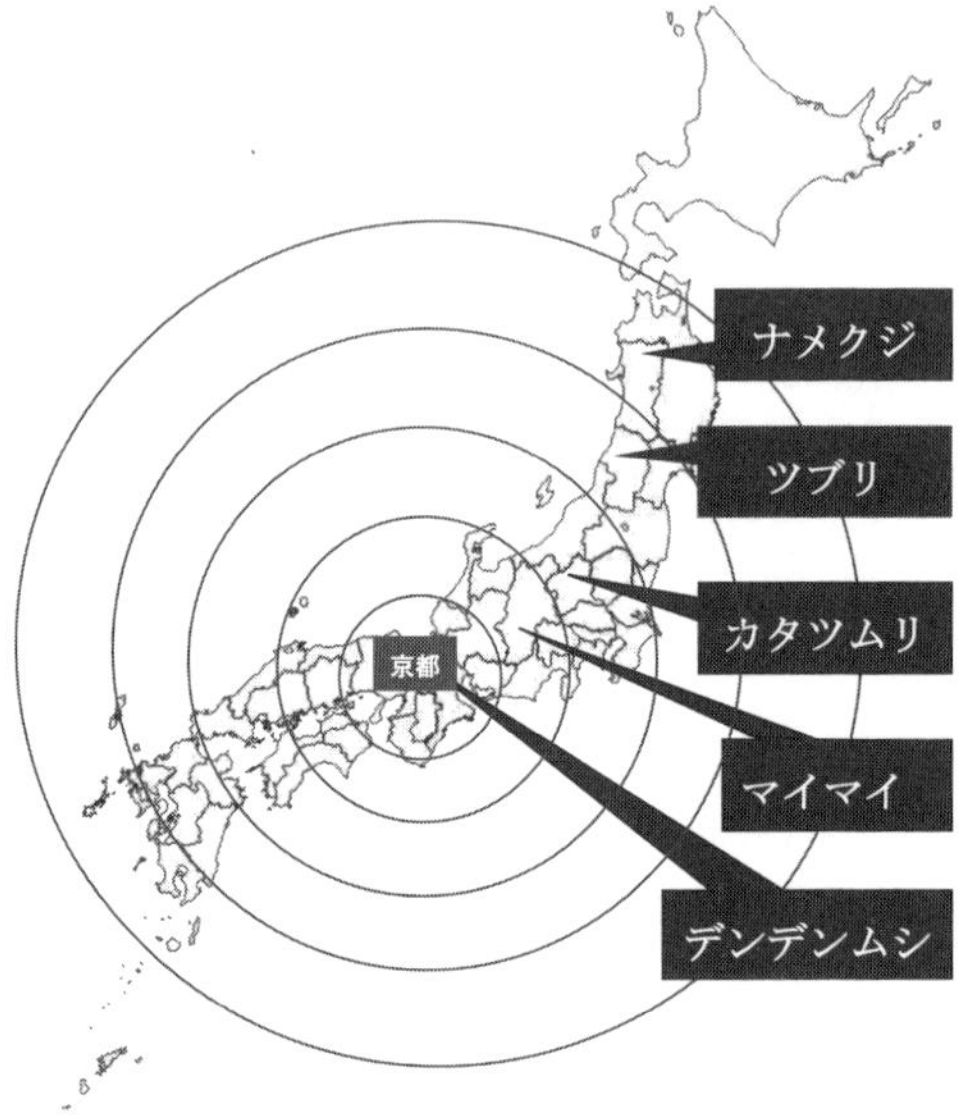

図１　『蝸牛考』の「かたつむり」の方言周圏分布を図式化したもの

これらが定着して、外来文化が根付いた長崎らしい言葉だと意識されるようになると、故意に外来語にまねて「スワルトバートル」「オストアンデル」「スグジー」などが戯れに作られたという。それぞれ、「座ったら場所を多く取る」「押したら餡子が出る」「すぐにお爺さんのように老ける」という意味らしい(9)。

また、中国語由来の方言もある。唐通事のことばが長崎で流通し、他の地域には見られないことから長崎方言と呼べるものに、以下が挙げられる。

ドワッシェン(10)（落花生）…落花生《らっかせい》　キビショウ（急尾焼）…急須　シッポク（卓袱）…テーブル（シッポク料理はテーブル料理から）　シャンス（相思）…情人のこと　ハイチン（背身）…袖なしの上着　チャアパア（招宝）…おくんちのかけ声　ヨーイヤ、サー!!（弥華）…同上

いずれも室町時代から江戸時代当時の中国語の読み方が訛ってカタカナ語となり、現代に受け継がれたものである。

第五節　現代長崎方言の状況

では、現代の長崎方言をみてみよう。文法形式の主なものには、次のものがある。まず、長崎のみならず北部九州に広がるものとして、

終助詞バイ・タイ、形容詞カ語尾、主格の助詞ノ、対格の助詞バ、準体助詞ト、接続詞バッテンなどが挙げられる。次に、長崎独特の文法形式には、

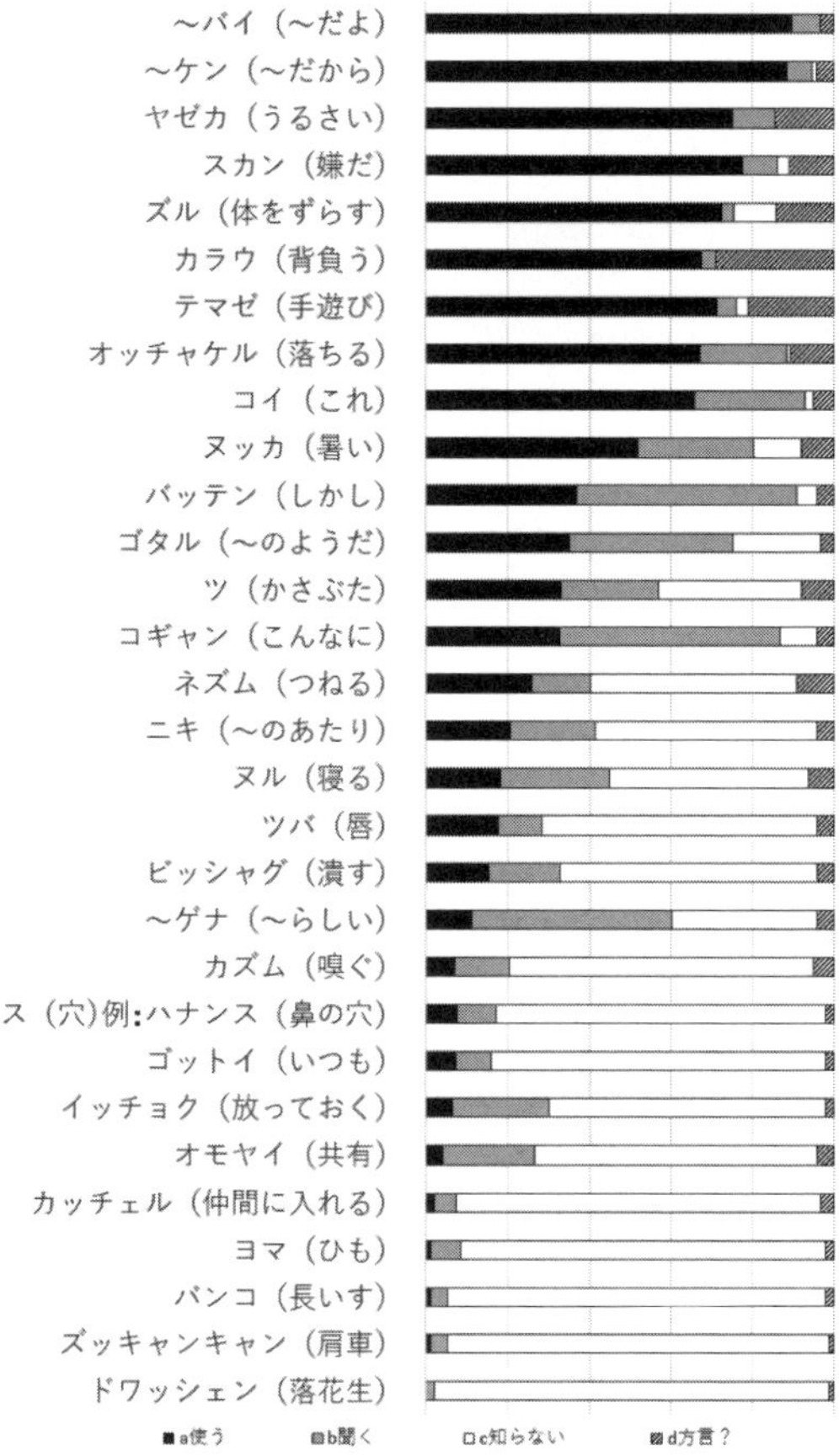

図２　長崎方言実態調査（中学生）

感嘆表現の終助詞サ（きれさー、広さー、すごさー）、当為表現の接続助詞ンバ（行かんば、食べんば）がある。これらは若い人にも盛んに使われている。しかし、方言を全体的に見ると、時代と共に使われなくなった語が数多くある。

図２は近年、長崎市内の中学生を対象に行った方言調査である。方言語形を挙げて、a．使う、b．知っている、

c. 知らない、で回答を求めたところ、以下の傾向が見られた。

⑴文法形式であるバイ、ケンは九割以上の人が使っていた。

⑵友達との会話で頻繁に使う語（ヤゼカ、スカン、テマゼなど）はよく保たれていた。

⑶全体に、方言の衰退が著しい。

九〇歳代の女性に同じ調査をしたところ、「a. 使う」はほぼ一〇〇％であった。五〇代ではほぼ半分、中学生では平均すると二～三割となり、年代と比例して一直線に衰退していることがわかる。

おわりに

室町時代、話し言葉において標準語という全国統一的なことばは無かった。標準語は明治政府によって作られたものである。それまで、話し言葉は全て方言であった。ポルトガル人が見た日本語も、都のことばと各地域の方言で、長崎方言も、布教に向かない粗野な言葉に見えたことが分かる。宣教師たちは、それらを使わないように、文法書に注意事項として記述した。その中には現代の長崎ことばの中心を担う文法的特徴（動詞の活用型や助詞、助動詞、形容詞など）や、発音にも九州の特徴が見られた。しかし、こうして脈々と長い間生き続けた方言が、現代急速に衰えようとしていることも指摘した。それは明治時代に作られた標準語の普及と表裏一体をなすものである。

しかし地域社会を重視する昨今、方言は歴史や伝統文化と深く結びついた大切なキーワードとして見直されている。方言の衰退は地域の歴史文化の衰退につながる。今後どうすればよいか（どうしたいのか）。現代の長崎に生きる私たちの課題である。

注

（1）ジョアン・ロドリゲス『日本教会史』を始め、一五四二年との説もある。

（2）①トードス・オス・サントス教会（現春徳寺）②山のサンタ・マリア教会（長崎歴史文化博物館付近）③サント・ドミンゴ教会（桜町小学校敷地内）④サン・フランシスコ教会（長崎市役所別館）⑤サン・アントニオ教会 ⑥サンチャゴ教会 ⑦サン・ペドロ教会 ⑧ミゼリコルディア本部と附属教会 ⑨サン・アウグスチン教会 ⑩サンパウロ教会（旧長崎県庁）⑪被昇天のサンタ・マリア教会（旧長崎県庁）⑫サン・ジョアン・バウチスタ教会（本蓮寺）⑬サン・ロレンソ教会

（3）『長崎のコレジヨ』純心女子短期大学長崎地方文化史研究所編、一二ページ

（4）土井忠生氏により日本語訳され、『ロドリゲス日本大文典』として三省堂から出版されている。本文中の引用は、本書による。

（5）『今昔物語集』巻第一九第一四に「干飯ヲ取出テ与ヘタレバ、『多カ』ト云テ」という記述がある。

（6）ソンソネーテとは、鼻にかかる抑揚のある発音を指す。

（7）『日葡辞書』は長崎で出版され、日本語をポルトガル語で説明した辞書。現在は、『邦訳日葡辞書』（岩波書店）によって日本語で読むことができる。

（8）柳田國男『蝸牛考』刀江書店、一九三〇

（9）古賀十二郎『長崎市史風俗編』一九二四に収める。

（10）ドワッシェンは「落花生」の唐音読みに由来し、ラッカセイは漢音読みである。

参考文献

片峰茂監修『長崎の岬』長崎文献社、二〇一九
木部暢子ほか『方言学入門』三省堂、二〇一三
九州方言研究会『これが九州方言の底力！』大修館書店、二〇〇九
佐藤亮一『方言の地図帳』小学館、二〇〇二
真田信治『方言は絶滅するのか』ＰＨＰ新書、二〇〇一
純心女子短期大学長崎地方文化史研究会『長崎のコレジヨ』聖母の騎士社、一九八五
土井忠生訳『ロドリゲス日本大文典』三省堂、一九五五
徳川宗賢監修『日本方言大辞典』小学館、一九八九

外山幹夫『長崎史の実像』長崎文献社、二〇一三
平山輝男編集　坂口至『長崎県のことば』明治書院、一九九八
柳田國男『蝸牛考』刀江書店、一九三〇
『旅する長崎学』一～六　キリシタン文化シリーズ、長崎文献社、二〇〇七

コラム　日葡辞書はどこで印刷されたか？

旧長崎県庁跡は、江戸時代長崎奉行所の西役所があった場所です。そして、それ以前は、岬の教会があり、その後、被昇天のサンタ・マリア教会が建った場所です。日葡辞書と日本大文典は一六〇四年にここで印刷されたと言われています。県庁坂を下りて、旧警察署跡の門には、天正遣欧少年使節が出航した港の碑も立っています。現地に立って、当時に思いを巡らせてみて下さい。

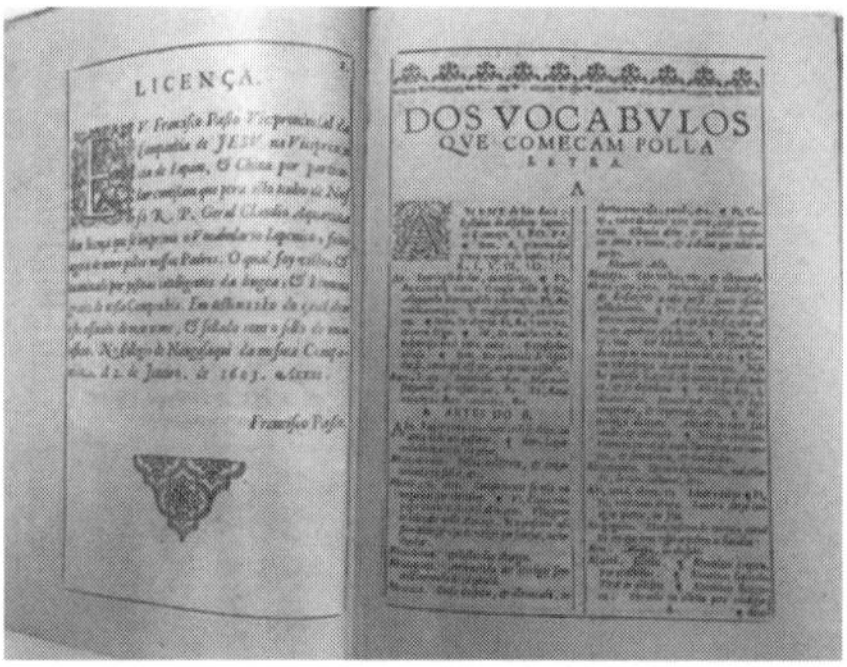

大波止電停から県庁坂を登る途中に「南蛮船来航の波止場跡」という碑が建っています。

第三章　近世貿易都市長崎の特質を考える

――尾曲がり猫はどこからきたのか――

木村直樹

はじめに　猫の町長崎

長崎の町を歩くと、猫によく遭遇する。江戸時代からの細かい区画割が残ったり、坂道の多かったりする長崎は、車両の通行が制限されている路地も多く、安心して猫が動き回る。また港町は、総じて猫が多い。

ところで、長崎の猫たちをみると、「尾曲がり」と称される、尾が短かったり、曲がっていたり、ほとんどなかったりする猫が多くいる、という印象を持つ人もいるのではないだろうか。実際、統計データによると、何らかの形で、変形した尾をもつ猫は、長崎市の中心部エリアでは八〇％近くいると推定されている。日本の平均値は四〇％、もともと一番古く古代に愛玩用として猫が大陸からもたらされた京都の中心部では二〇％程度というデータも存在する。野良猫も含めて正確な統計をとることが難しいが、少なくとも、長崎の町の猫は、日本の他地域よりは、変形した尾がとても多いことはよくわかるであろう。

なぜ、このような現象が長崎ではみられるのだろうか。実は、戦国時代末期から開かれた港湾都市長崎の歴史と大いに関係がある。そこで、本章では、港湾都市長崎の特徴を、江戸時代の姿から考えてみたい。

第一節　長崎はどこか

そもそも、「長崎」とはどの場所を指すのだろうか。現代では、長崎市と長崎県、二つの意味で使われている。しかし、明治の初頭までは、長崎とは、長崎の都市部分のことであり、それも現在の長崎駅前付近から新地中華街あたりまでの狭い範囲であった。

長崎市の付近は、古代から人が居住していた痕跡があり、また律令国家の領域内であることは確かだが、一方で、文献史料に文字として記録されておらず、発掘による考古学の成果以外はよくわからない。どのような地名で呼ばれていたか不明であった。

中世になると、地名として「長崎」が登場する。その名前の由来は、確定した説はないが、長崎湾に飛び出た細長い半島＝「長い岬」が語源という考え方が有力である。一二五八年に長崎湾の北半分と周辺をさして「(彼杵庄)戸町・永埼両浦」という表記が地名としての長崎の初出例である。また、この地を支配したとみられる長崎氏が、一二三七年に京都に赴き活動していた記録がある。このことから、一二〇〇年前後、長崎という地名が存在し、その地を治める長崎氏がいたと推定される。ただし、中世の長崎氏の拠点は、現在の桜馬場周辺であり、より内陸側の丘陵地帯の麓にあり、長崎市の中心部周辺は、あまり人がいなかったと推定される。その後、のちほど詳しくみるが、長崎が国際貿易港として開発されることとなる。

江戸時代になると、長崎は幕府が直接支配する九州屈指の大都市として発展をとげる。貿易港であると同時に、大消費地でもあり、また金融センターとしての役割も果たす。

明治時代以後、近代になると、冒頭でもふれたように、県と市の二つの「長崎」が登場し、長崎県は、一時期現在の長崎・佐賀県を含めた巨大な県であった時期もあるが、おおむね、現在の長崎県の姿となる。長崎県は、江戸時代までの肥前国の西半分と壱岐国・対馬国を合併したもので、広域な長崎県が登場するのである。

第二節　江戸時代の外交（対外関係）の見方と長崎

中学・高等学校の教科書では、一七世紀前半に「鎖国」が完成し、以後長崎では、オランダおよび中国と貿易関係があったと記述されることが多い。同時代、日本は、その他に三つ、すなわち李氏朝鮮・別の国だった琉球王国（沖縄）・異民族であるアイヌの住む蝦夷地（北海道）と関係があり、長崎は、それら四つのゲートウェイ「口」の一つと理解されている。そして、この一七世紀半ばに安定した日本と異国との関係は、幕末のペリー来航まで続くとされる。ところが、長崎を特徴づける「鎖国」というキーワードは、一八〇一年に翻訳した略語として造語されたがすぐに広がるわけではない。ようやく幕末に知識人の間ではある程度知られるようになる。そして、明治時代になって、一般的に知られる言葉なのである。「欧米に遅れた日本」という明治の人々のコンプレックスの裏返しの概念であり、肝心の江戸時代の人々は「鎖国」という言葉を、ほとんどの人が知らなかった。つまり、「歴史の実態」と「後からみた歴史のとらえ方」が分離した状態の言葉なのである。

では、その舞台となった長崎で生きていた江戸時代の人は長崎をどうみたのだろうか。

江戸時代の長崎を代表する町人学者である西川如見（一六四八～一七二四）は自著『長崎夜話草』の一節で、次のように述べている（原文は岩波文庫、筆者が現代語訳）。

長崎・山里・淵村あわせて三、四〇〇石しかなく、人口五万をやしなうことはできないが、「華夷（外国）」の船の商売で二〇万金もあるので、家は四千、竈は一万に及ぶ。魚・野菜・鳥・獣肉、中国のお菓子、外国の珍しい菓子がゆたかにある。

唐人の音楽が流れ、きれいな布や刺しゅうは目をよろこばす。いい書や絵があり、詩もできる、歌もできる、中国風・西欧風の工芸品も多い。楽しみを求めるに、京都をうらやむ必要はない。ただし、世界中、いろいろと思いがあり、人々が忙しいのは今の時代のこと、京都の人も多くやってくる。

この文章から、自分たちが海外に出かけることはないが、文化的水準が高く、楽しい都市という認識をもっていることがわかる。逆に言えば、わたしたちが抱いている明治時代以来の「鎖国」という負のイメージとは大いに違っている。近代に付加された価値観に、私たちはしがみついていないか、反省をせまるのである。

そこで、本章では、長崎の歴史の実態に立ち返って、いわゆる「鎖国」政策のもと、どのような異文化交流がなされていたかを検討してみよう。その際、どこから、どのような人たちが来航して、どのような貿易がなされていたのかに、注目する。

第三節　国際貿易都市長崎の成立

まずは、都市長崎の形成をみてみよう。二〇二一年には四五〇周年をむかえる長崎開港の経緯からたどってみたい。中世には、長崎の都市丘陵部に長崎氏の拠点である館など古い長崎があった。やがて長崎は西洋との貿易港として世界的に知られるようになるが、長崎が貿易港として安定するには、紆余曲折があった。一五五〇年、現在の長崎県下の平戸へポルトガル船が来航し、長崎の周辺で西洋諸国との貿易が始まる。しかし、キリスト教の宣教問題をめぐり平戸の領主松浦氏と対立することもしばしばあった。そのためポルトガル船は、キリスト教に寛容な大村氏の領地内での貿易を求めるようになる。一五六二年には、大村湾の横瀬浦にポルトガル船が来航し、大村家の当主大村純忠も大名として初めてキリスト教の洗礼を受けた。家臣団の中にもキリスト教徒になる者もおり、その中に、長崎を支配した長崎氏も含まれていた。大村氏は、近隣の戦国大名である竜造寺氏と対抗しており、ポルトガル船を誘致したかったのである。ところが、大村氏も一枚岩ではなく、世継争いで横瀬浦は焼き討ちにあってしまう。そのため一五六五年には現在の長崎市にあたる福田浦が開港する。当時のポルトガル船はアジア系の船と違い大型なため、一定以上の水深のある港が望ましく、その点で福田浦は都合がよかったが、外海に直接面しているため、台風などの際に大波が直接押し寄せ、港としては不安定であった。また、一五六七年には、同じくキリシタン大名となった島原の有馬氏が、島原半島南端の口之津を開港し、ポルトガル船誘致にのりだす。しかし、ポルトガル側としては、大村氏の領地内での港を望み、布教が開始されていた長崎が新たな候補地となった。長崎湾は水深が深く、また湾の入り口に伊王島や香焼島（現代は埋め立てにより陸地とつながる）などの島々が存在し、防波堤の役割を果たし、波が安定しており、地理的には良好であった。

そして、一五七〇年、大村純忠とイエズス会の間で協定が結ばれ、またイエズス会士が先立って長崎港水測を行い、南蛮船誘致が決定した。翌一五七一年、長崎へポルトガル船が初来航したことによって、国際貿易都市長崎がスタートする。すると、貿易を行うために、九州各地のすでに貿易港として実績のある土地から、そのノウハウをもった人々が移住して、最初の町が形成された。大村町・平戸町・島原町などがそれにあたる。

一方で、貿易都市となると、大村氏の対抗勢力から長崎は狙われることとなる。特に竜造寺氏側に加わった、長崎湾入り口を押さえる深堀氏は厄介な存在となった。この状況を打開するため、大村氏は、一五八〇年に、イエズス会に長崎と郊外の外港茂木を寄進するという奇策に出る。まわりの領主たちも外国勢力を敵にして戦争することは難しくなるからである。もちろん、大村氏は行政の代行という権利は保持し、力を残す工夫はされていた。その結果、長崎は「小ローマ」ともいうべき教会にとって重要な場所として、キリスト教と貿易が盛んな土地となった。ところが、一五八七年、日本統一を目指す秀吉が九州に進出し、長崎が外国勢力の領地であることに危機感を持ち、バテレン（宣教師）追放令を発する。同時に、長崎と茂木を直轄地とした。以後江戸幕府・明治政府もここを直轄地として統治したのである。キリスト教の信仰自体は当初否定されなかったので、長崎は相変わらずキリシタンの町としてしばらくは繁栄した。

このように、長崎が貿易港となっていくには、当時の船の入港が可能な自然条件と、キリスト教とそれと一体化した貿易という政治的条件、二つの理由から港が選定されていったことがわかる。

さらに、江戸幕府は、貿易や外交を時の政権の管理下におくために、異国人の活動に制限を加え、それが、出島や唐人屋敷になっていく。一六三四年に出島建設が始まり、一六三六年に完成した。キリスト教対策のためポルトガル人を隔離する目的であった。しかし、一六三七〜一六三八年の島原の乱を経て、一六三九年に幕府はポルトガル船を追放する。そのため一時的に出島は空き家になるが、一六四一年には平戸からオランダ東インド会社の商館を移設し、以後幕末まで日蘭関係の場として機能する。出島は、幕府によるキリスト教禁制政策と貿易管理強化を目的とした場所といえる。一方、唐人屋敷は、あとで述べるが、一六八〇年代以降日本唐人貿易における密貿易（抜荷）が多発したことから、その対抗措置として一六八九年に完成し、来航した唐人たちを収容した。

第四節　江戸時代の長崎の姿

一七世紀に異国人との貿易の場の管理が強化される中、長崎の都市としての姿は、一七世紀後半に一つの完成を迎える。

一六六三年に長崎で大火が発生し（寛文の大火）、市域のほとんどが焼失してしまった。そのため実質的な新たな町づくりが始まり、道の拡幅や区画割の再編が行われ、現在の市の中心部とほぼ同じ形の町が編成された。さらに、

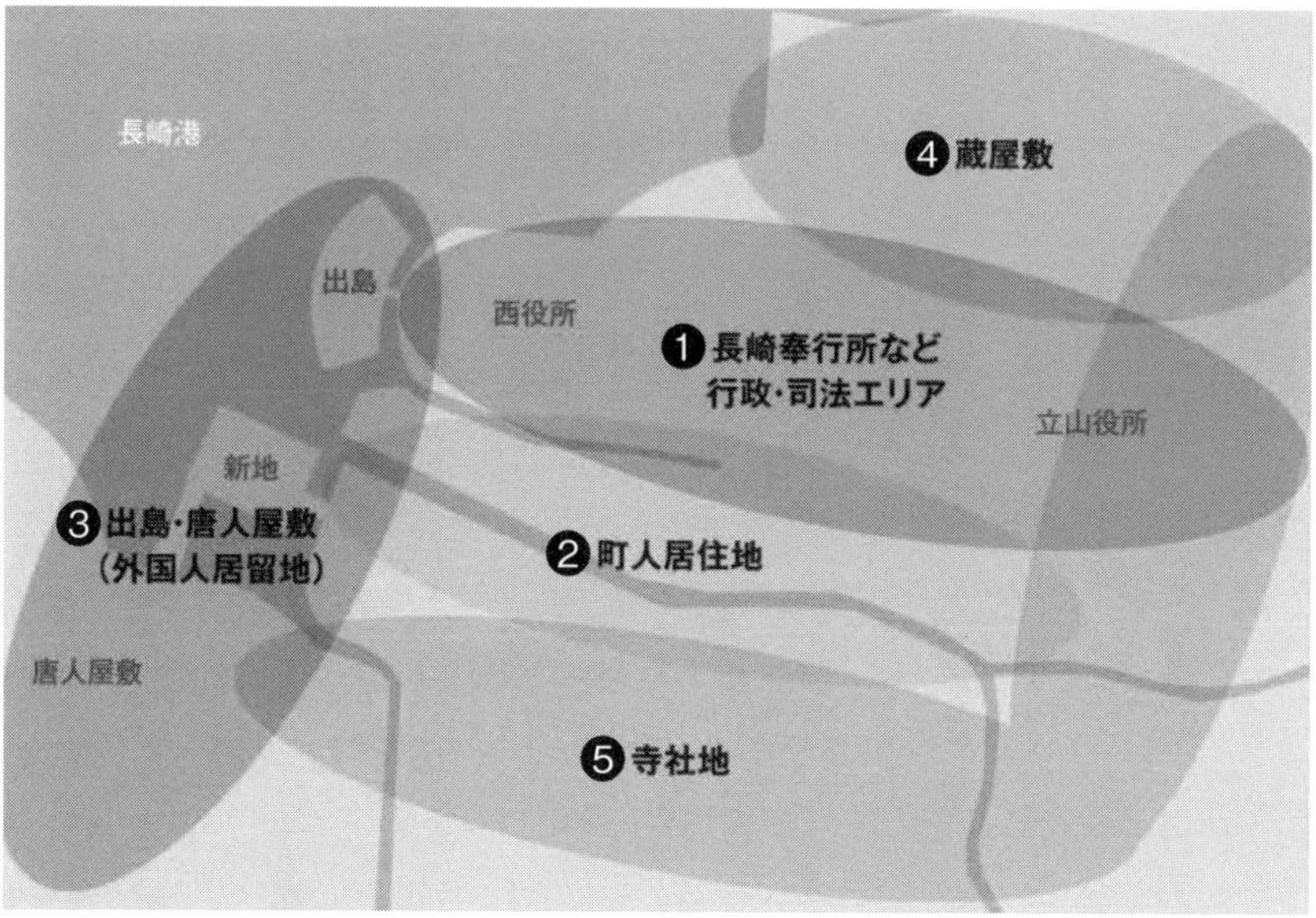

図１　近世都市長崎における身分・集団（長崎大学広報誌 CHOHO 59より）

一六七三年には現在の長崎歴史文化博物館のある立山に長崎奉行所立山役所が完成する。一六七二年には長崎の町は八〇町（当初からある内町二六町とあとから作られた外町五四町）となり、以後江戸時代は八〇町となる。一六九九年には行政上の違いがあった内町・外町の区別も解消される。そのころ、貿易船の来航数もピークに達し、一八世紀初頭には人口は六万人のピークを迎える。当時の日本の人口が三千万程度であるから、その巨大さがよくわかる。

そして、近世都市長崎は、大きく言えば、図1のように五つのエリアに分かれている。

①都市の中央部である細長い丘の上には、両端に立山役所と西役所（出島の向かい、旧県庁跡地）という二つの長崎奉行所が設置され、その間にも牢屋や長崎会所など役所やそれに準じる施設が連なった。②長崎の住人の大多数を占める町人や町人出身で行政に携わる地役人は、現在の浜町周辺の東側低地に多くが居住した。③南の周辺部には、出島と唐人屋敷があり、異国人の収容エリアとなっている。彼らは、形式的には、疑似的町人と扱われるが、同時に町人固有の権利・法がすべて適用さ

れるというわけではない特殊な存在であった。④西側から南側、すなわち現在の長崎駅から出島にかけて、現代では路面電車の通る部分は海岸線になり、そこには九州各地の藩が設けた蔵屋敷が存在し、諸藩武士たちが中長期的に滞在した。ただし、各藩の江戸藩邸のような数の武家奉公人と呼ばれる下級武士は少なかったことが特徴である。⑤北から東側の丘陵地帯には、諏訪神社をはじめ数多くの寺社があった。

このように、いろいろな近世社会を彩る身分集団と、彼らの活動する場所とは、それぞれが分かれていたことがよくわかる。

そして、このような長崎の人口は、一七世紀後半で四万人、一八世紀初頭六万人でピークを迎え、貿易量が減ると人口減に転じ、以後一九世紀になると三万人程度で幕末を迎える。住人は、ほぼ非農業人口である九州屈指の大都市であり、貿易業務を含む行政を遂行するために地役人が二千人近くいるという特殊な人口構造をもっていた。また、住人には貿易の利益の一部が箇所銀・竈銀という名目で配分され、税金が直接還流されるという極めて珍しい都市であった。このような都市に暮らす町人たちは、どのような身分に基づいた負担（役）を行政に負ったのかといえば、最大の役負担は、労役提供である。船手と陸手という二つの分類に分けられ、船手町となった三〇町と出島町は、オランダ船・唐船の出入港時の労役を提供する。残りの四九町は陸手町として道普請などの際の労働力を提供することとなっていた。

一方、支配する側の江戸幕府にとって、特殊な構造をもつ長崎の都市は、厄介な場所だった。現地へ江戸の幕府から派遣する役人は数十名、それにそれぞれの家臣を入れても一〇〇～二〇〇人程度しかおらず、地元の二千人程度の地役人たちに依存する側面が大きかった。九州諸藩にとっては、長崎は重要な市場であり、米穀などの産物を売却し、舶来品の調達を行った。また諸藩の長崎蔵屋敷には聞役（ききやく）という武士を常駐させ、長崎奉行所との連絡調整、情報収集などを行った。さらに、長崎の警備として、隔年で福岡・佐賀両藩が警備を行い、都市で騒乱などの非常事態が発生すると、隣接する大村藩が治安維持のため兵を派遣した。許可しない異国船などが入港した時など非常時には、島原藩と唐津藩の藩主が長崎奉行の相談役として来訪する仕組みがあり、さらに必要に応じて他の九州諸藩から兵力が招集された。

第五節　出島に暮らす人々

それでは、異国人との交流の場である出島にはどのような人がいたのであろうか。

さきほども触れたように、オランダ商館としての期間は二百年以上におよび、長い。通年で、一〇人余りのオランダ東インド会社の社員と、彼らが個人的に連れてくる召使たちが滞在して、二〇～三〇人程度いたとみられる。一七九九年のオランダ東インド会社解散後は、バタビア政庁（インドネシアにあるオランダの拠点）から派遣された人々が滞在した。毎年入港するオランダ船からは、船長などわずか数人の幹部のみが上陸できた。ここで重要なのは、オランダ東インド会社社員は必ずしもオランダ人とは限らず、各地から来ていたことである。例えば、出島の三学者として有名なケンペルやシーボルトはドイツ地域出身であるし、トゥーンベリはスウェーデン人だった。また、召使（当時の言葉で「くろんぼ」）はインドネシアなど東南アジア出身者が多く、アフリカ系はあまりないと考えられている。出島のトップであるオランダ商館長は、一八世紀末までは基本的に毎年江戸に参府し、将軍に挨拶をする権利を有し、「歴代の御被官」とも称され、この点が、あとでみる唐人と決定的に違っていた。また、オランダ商館長は、一年交代が原則だが、一般の商館員は長期勤務で構わないため一八世紀の記録では五年以上の滞在者も三〇％程度はおり、一〇年いる者も珍しくない。

一方、日本人の出島出入りは厳しく制限され、通詞（通訳・翻訳）・長崎会所関係者など貿易関係の地役人・査察にくる武士・遊女・つてを使って見物する学者や武士などに限られていた。ただし、遊女は、長期間滞在も可能であり、何年も滞在する商館員と実質家族化して、混血児もいた。

彼らがになうオランダ貿易（日蘭貿易）は、品目としては、貿易が盛んであった一七世紀は銀を中心に輸出され、かわりに中国産生糸や絹織物が輸入の中心であった。日蘭貿易は、オランダ東インド会社にとって、アジア内交易で必要な金銀銅などの資金の調達に大きく寄与し、その全盛期を支えた。一八世紀になると貿易量は減少し、銅・樟脳・陶磁器などが輸出され、逆に砂糖や薬種・珍しい織物などが輸入された。輸出された銅の多くはインドに送られ、現地貨幣として鋳直されてもいる。

第六節　長崎貿易

オランダ東インド会社にとって、日本貿易は会社の活動を支える上で不可欠な存在であり、一六四〇年代以降西洋諸国の中で独占的に日本との交流をもった。また、長崎港は江戸幕府側が九州の大名を動員して警備をしているので、安定的かつ人件費をかけずに営むことができた。他の商館では自前で何百人という兵士を雇う必要があったのとは対照的である。そして、なによりも西洋の商品ではなく、アジアの品々が輸入の中核であったことに注意したい。

一方、長崎貿易のもう一つの担い手であった唐人貿易はどうであっただろうか。そもそも唐人とは、必ずしも中国人のみを意味するわけではなく、日本に来航するアジア系全般の人々という意味も含んでいた。そして、唐人（中国人または華僑など）の来航地は、古代以来ずっと九州各地にあり、現在でも各地に「唐人町」の地名が残る。ただし朝鮮人系の町も存在しており、例えば、佐賀の唐人町は朝鮮人系、博多の唐人町は中国大陸系である。このように中世まで各地に来航した唐人たちであったが、一六三五年、唐船は長崎入港のみと限定され、それまでの薩摩の島津氏など戦国以来の大名領への来航は終焉を迎え、古代・中世の国際都市であった博多や大宰府はその役割を失うことと

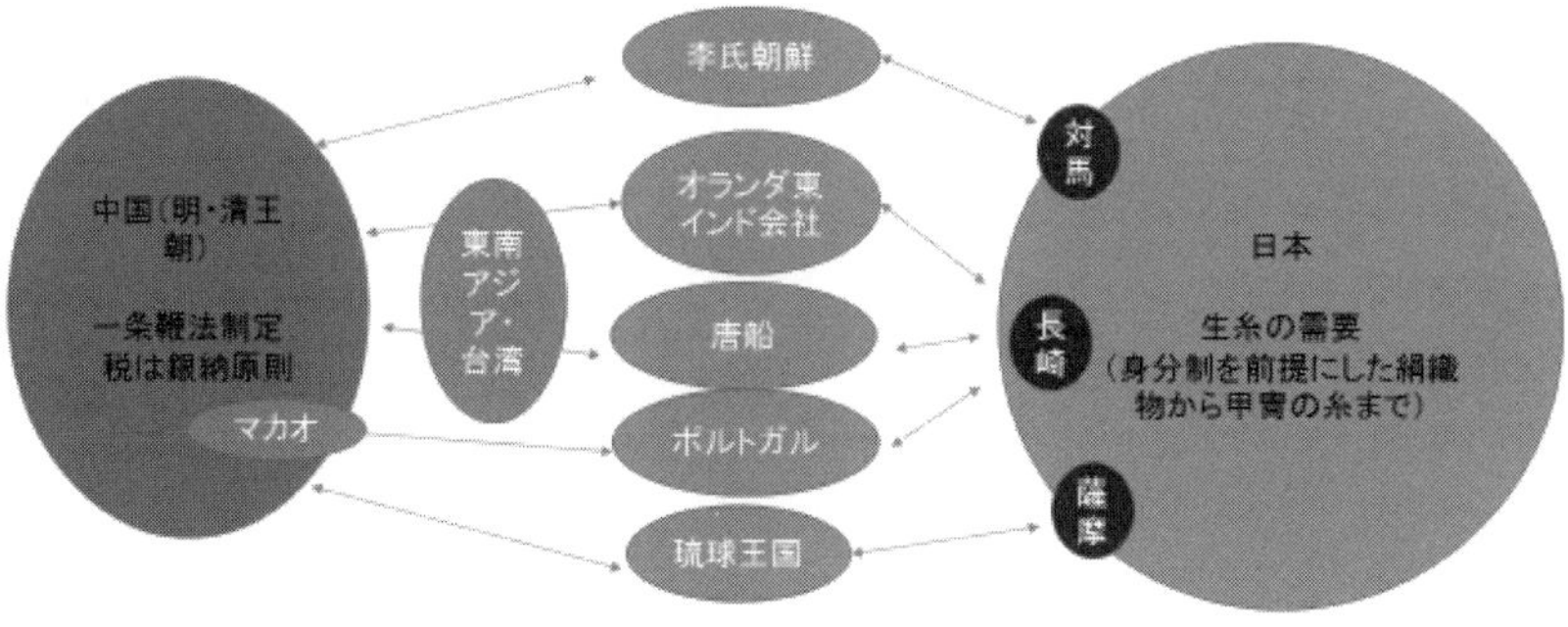

図２　17世紀初期から半ばの日本の貿易構造

なった。

一方、一七世紀、中国大陸は激動の時代であった。一六四四年、清は北京に入城し明王朝は滅んだ。しかし、明朝の残存勢力は、中国大陸で戦いを続けた。旧明勢力に加わった海賊勢力の系譜をひく鄭成功は一六五〇年に厦門などを占領し反撃をしている。そして、問題なのは、長崎に来航する唐船が、清側についた商人と、鄭成功をはじめとする旧明勢力側とに分裂し、場合によっては日本近海で略奪行為におよぶことであり、鄭成功側の船舶が優位にたっていた。しかし、中国大陸本土での抵抗運動は徐々に押され、結局鄭成功一族は一六六一年にオランダが統治していた台湾を襲撃し、オランダ側を駆逐し拠点を形成してしまった。そのため、日本近海では、オランダ東インド会社・鄭氏側唐船・清王朝側唐船が相互に攻撃することになる。また、一六七三年から一六八一年までは、中国大陸は三藩の乱によって一度混迷を深めるが、最終的に鎮圧され、連動して一六八三年に台湾鄭氏は清に降る。その結果、清王朝は翌年、それまで鄭氏との対抗上、海岸部での人民の活動を禁じていた政策を転換し、展海令を発布、自国民の海外渡航を認め、多数の唐船が日本を目指すこととなった。

しかし、江戸幕府としては、日本に多数の唐船がやってきても、この時期は輸出の中心である金銀の国内産出が減ってきたため、貿易の制限によって対応した。一六六〇年から一六八〇年までは、年間三〇～四〇隻の唐船が長崎に来航したが、それ以上の来航が予想されたのである。一六八五年幕府は貿易額を制限し、唐船全体で年間六、〇〇〇貫分と取引額を定めた。さらに一六八八年には唐船の入港数を七〇隻とした。その結果、日本に来航して貿易ができなかった唐船は密貿易に走り、幕府にとって大きな問題となった。その解決策として、一六八九年に唐人屋敷を建設し、入港した唐人は全員この特定の場所に滞在させることになった。それまでは長崎の市中に分宿していた。また一六九八年に唐人屋敷が大火に襲われ、貿易品がほぼ焼失するという事件の教訓から、一七〇二年には新地蔵（現在の中華街）が建設された。

唐人屋敷建設は密貿易の防止措置であった点で、キリスト教対策として成立した出島と、決定的に異なる。

また、唐人貿易では、中国本土の商人だけではなく、アジア各地に展開していた華僑も参加していたことが重要である。華僑たちは厦門・福州・泉州など中国本土の港以外にも、カンボジア、トンキン、シャム、バンタム、バタビアなどからもやってきていた。それらは、一括して「唐船」とみなされているのである。中国との関係ではなく、東南アジアを含めた貿易関係が唐船貿易の実態である。実際、シャム（タイ）王国が出資した船舶なども来航しており、日本側の記録からも、そのことは理解されていたが、特に制限されるわけではなかった。

貿易品目は、一七世紀は、中国産および周辺地域の生糸やマレー半島の鹿皮・さまざまな薬種の原料が輸入され、銀が輸出された。オランダ東インド会社の貿易との違いはあまりない。一八世紀になると東南アジアとの交易は減ったが、砂糖や薬種などが輸入され、代わりに銅や、俵物といわれるフカヒレ・海鼠や、昆布など漁業の半加工品が輸出され、中国本土における中華料理を支えている。このような江戸時代の唐人貿易は、中国と日本との関係にはとどまらないのである。

第七節　唐人屋敷に暮らす人々

それでは、唐人屋敷の中はどのようなものであったのだろうか。もともと長崎に来航した唐人たちは、それぞれが関係のある町に自由に滞在していた。一六六六年から宿町・附町制度が設けられ、輪番で乗組員の宿泊、貿易の手助け、積み込みの協力、一連の手続きの迅速化、見返りとしての手数料である口銭を町が得るというシステムがとられたが、雑居状態であった。それが先ほども述べたように唐船来航数の増大と密貿易の拡大を招いた結果、唐人屋敷が設置されて、来航するとそこに収容されるようになる。

唐人屋敷の構造は、一万坪ほどで、外部との接触は塀や堀によって区切られ、周辺に日本人や唐人の立入禁止エリアを設けることによって、外部との連絡を制限した。通行は門のみで可能となった。それでも陸側にあるため、抜け穴や荷物を放り投げるなどの密貿易は頻発した。当初は、来航する船も多く五千人ほどが暮らす時もあったが、一八世紀半ばからは二千から三千人程度、さらに一九世紀以降、貿易額の減少とともに少なくなっていった。二階建ての建物が建てられ、船ごとに割り当てられた。また出島と異なり、唐人は長崎市中にある唐人寺（崇福寺・興福寺・福済寺・聖福寺）に出かけることができた。これは来航した唐人がキリスト教徒でないことを証明するためにあった。

日本側は、検使・乙名・通事などの職務室を設け、全体の統制にあたった。また、訪れる人物は、オランダ商館同様、唐通事・長崎会所の地役人・検使・遊女・見学者であった。中で使用される言葉も、中国以外に東南アジア各地から来航者がいるため様々であった。そのため唐人とのコミュニケーションを担当する唐通事の中には、シャム通事（タイ語）、トンキン通事（ベトナム語）、モール通事（ペルシャ語、イスラム系華僑）などと呼ばれる中国語以外の専門の人々がいた。唐通事の多くは、日本に帰化した唐人たちの末裔であった。

おわりに　猫は歴史の生き証人

本章では、国際貿易都市長崎の成立、長崎の都市構造、出島・唐人屋敷での貿易と仕組みをみてきた。ここから見られる長崎はどのような町だろうか。貿易に依存する特殊な都市であることが再確認できる。そして、オランダ貿易と唐人貿易の総額は、一八世紀の段階で、比率にすると一：二であり、史料の少ない一七世紀も唐人貿易の規模が大きかったと推定される。また、オランダ人が持ち込むのは中国産や周辺の生糸や絹織物、さらに砂糖と、アジアの産物が中心であった。「西洋の窓」としてイメージされている、オランダと長崎との関係は、間違ってはいないが、当時の実態からすれば、ごく一部の部分が強調されていることに気づくのである。

では、なぜ西洋中心のようにみえてしまうのか。一つには、日本社会が明治時代以後もっていた欧米社会へのあこがれやコンプレックスが、西洋との関係にのみ焦点を当ててしまった側面がある。もう一つには、歴史学の学問的手法の限界もある。過去の社会を組み立てる際に、歴史的に残された文献史料から検討をするのだが、出島と唐人屋敷に関して学術的に言えば、史料学的差異があることも大きい。出島には、オランダ側による日本商館文書が幕末まで蓄積され、今日オランダのハーグの国立文書館に保存され、公開されている。組織的活動がわかり、中心的な史料である業務日誌などは日本語に翻訳され利用しやすくなっている。また、出島にかかわったオランダ人個人の史料も一部残っている。

ところが、唐人貿易の場合、唐人の組織はひとつではなく、さまざまな商人が様々な場所から来航しているので、まとまった記録は現代まで伝来しているのかも含めて不明である。あるとすれば個々の一族単位で保管されていると推定されるが、幕末に来航した華僑の文書以外ほとんどが所在不明である。

一方、日本側の記録は、一六六三年の寛文の大火や一九四五年の原子爆弾投下、近年では一九八二年の長崎大水害などで、被害をこうむっている。さらに、特権的な貿易都市として江戸時代は存在していたため、逆に社会構造が大きく変わってしまった明治時代以後、長崎の都市運営を担う中心的な社会集団がかなり入れ替わってしまい、本来彼らの家などに残された江戸時代の史料群は、散逸したり消失したりしたケースが多いとみられ、時折現在でもオークションなどでわずかに出現する程度である。

学問の基礎となる史料の伝来が偏っていることも、実は、長崎の町のイメージを描く際の大きな足かせとなっている。

最後に、本章冒頭で述べた、尾曲がり猫に話を戻そう。江戸時代の長崎には、インドネシアから出航するオランダ船だけではなく、東南アジア各地の船が来航した。それらの船には、ネズミ除け・魔除けのため猫たちも乗船していた。彼らは、日本に来ると一緒に上陸し、長崎猫のご先祖様となったのである。中国を含めアジア全体の猫の尾曲がり率は四〇％程度とされるが、インドネシアやマレーシア周辺は八〇％、すなわち長崎の尾曲がり率と同じなのである。

かれらは、文字通り、長崎にオランダ・中国だけではなく、アジア各地の人々が江戸時代にやってきたことを示す生き証人たちなのである。

参考文献

片峰茂監修『シンポジウム「長崎県庁跡地を考える」報告書　長崎の岬―日本と世界はここで交わった』長崎文献社、二〇一九

季刊『楽四七号　長崎と猫』イーズワークス、二〇二〇

木村直樹『「通訳」たちの幕末維新』吉川弘文館、二〇一二

長崎市『新長崎市史　第二巻』二〇一二

長崎大学多文化社会学部編『大学的長崎ガイド　こだわりの歩き方』昭和堂、二〇一八

図書紹介

①長崎市編さん委員会監修『わかる！　和華蘭―『新長崎市史』普及版』長崎新聞社、二〇一六

長崎にはじめて住むことになった人、長崎に住んでいてもあまり知らなかった人には、最初の一冊目として。長崎の歴史や文化の特徴を見開きカラーで説明してある。この中から、自分で興味をもったことを掘り下げていくには一番よいと思う。

②田代和生『書き替えられた国書―徳川・朝鮮外交の舞台裏』中央公論社、中公新書、一九八三

江戸時代の長崎のもう一つの海外との交流口である日朝関係について、そのハイライトと言うべき事件を紹介している。異文化交流の実相にせまる。

③村井章介『世界史のなかの戦国日本』筑摩書房、ちくま学芸文庫、二〇一二

なぜ長崎が世界とつながるようになったのか、戦国時代におけるキリスト教・鉄砲・銀に着目して世界史の視点から理解ができる。

一次資料紹介

長崎歴史文化博物館収蔵「犯科帳」

一七世紀半ばから幕末まで、長崎奉行所で行われた裁判の判決。数多くの判例から、当時の長崎の普通の人々がどのような生活をしていたのか、そしてなぜ犯罪などに巻き込まれていったのかが、よくわかる。国の重要文化財に指定されており、現在長崎歴史文化博物館で展示されている。なお、森永種夫編『犯科帳』（全一一冊）として翻刻されているので、少し江戸時代の古文書の読み方を学べば、学生時代に挑戦することもできる。

コラム　出島と唐人屋敷

本書でも紹介したように、江戸時代、長崎での異国人との交流は特定の場所に限られていた。出島は近年復元がすすみ一八二〇年代の姿を現しつつある。唐人屋敷も、インバウンド対応で現在、その敷地がどこまでであったのか道標も整備され、また江戸時代から続く信仰施設などが同じ場所に再建されており、普通の住宅街であるが独特の雰囲気を楽しめる。観光客でにぎわう新地中華街から足をのばせば数分なので、ぜひ一緒に楽しんでほしい。さらに、新地中華街と出島の間には、現在十八親和銀行本店があるが、江戸時代、そこには対馬藩の蔵屋敷が置かれ、日本に漂流した朝鮮人は事情聴取のため一時収容されていた。さまざまな国の人々が同一のエリアにいたことがわかる。

出島の風景（表門橋側より）

唐人屋敷跡（独特の建物が見られる）

第四章　長崎の陶磁器にみるグローカル化

野上建紀

はじめに

長崎県では世界最古級のやきものが発見されている。泉福寺洞穴遺跡（長崎県佐世保市）から出土した土器であり、かつては世界最古と言われていた。

長崎地方は大陸に最も近い地域の一つであり、壱岐・対馬は飛び石のように北部九州から朝鮮半島へ渡る海道を形成し、五島列島は九州本土から中国大陸へ向かうための踏切台のように並んでいる。先史時代から長崎地方は大陸との交流が盛んに行われてきた地域であり、海域である。

そのため、中世には大陸との交易が盛んに行われ、多くの陶磁器が長崎地方にもたらされてきた。五島列島の前方湾海底遺跡（北松浦郡小値賀町）には日宋貿易の証が沈み、元寇の遺跡である鷹島海底遺跡（長崎県松浦市）には蒙古の大軍とともに運ばれてきた大量の陶磁器が沈んでいる。

近世になると、長崎地方の陶磁器は世界に渡った。その中心となったのが波佐見焼（東彼杵郡波佐見町）と三川内焼（佐世保市）である。隣県の佐賀県の有田焼とともに肥前窯業圏の中核をなし、一七世紀後半、東南アジアを中心とした海外市場に輸出された。

一八世紀以降の長崎地方の陶磁器の役割も重要である。人々が日常的に磁器を使えるようになったのは、波佐見や三川内で焼かれた低廉な染付碗・皿の普及によるものだった。

そして、近現代には、忘れえぬ記憶がある。長崎では夥しい数の命とともに陶磁器も原爆によって焼き尽くされた。

本章では長崎の陶磁器に関する歴史の中でも波佐見焼や三川内焼も一翼を担った肥前磁器の生産と流通について、紹介しようと思う。

第一節　肥前磁器の始まりと海外輸出

一六世紀末、豊臣秀吉は朝鮮侵略（文禄・慶長の役）を企てた。その企ては失敗に終わるが、朝鮮半島に渡海した大名たちは帰国の際に多くの朝鮮人陶工を連れ帰っている。これは日本の陶磁史の大きな転換点となった。この侵略戦争が「やきもの戦争」ともよばれる所以である。

朝鮮半島から連れ帰られた朝鮮人陶工らは各地で窯場を築いた。長崎県内では波佐見焼や三川内焼が生まれた。一七世紀初頭に窯場が開かれた頃は陶器生産のみを行っていた。やがて磁器の原料が見つかると、磁器の生産が始まった。日本最初期の磁器の一つであった。陶器と磁器の最も大きな違いは、原料である。陶器は粘土を原料としているが、磁器は陶石とよばれる「石」からつくられる。陶石の分布は限られているため、生産可能な地域も限られていた。波佐見で初めての磁器が畑ノ原窯（図1）など村木地区の窯場で焼かれた頃は、まだその磁器の生産はわずかであった。畑ノ原窯の発掘調査で出土した製品の大半が陶器であり、磁器は全体の数％に過ぎなかった。

やがて一六三〇年代頃、波佐見で豊富な三股陶石が発見され、磁器の生産が本格化した。農業との兼業も可能であった村木地区から、農業に不適な三股地区・中尾地区に窯場の中心が移動し、以後、波佐見はほぼ磁器のみを生産するようになった。波佐見における磁器生産の本格化は、農業と窯業の分業化でもあり、陶器生産と磁器生産の分業でもあった。それを可能にしたのは言うまでもなく三股陶石の埋蔵量であった。

同じ頃、有田でも豊富で良質な泉山陶石が発見され、波佐見と同じく磁器生産を本格化していった。それには政治的な事件も伴っていた。寛永一四年（一六三七）の「窯場の整理統合事件」である。山林保護を名目として行われた窯場の統廃合にはいろいろな側面があった。日本人陶工を追放したことで結果的には朝鮮人陶工の保護となり、磁器生産の専業化のための燃料の効率的利用、泉山陶石の排他的利用につながった。

図１　日本磁器の初期の窯の一つである畑ノ原窯跡（長崎県波佐見町）
筆者撮影

江戸時代を通して、有田は泉山陶石、波佐見は三股陶石を使用することとなり、それぞれ地元の原料の特性を生かした製品を作るようになった。一六三〇年代から一六五〇年代にかけては、有田焼が「白」を追求し、彩管をふるったのに対し、波佐見は青磁を目指した。三股山では青磁を主体に生産し、その上質な波佐見青磁（三股青磁）は早くから遠く杜の都の仙台までも運ばれていた。

また、一六三〇年代からの波佐見焼など肥前の磁器は産業的な成長も著しかった。有田では一六三七年から一六四八年にかけて運上銀が三五倍になるほどの成長を見せた。波佐見もまた三股山の三股古窯、三股青磁窯、中尾山の広川原窯、中尾上登窯など四基の窯が磁器専業の窯として稼働した。しかし、この成長や拡大は生産地の努力によってのみ成し遂げられたものではない。当時の東アジア情勢が大きな影響を与えている。海を越えてきた歴史のうねりが、海を望むこともできない狭い山間の窯業地を次なる段階に導いていった。

第二節　一七世紀中頃の東アジア情勢と肥前磁器

東アジアでは、二七〇年以上続いた中国の明王朝が終わりを迎えた。一六四四年に農民反乱のリーダーである李自成が北京を陥れ、明の最後の皇帝である崇禎帝が自殺し、明は滅亡した。そして、満州に興った清は、明の遺臣で山海関を守っていた呉三桂の要請に応じ、万里の長城を越えて李自成を破り、北京を首都として中国支配を始めた。

明の残党が南方に逃れて抵抗を続け、中国国内は混乱期を迎える。一六四六年には清の大軍が景徳鎮のある饒州府を攻略した。景徳鎮は世界最大の磁器生産地であり、陶工やその技術の流出を生んだとされる。中国の技術は長崎を経由して肥前の生産地に伝わり、技術革新の一助となった。さらに中国国内の混乱は、中国磁器の輸出の減退をもたらした。その減退に反比例するように肥前磁器がそのシェアを伸ばしていった。一六四〇年代頃の波佐見や有田の窯業地の急速な発展の背景には、中国の明清王朝交替に伴う混乱があったのである。

中国の王朝交替に伴う混乱によって中国磁器の輸出が減退した結果、肥前磁器はまず国内市場に浸透していった。続いて海外輸出もほどなく始まった。肥前磁器の海外輸出の記録の初見は、長崎を出帆して、シャム（現在のタイ）経由でカンボジアに向かう一艘の唐船が一七四俵の「粗製」磁器を積んでいたというものである（山脇 一九八八）。一六四七年ごろのことである。「粗製」と言っても肥前磁器の中で特に品質が劣るものが輸出されたわけではなく、当時の技術標準である中国磁器（特に景徳鎮磁器）に比べて、肥前磁器の品質が劣るという国際的評価であったのであろう。

明の遺臣の中で最後まで新王朝である清に抵抗を続けたものが、鄭成功とその子孫であった。そして、最大の抵抗勢力でもあった。鄭成功は中国人の鄭芝龍を父、日本人の田川マツを母にもつ日中の混血児であった。一六二四年に平戸で生まれて幼少期を過ごしたが、七歳の時に父の故郷である福建に移った。海商であり、軍人であり、為政者であった。明の王の隆武帝（南明＝明の亡命政権の二代皇帝）より国姓を賜ったことから「国姓爺」と呼ばれた。

清は海商である鄭成功一派の勢力をそぐために、一六五六年に海上貿易を制限する海禁令を公布した。さらに一六六一年には沿岸の住民を強制的に内陸部に移住させ、海外貿易だけでなく、沿岸貿易や漁業も禁ずるより厳格な遷界令を公布して、鄭成功一派の孤立化を図った。その結果、中国磁器の輸出が止まることとなり、肥前磁器は中国磁器の代わりに本格的に輸出されるようになった。一六五六年の海禁令の二年後の一六五八年には、大量の肥前磁器を積んだ唐船が鄭成功の支配下にあった厦門や安海に向けて長崎を出帆している。翌一六五九年にはオランダ船も本格的に輸出し始めるようになった。肥前磁器の大量輸出時代の始まりである。

第三節　海外輸出への肥前磁器の対応

一七世紀前半の中国磁器はアジア、アフリカ、ヨーロッパ、アメリカへと世界中に運ばれていた。これらの地域の中国磁器の需要を肥前磁器は引き継ぐことになったが、肥前磁器の産業は中国磁器の代わりとして、まだ質量ともにその任を十分に果たすほどには成長していなかった。

「質」への対応は、主に有田で行われた。その代表的なものが「赤絵」である。中国から技術を導入して、一六四七年ごろに「白」を追求した有田が白地に映える赤絵を開発したのである。赤絵とは色絵のことで、釉の上に絵付けを行う技法である。それによって赤、緑、黄、青、黒など多彩な彩色が可能となる。その最初の舞台は長崎であった。有田の陶工酒井田柿右衛門家に残る古文書の中の「赤絵初リ」によれば、長崎で唐人「志いくわん」（四官か）から伊万里商人の東嶋徳左衛門が赤絵の技法を学び、酒井田喜三右衛門（初代柿右衛門）らに焼かせたという。有田では「赤絵」を皮切りにさまざまな新しい技術が開発されていった。その結果、景徳鎮のように薄くて高台幅の広い皿が作れるようになり、龍泉窯（中国浙江省）の青磁のような「蛇の目釉剝ぎ高台」の大皿が作れるようになった。その他、技術革新は製土、成形、装飾、焼成、築窯の各工程や分野に及び、その結果、景徳鎮並みの磁器が作れるようになった。

「量」への対応は、有田と波佐見の双方で行われた。有田では一六五〇～一六六〇年代に内山地区を中心に窯場の再編成が行われ、波佐見では一六六〇年代に窯場の新興が相次いだ。一七世紀前半の波佐見の磁器窯は、三股山と中尾山の二つの窯場のみであったが、一六六一年（あるいは一六六五年）に中尾山に新たに中尾下登窯が築かれ、一六六三年（あるいは一六六五、一六六七年）に稗木場山、一六六六年に永尾山、一六六七年に木場山が成立した。波佐見の窯場は数の上で倍増した。さらに有田や波佐見、三川内など肥前の各藩の中核的な窯業地の他にも新たな窯業地が興っている。肥前の嬉野の不動山などの窯場のほか、天草地方でも海外輸出向けの製品が生産された。

第四節　長崎から世界に輸出された肥前磁器

質と量ともに対応が図られた肥前磁器は、中国磁器に代わって長崎から海外へと運ばれた。長崎から肥前磁器を積み出したのは、唐船とオランダ船である。唐船は東南アジア各地から長崎に来航し、肥前磁器を東南アジア一帯に運んだ。一方のオランダ船はオランダ東インド会社の船であり、出島（図2）からアジア各地の商館に肥前磁器を運び、ケープタウンを経由してオランダ本国へ運んだ。オランダに渡った肥前磁器はヨーロッパに広く流通することになる。

当時、世界の磁器の流行の最先端は長崎にあった。世界各地で必要な磁器の形や大きさ、さまざまな地域の好みの文様などの情報が長崎に集められた。それは主に黄金時代を迎えたオランダによって集められた。成長著しかった肥前の窯業、海禁政策を行った清、黄金時代を迎えたオランダ、それらの重なりが肥前磁器を世界商品へと導いた。肥前磁器の輸出当初こそ、中国磁器の代用品として、中国磁器を模倣したものを輸出していたが、やがて有田焼は独自の様式を生み出していった。日本風のデザインを用いる文様の和様化が進み、特に色絵の世界で様式をリードした。柿右衛門様式や金襴手様式の色絵である。いずれも一八世紀初めに誕生するヨーロッパの磁器が盛んに模倣することとなり、景徳鎮が金襴手様式の製品を模倣して生産したチャイニーズ・イマリなどはモデルとなった肥前磁器よりも数多く見られるほどとなった。

一七世紀から一八世紀にかけて、各地に運ばれた製品の特徴を簡単に述べていこう。

図２　現在の出島和蘭商館跡（長崎市）
筆者撮影

（1）東南アジア世界

東南アジアと一口に言っても一様ではない。国や地域によって出土する製品の傾向が異なる。ベトナムでは碗と皿の組み合わせである。具体的な製品を挙げると染付日字鳳凰文皿と染付雲竜見込み荒磯文碗（図３）などである。カンボジアやタイでは大きめの碗（染付雲竜見込み荒磯文碗など）が多い。インドネシアでは青磁大皿や染付芙蓉手皿など中皿や大皿が目立つ。マレーシアでも青磁大皿や染付芙蓉手皿が見られるので、イス

図３　東南アジア向けに作られた波佐見焼の染付雲竜見込み荒磯文碗
筆者撮影

ラームの食文化の影響であろう。また、インドネシアはオランダ東インド会社の拠点がバタビアにあったため、オランダ貿易で扱われたヨーロッパ向けの製品も見られる。

これらはそれぞれの国や地域の食文化を反映したものであったが、出土遺物から食文化を考える場合、注意も必要である。例えば、碗しか出土しないからと言って、碗だけを食器として使っていたとは限らない。磁器の碗と木製の皿を用いた場合、遺物として残る可能性が高いものは碗のみである。有機質のものは地中で分解され、消失してしまうからである。蕉葉などを皿代わりにする場合はまず残らないだろう。日本でも飯茶碗は磁器、味噌汁や吸い物などの汁物碗は漆器と使い分けしている場合がある。この場合、飯茶碗は残るが、汁物碗は消失してしまう可能性が高い。長い年月の間に消えてしまったものがあることを頭にとどめておく必要がある。

（2）インド洋世界

オランダ東インド会社の記録によると、インドやペルシアやアラビア半島の各商館へ向けて大量の肥前磁器が輸出されている。例えば、セイロン商館へ二九、七八九個、ベンガル商館へ一八、八八六個、ペルシア商館へ一〇二、〇五五個、モカ商館へ二一、五六七個、スラッテ商館へ一八五、八六二個、コロマンデル商館へ三、九九〇個、マラバール商館へ五、二五三個、コチン商館へ一、一〇〇個など三六八、五〇二個の輸出の記録がある。オランダ東インド会社の公式貿易として、バタビア以外の商館などに運ばれたものの半数以上はインド洋世界に記録上、運ばれている。インド洋世界が肥前磁器の大きな市場であったことをうかがわせる。

その一方、それらの記録を裏付ける考古資料は少ない。出土資料としてはインドの海岸地域で一七世紀後半の染付芙蓉手皿が採集されているぐらいで、ペルシア湾岸やアラビア半島ではまだ出土例は確認されていない。しかし、エジプトのフスタート遺跡で有田の色絵碗が出土し、モーリシャスで染付皿や白磁製品などが出土し、トルコのイスタンブールのトプカプ宮殿に有田焼が数多く残っていることを考えると、インド洋を多くの肥前磁器が渡っていったことは疑いなく、今後の調査とともに資料は増加するであろう。

図４　有田焼の皿がはめ込まれていたキルワ・キシワニ遺跡のスルタンの墓（タンザニア）
筆者撮影

また、オランダの商館のないインド洋海域でも肥前磁器は発見されている。東アフリカのスワヒリ都市である。タンザニアのキルワ・キシワニ遺跡、ケニアのモンバサのフォート・ジーザス遺跡などで有田焼の染付芙蓉手皿が出土している。キルワ・キシワニ遺跡（図４）では、「スルタンの墓」にはめ込まれていた。これらの都市や地域は、ポルトガルのインド洋進出後、一七世紀末まではポルトガルの支配下にあり、その後はオマーンの支配下となった地域である。インドネシアのバタビアなどの東南アジアの港市で肥前磁器を手に入れたポルトガル船やイスラームの商船がもたらしたものであろう。

インド洋海域で発見されている鎖国時代の肥前磁器の大半は有田焼であるが、トプカプ宮殿には波佐見の青磁大皿が所蔵されており、長崎地方の磁器もインド洋世界を運ばれていたことがわかる。

（3）ヨーロッパ世界

ヨーロッパ各地の王宮、宮殿や居館には肥前磁器のコレクションが残されている。ドイツのツヴィンガー宮殿（図5）、シャルロッテンブルク宮殿、オーストリアのシェーンブルン宮殿、イギリスのバーリーハウスなどに、中国磁器とともに所蔵されている。壁一面、部屋いっぱいに磁器で飾り立て、きらびやかな空間を作り上げている。ヨーロッパに運ばれた肥前磁器のほとんどは有田焼であったが、その種類は豊富である。装飾品だけでなく、飲食器、文房具など多様なものが注文によって生産されて、輸出された。その他、日本国内で流通しているものから選ばれて輸出されることもあった。

当時のヨーロッパの王侯貴族らの日本や中国の磁器に対する憧憬は強く、競って収集を行った。ドイツのドレスデンのアウグスト強王は、ヨーロッパ最大級の磁器コレクションを作り上げ、磁器を展示するための施設として「日本宮」を設計、建築するほどの熱意であった。彼はアウグスト軍に属する兵士六〇〇人とプロイセンの王が所有していた中国の壺一五一個を交換したという逸話も残している。そして、彼の熱意は、錬金術師ベドガーに命じて白磁を焼かせることで、一七〇九年頃のマイセン焼誕生、すなわち、ヨーロッパ最初の磁器生産の成功につながった。

図5　ツヴィンガー宮殿に残された有田焼のコレクション（ドイツ）
筆者撮影

宮殿などに残る磁器コレクションの中でやはり目につくのは、大型の飾り壺や飾り皿であるが、遺跡から出土する状況は少し異なる。オランダのアムステルダムの市街地の遺跡を発掘して、最も多く出土するものは装飾品ではなく、飲食器である。特にコーヒーなどを飲むためのカップアンドソーサーが多い。このことは肥前磁器が積み出された長崎の記録とも一致する。輸出記録によると「猪口皿」が大量に輸出されている。猪口と皿、すなわち、カップアンドソーサーである。使用頻度が高いものほど壊れやすく、廃棄されることになるため、遺跡から大量に出土することになる。ヨーロッパに輸出された肥前磁器の実態は、宮殿内のきらびやかな空間ではなく、暗い地中から掘り出される世界の方が近い。

（4）ラテンアメリカ世界

いわゆる「鎖国」時代、長崎から最も遠い世界の一つがラテンアメリカであった。地理的にみても地球の裏側であり、旧大陸ほどの歴史的関わりもなく、カトリック教国との接触を絶っていた日本にとって、主にスペインの植民地であったラテンアメリカは直接的な接点がない地域であった。

この最も遠い世界にも長崎から肥前磁器が運ばれている。半世紀以上前のメキシコシティの地下鉄工事の際に大量の陶磁器が出土しており、その中に数点の有田焼の染付芙蓉手皿が発見されたのである。その流入ルートについては、オランダ船がヨーロッパに大量に肥前磁器を運んでいたので、それをヨーロッパで入手したスペインがメキシコに運んだとする考えが有力であった。スペインはアジアのフィリピンを植民地とし、マニラ（フィリピン）とアカプルコ（メキシコ）を結ぶスペイン船のガレオン貿易ルートによってアジアの産物を盛んにアメリカ大陸に運んでいたが、そのルートによって肥前磁器が運ばれたとする考えは支持されなかった。

なぜならカトリック教国であるスペインとの接点を想定することが難しかったし、何より考古学的にはマニラで一点も肥前磁器の出土が確認されていなかったからである。後者については、二〇〇四年に解決した。マニラのスペイン人の拠点であるイントラムロスの出土資料の中から肥前磁器が発見されたのである。しかもその一つはメキシコシティの地下鉄工事で発見されている染付芙蓉手皿と同じ種類のものであった。確かに誰かがマニラに肥前磁器を持ち込んでいたのである。マニラに持ち込めば、マニラとアカプルコを結ぶスペイン船のガレオン貿易ルートによって、

図6　メキシコシティの市内遺跡から出土した有田焼（メキシコ）
筆者撮影

ラテンアメリカに運ぶことができる。

それでは、「鎖国」政策によって、スペイン船が長崎へ入ることすらできない中、誰がマニラに持ち込んだのか。当時、日本の船が海外へ出ることは許されなかった。長崎から肥前磁器を積み出すことができた船は、前にも書いたように唐船とオランダ船だけである。その内、オランダはスペインと敵対しているため、オランダ船はマニラに入ることができない。そのため、長崎から肥前磁器を積み出すことができ、かつマニラに入ることができる船は唐船ということになる。

しかし、長崎からマニラへ直接、唐船が肥前磁器を積み出した記録はない。つまり、中継地の存在が考えられる。ここで思い当たるのが鄭成功である。清の海禁令の後、唐船が盛んに鄭成功の支配下に肥前磁器を運んだことは前に述べたとおりである。鄭成功らは一六五〇年代頃、中国大陸の福建沿岸を主な拠点としていた。厦門、金門島、安海などである。一六六一年には台湾のオランダの拠点を攻撃し、拠点を台湾に移した。これらの地域を調査すると、金門島では一六五〇年代頃の有田焼、台湾の台南では一六六〇～一六八〇年代の肥前磁器を発見することができた。いずれもマニラの出土資料にみられるものである。考古学的には、鄭成功が台湾に拠点を移す前の一六五〇年代頃には長崎～福建沿岸（金門島など）～マニラという流入ルート、一六六〇～一六八〇年代には長崎～台湾（台南）～マニラという流入ルートが考えられる。

文献などの文字資料としてはどうか。長崎からマニラへの輸出記録はみられないと書いたが、台湾からマニラに持ち込まれたことを示す記録が最近の研究で明らかになっている。マニラの税関記録が残っており、台湾から「日本の皿」などが輸入された記録が見られるのである。ラテンアメリカで数多く出土する「チョコレートカップ」の記載もある。

以上のことから推定されるメキシコシティまで有田焼が運ばれた経緯は次のとおりである。有田で焼かれた磁器が長崎に運ばれ、長崎から唐船によって福建や台湾を経由して、マニラに運ばれた。そして、マニラでスペイン人が中国商人からそれを買い入れ、ガレオン船で太平洋を横断し、メキシコのアカプルコへ運んだ。それから陸路でアカプルコからメキシコシティまで運び上げたというものである（図6）。

図7　有田焼の皿が装飾に使われたトゥンハのサント・ドミンゴ教会（コロンビア）
筆者撮影

最近の調査研究によって、ガレオン船で太平洋を渡った肥前磁器は、メキシコ以外にグアテマラ、キューバ、ペルー、コロンビア（図7）などでも発見されており、中米、カリブ海、南米に広く流通していたことがわかった。また、それらのほとんどが有田焼であり、皿やチョコレートカップが主体であったこともわかってきた。チョコレートカップは耳慣れない言葉であるかもしれないが、チョコレートはもともと飲み物であり、コーヒーや茶と同様に一七世紀に飲み物の嗜好品としてヨーロッパで流行している。チョコレートカップは、そのチョコレートを飲むためのカップである。コーヒーカップやティーカップよりも背が高いことが特徴である。そして、ラテンアメリカで発見される当時のカップはほとんどがこの背の高いチョコレートカップである。中南米はカカオの原産地であるため、カカオ文化が根付いていたことや中南米を植民地としたスペインが当初、カカオ貿易を独占していたことと関わりがあろう。

第五節　庶民の器「くらわんか」碗・皿と日用品化する磁器

一八世紀になると波佐見は「くらわんか」碗・皿とよばれる安価な磁器を生産した。この言葉は、「くらわんか船」に由来する。くらわんか船とは、京都と大坂を往復する淀川の客船に「飯くらわんか、酒くらわんか」と呼びかけながら食事や酒を売る小舟であった。安藤広重が描いた浮世絵『京都名所　淀川』にも客船に近づく「くらわんか船」が描かれている。この商売で使用されたとの伝えから、「くらわんか」碗・皿の言葉が生まれた。使い捨てされたとも言われる。実際に使い捨てられたとは思えないが、それぐらい安価なイメージのある器であった。

この「くらわんか」碗・皿が生産されるようになった経緯について述べよう。一七世紀後半の清の海禁政策によって、肥前磁器は大量輸出時代を迎えた。つまり中国磁器の海外輸出の減退に伴い、その代わりに肥前磁器が海外に輸出されるようになったことは前に述べた。そのため、清の海禁政策が終わると、肥前磁器の輸出が頭打ちになることは自然な流れであった。そして、それは一七世紀末に訪れた。

一六八三年に清に抵抗を続けていた鄭氏一派がようやく降伏したことで、清は翌一六八四年に海禁を解除する展海令を公布した。その結果、瞬く間に東南アジア市場は、中国磁器に奪われてしまった。東南アジア市場には中国の福建・広東の陶磁器が大量に出回ることになった。もともと中国磁器が市場を占めていた地域にとっては、海禁令以前の磁器シェアの姿に戻っただけとも言えるが、日本はその姿に戻ることはなかった。それは肥前磁器の成長があったからである。展海令の公布により中国大陸からの来航船の数は格段に増え、そのため、中国人を収容するために唐人屋敷を建設している（一六八九年完成）。その唐人屋敷の発掘調査では大量の中国磁器（清朝磁器）が出土している。

つまり、長崎までは中国磁器が運ばれているものの、長崎での消費にとどまり、国内市場のシェアにはほとんど影響を与えることはなかった。

海外貿易については、その影響力を考えると、有田焼が主役であったと言ってよいであろう。波佐見焼や三川内焼も盛んに東南アジアなどに輸出を行ったが、有田焼は東南アジアも含めて、アジア、アフリカ、ヨーロッパ、アメリカへと輸出し、先に述べた展海令以後もオランダ船はヨーロッパへ輸出を継続した。そして、その製品（特に色絵）はヨーロッパなどの窯業地にも大きな刺激を与えている。一方、一八世紀の磁器の国内流通については、その歴史的意義を考えると、波佐見焼を主役に選んだとしても差し支えないと思う。一七世紀後半に東南アジア市場に流通した波佐見焼であったが、波佐見焼は海外貿易のために、窯場を増やして、格段に生産能力を大きくしていた。波佐見の窯跡の出土品を見ても海外貿易の比重が大きい。比重が大きかった分、海外市場を失った痛手もまた大きかった。実際に海外貿易の比重が大きかった肥前内外の窯場は廃窯を迎えたところも少なくなかった。

それでは、波佐見はどうしたかと言えば、新たに国内市場を開拓しようとしたのである。つまり、これまで磁器を使用していなかった社会的階層に狙いをつけたのである。舶来品であればもちろんのこと国産品であってもまだ磁器は庶民には手の届きにくい高価な品であった。新規市場の開拓のためには、より買い求めやすいもの、すなわち、価格の安いものを作ることが必要であった。波佐見は海外向けから国内向けに転換するにあたり、「量産」を行うことにした。量産自体は、一七世紀後半にも海外貿易において「量」への対応を行ったが、それは単純に生産量を増やすというものであった。生産量を増やすだけであれば、窯の数を増やせばよいし、あるいは焼成する回数を増やせばよい。一方、一七世紀末以降に行った対応は生産量そのものではなく、一回あたりの焼成における生産量を増やすことに重点が置かれた。巨大な登り窯を築き、一度に生産する量を増やし、少ない燃料（経費）で大量に焼くことで、一個あたりの値段を下げたのである。焼き歪みが少なくなるように器壁を厚くし、文様も簡略化、粗雑化が進んだ。同じ文様を何度も繰り返し描くため、意図せずとも文様が簡略化していった。文様の原形すらわからないものも少なくなく、そうなることも容認していた。手描きではなく、スタンプのように文様を施す「コンニャク印判」という技法も多用された。繰り返し同じ印判を使うため、文様がつぶれてしまっているものも多い。

このように波佐見はより安い磁器を作ることに注力した。その結果、磁器の国内市場を中国の廉価な磁器に奪われることなく、国内市場を国内磁器でまかない続けた。

現在、我々は当たり前のように磁器を使用しているが、それは波佐見焼などの「くらわんか」碗・皿が普及したことによる。波佐見焼は磁器の日用品化に大きく貢献した。有田焼ほど目立つものではないが、劣らず大きな貢献である。そして、その貢献は今も続いている。日頃、多くの人々が産地を気にせずに使用しているが、今も波佐見焼は日用食器のシェアの十数%を占めている。

第六節　海外に渡ったコンプラ瓶

最後に波佐見から海外に運ばれた焼き物をもう一つ、紹介しよう。二〇二〇年現在、長崎大学の生協では芋焼酎と波佐見焼グラスが長崎大学オリジナル商品として販売されているが、数年前までは磁器の瓶に入れられた日本酒も売られていた。もちろん中身の地元の日本酒が主たる商品であるものの、その容器の磁器瓶こそ長崎の歴史を物語るものであった。それは染付でJAPANSCHZAKY（日本の酒）と書かれた白い焼き物であり、江戸時代に波佐見の中尾山や永尾山などの窯場で焼かれていたものの複元品であった（図8）。名前はコンプラ瓶という。コンプラの名前は、ポルトガル語で仲買人を意味する「コンプラドール（comprador）」に由来する。酒の他に醤油を詰めるためにJAPANSCHZOYA（日本の醤油）と染付されたものもある。コンプラ瓶は生産地の窯跡のほか、海外への輸出拠点であった出島和蘭商館跡やその対岸の江戸町側からも数多く出土している。中には蓋がされたままの状態のものもあった。海外輸出用の瓶ではあるが、どうしてか北海道の遺跡でもよく出土する。幕末に函館や新潟が開港したことと関わりがあると言われている。

ちなみに一八六〇年に日本修好通商条約の批准書の交換のために派遣された万延元年遣米使節団の一行は、その帰途、インドネシアのバタビアでこのコンプラ瓶と出会っている。万延元年遣米使節団は、勝海舟や福沢諭吉が乗船し、幕府の船として初めて太平洋を横断、往復したことで名が知られる咸臨丸が「護衛」として随行した使節である。遣米使節団の帰路は太平洋ではなく、大西洋、インド洋を横断するものであったが、喜望峰に着く頃には二合入り醤油が四つほどしか残されておらず、バタビアで新たに購入した醤油が、コンプラ瓶に詰められたものであったのである。買入記録として、「銀七十六匁、日本醤油四陶」「日本醤油は三合ほどの徳利に入れて上の所に横文字にて日本醤油を認め、その下に長崎改め済の札有り、その価四半ドルと云々」「阿蘭陀の商船長崎エ到り買ル者ニシテ陶器に盛り口木ヲ以テ塞グ、味変セス」とある。その特徴から長崎から輸出された醤油入りのコンプラ瓶とみて間違いない。

図８　復元されたコンプラ瓶（長崎大学オリジナル日本酒）
筆者撮影

おわりに——長崎の陶磁器とグローカル化

グローカル化（glocalization）という言葉は、グローバリゼーション（globalization）とローカライゼーション（localization）の混成語である。近世の肥前磁器の海外輸出は、まさにグローカル化

図９　世界第二の大きさ（長さ）を誇る中尾上登窯跡（長崎県波佐見町）
筆者撮影

の言葉がふさわしい。地球の裏側の人々が使う器を外海に佇むこともない人々が作るのである。一七世紀後半から一八世紀前半にかけて、長崎から肥前磁器が輸出され、地球規模的に流通したが、需要がグローバル化する一方で、生産地の地域的分業が最も進んだ時代であった。

磁器は世界商品であり、磁器の流通を追えば、グローバルな世界史を描くことが可能である。その一方、地域の天然の原料に依存し、動かし難い窯を大地に築く焼き物作りは本来、地域化しやすい性格をもっている。地域の原料と技術に立脚して発展するものであるからである。

陶磁器の生産と流通を学ぶことは、グローバルで俯瞰的な視座とローカルで対面的な視座を同時に学ぶことにつながる。そして、長崎はそのフィールドとしてとても恵まれている。

参考文献
大橋康二『肥前陶磁』考古学ライブラリー五五、ニュー・サイエンス社、一九八九
野上建紀『伊万里焼の生産流通史』中央公論美術出版、二〇一七
野上建紀『陶磁考古学入門』勁草書房、二〇二一
山脇悌二郎「唐・蘭船の伊万里輸出」『有田町史　商業編Ⅰ』有田町史編纂委員会、一九八八、二六五－四一〇頁

史跡紹介

国史跡波佐見陶磁器窯跡（長崎県波佐見町）

肥前窯業圏の一角を担った波佐見の江戸時代の窯業施設の遺跡である。波佐見には三〇か所以上の窯跡が残るが、その中で代表的な五か所の窯跡が国の史跡に指定されている。磁器創始段階の畑ノ原窯跡、高度な技術で青磁を生産した三股青磁窯跡、その青磁の伝統を受け継いだ長田山窯跡、庶民の器「くらわんか」碗・皿を生産した中尾上登窯跡（図9）や永尾本登窯跡の五か所である。畑ノ原窯跡は一部が復元されており、実際に製品を薪で焼くこともできる。中尾上登窯跡と永尾本登窯跡は世界で第二位と第三位の大きさ（長さ）を誇る巨大窯である。現地に立つとその巨大さに圧倒される。その他、原料産地である三股砥石川陶石採石場、波佐見焼の窯業を管理した皿山役所跡が指定されている。

図10　VOCマーク入染付平皿（武藤文庫）
提供：長崎大学附属図書館経済学部分館

資料紹介

長崎大学附属図書館経済学部分館に所蔵されている武藤文庫には、図書だけでなく、陶磁器も含まれている。本文に関係のある資料をいくつか紹介する。

①ＶＯＣマーク入染付平皿（染付芙蓉手鳳凰文皿）（標2）（図10）
②ロシア輸出用の醤油瓶　天保年間（標19）
③ロシア輸出用の醤油瓶　天保年間（標18）

①（標2）は、ＶＯＣ、すなわちオランダ東インド会社のマークが入った染付皿である。ＶＯＣが有田に注文して焼かせた皿であり、長崎の出島でも数多く出土し、オランダ本国のアムステルダムをはじめケープタウンやバタビアなどＶＯＣの拠点や商館にも残されている。長崎で出土するＶＯＣマーク入り皿の中には、Ｎの文字が加えられているものもある。長崎の意と考えられている。

②と③は、主に波佐見で焼かれたコンプラ瓶である。②（標19）は一般的なコンプラ瓶のつづりが書かれたコンプラ瓶である。表面にはJAPANSCHZOYA CPD.と染付で書かれている。「日本の醤油」という意味であり、ＣＰＤはコンプラドールの略称であろう。資料名にはロシア輸出用とあるが、長

崎貿易のものとみるべきであろう。一方、③（標18）の方はロシア語で表記されているもののようである。本文にも書いたが、北海道などでコンプラ瓶が数多く発見されることと関わりがあるのかもしれない。なお、コンプラ瓶に詰められた醤油や酒の生産地については全くわかっていない。

第五章　交響する長崎の中国文化——おどり、りょうり、まつり——

王　維

はじめに

長崎は、歴史上、地理的に北東アジアや東南アジア域内の国際交易のハブ（中継拠点）の役割を担ってきた。四〇〇年余り前からはポルトガル、オランダなど西洋と中国の商人（華商）たちが長崎に来航し、長崎だけでなく九州各地に居留拠点を構えた。明清時代の華僑の経済、文化活動は当時、日本の社会、経済および文化領域にも大きな影響を与えている。長崎は独特な歴史・文化資源により、今日、日本を代表する国際観光都市の一つとなっている。その観光資源の多くは異文化性を有し、とくに中国に関わるものが多い。建築には、興福寺、崇福寺、聖福寺などの中国寺、孔子廟、眼鏡橋、中華街、唐人屋敷跡などがあり、料理には卓袱《しっぽく》料理、普茶《ふちゃ》料理、長崎ちゃんぽんなど、中国文化の名残を多くとどめている。祭りでは長崎くんち、精霊流し、ペーロン、中国盆会、ランタンフェスティバルなどの四季を飾るイベントが、中国をはじめとする海外との交流の歴史を物語っている。では、長崎に伝播した中国文化は、いつ、なぜ、どのように長崎地域文化として根付いていきた（いく）のか、ここでは、歴史という時間軸に沿って、長崎を代表する名物龍踊り（おどり——受容）、長崎ちゃんぽん（りょうり——大衆化）、長崎ランタンフェスティバル（まつり―創造）を取り上げて、整理してみたい。

第一節　龍踊り

中国から伝わった龍踊りは現代にも継承され、日本の中華街の名物芸能の一つとなっている。龍を舞うという意味では基本的に同一のものだが、踊り方や伝承のあり方、龍踊りの形態は、長崎や横浜など中華街によって異なっている。呼称が違うのは、そのような相違を象徴的に表している。長崎では、「ジャオドリ」（現在は「龍踊り」と表記されるが、元は「蛇踊り」であった）が華僑（日本に居住する中国系の人）ではなく、日本人によって受け継がれ、長崎の祭（長崎くんち――長崎諏訪神社の行事。一〇月七、八、九日）に欠かせない名物になっている。中華街の活性化を目的に、中国の春節と元宵節の習慣をとりいれて始まった地域イベントの「ランタンフェスティバル」においても重要な存在である。

（1）なぜ龍踊りなのか

①龍の信仰

龍は中華民族の象徴であり、民族文化において重要な位置を占めている。龍は古代から、鳳凰、麒麟、亀と合わせて四霊と称され、吉祥（縁起がいいもの）とされてきた。蛇身、鹿角、鷹爪、馬顔で、体中が金色の光に輝き、長い帯のような両髭を持つ、神秘的な動物として描かれる。

中国には龍の起源について、各地に各様の説がある。それらは大別すると、生物に帰せられる説と自然現象に帰せられる説とがある。生物説では蛇やワニが挙げられ、自然現象説では雲、雷などが起源として論じられる。いずれも、民俗的な水神信仰や巫術などと深いかかわりがあるようだ。

龍と蛇への信仰は、アジア各地に広がり、各地の民族の風土、生活に応じた多様な自然観と世界観が反映されている。日本でも古くから、信仰の中の重要な存在の一つとされてきた。

龍が日本へ伝来した流れについては、朝鮮半島の朝鮮族、中国北部の漢民族や、華南（中国南部）の少数民族から伝えられたと言われている。具体的には、稲作と仏教の二つの流れに伴う伝播があるが、前者は水神としての蛇、後者は権力の象徴としての龍の意味を持つ架空の動物である。龍は、日本でも、天皇や貴族など上流社会での権威の象徴として用いられた例が多い。民衆の暮らしとかかわる民間信仰や年中行事では、蛇が主役を演じてきた。長崎諏訪神社のジャオドリの伝承にも、そのような日本社会における龍と蛇への信仰が背景にあると考えられる。

②龍踊りの由来と形態

春になると天に昇り、秋になると深淵に戻る。中国では、龍はこう動くと伝えられている。吐く息を雲に変え、風をおこして天空に舞い上がるため、時には大地が乾いて干ばつが起きることもある。だから中国の農村では、龍に戻ってもらい、慈雨を降らせ、農作物の豊饒を祈る祭礼がよく見られる。龍は生命の糧の守り神、天地自然の現象を司る神なのである。

このような龍信仰は、中国をはじめ東アジア・東南アジアに広がっている。たとえば、それらの地域に見られる「龍船競渡《りゅうせんきょうと》」というボートレースを行う祭りがある。これは主に稲作農耕民族における雨乞いの儀礼であり、競渡での賑やかな歓声が水中の龍を驚かせ、ひいては雨を招くと信じられた、と言われている（宗 一九九五：一五二－一五三）。

龍踊りも、基本的には雨乞い、農作物の豊饒に由来すると考えられる。龍踊りの歴史は古く、漢代にすでに龍踊りがあったことは、龍踊りが描かれている山東省沂南の遺跡からうかがうことができる。龍踊りは「龍灯」とも呼ばれ、元宵節《げんしょうせつ》（上元節ともいう。旧暦一月一五日）に行われるものであった。宋の『東京夢華録』に、北宋の都である河南開封で元宵節に行われた「百芸」（芸能の総称）に関して次のように記されている。「……又于左右門上、各以草把縛成戯龍之状、用青幕遮籠、草上密置灯燭万盞、望之蜿蜒如双龍飛走……」（孟 一九九五：三八）（門の左右に草の茎で龍の形を作り、上にたくさんの蝋燭を立てて、闇の中で眺めると、くねくねとした双龍が空を翔《か》けるようである）。清時代の龍灯については、『清俗紀聞』に記載されている[1]。すなわち、宋・清時代において、龍踊りは龍灯とされ、草、竹、木綿などで作られた龍の中にたくさんの蝋燭を立て、元宵の夜に踊られるものであった。

中国では現在、地域ごとにさまざまな龍踊りが存在する。龍踊りにはまた「単龍戯珠《たんろんしーづー》」（一匹の龍を操る）と「双龍戯珠《すわんろんしーづー》」（二匹の龍を操る）の形式があり、その操り方は地域によって異なる。

図１　「龍踊図」（川原慶賀筆「唐館之巻」の七　長崎歴史文化博物館所蔵）

（２）長崎の龍踊り（じゃおどり）の原型とは

長崎の龍踊りとは一体どのような歴史と意味を持つ踊りなのだろうか。長崎の龍踊りの原型は、江戸時代に中国から伝わった「龍灯」である。当時、長崎を訪れた唐人たちは毎月（旧暦）二日と一六日を「迎福」（福を迎える）として財神を祀り、各家では祭壇に供物をそなえ、寺院に参詣した。長崎の唐人寺である興福寺、崇福寺、福済寺は大変な賑わいを見せ、「龍灯」も演じられた。とくに元宵節の「龍灯」が盛大であった。

「正月十五日の上元祭は、最も賑やかな年中行事の一つであった。とくに福済寺の上元祭は最も盛大であって、この日には天から福を授かるというので、唐人はもとより長崎の老若男女は群集をなして参詣し、非常な賑わいを呈した。殊に呼び物の龍踊りが催されて、賑やかな唐人囃子で龍が舞い踊り、夜は龍頭から龍尾まで龍体の籠に火を点じて龍灯の踊りを行った。そして、龍踊りは、昼も夜も、町々を練りまわるのであった　長崎人はこれを蛇踊りといった。上元の夜の蛇踊りは、元禄二年以後唐人屋敷で賑やかに催された。唐人屋敷には無数の灯籠が点されて、不夜城の観があった。丸山の遊女なども、晴着に粧いを凝（ら）して、唐人屋敷の上元祝いを見物した。この日は昼も夜も唐人踊りと蛇踊りや龍灯の踊りが催されたのであった」（宮崎　一九五二：二二八、傍線と括弧は引用者）。

当時の様子については『長崎名勝図絵』にも記載されている（長崎史談会　一九三一：二二八）。これらの記録から、正月一五日になると、唐人寺院と唐人屋敷で行われていた踊りは伝統的な龍踊りであることがうかがえる。しかも龍踊りの原型とされる「龍灯」も日本に持ち込まれていたことが明らかである。後に龍灯は唐人屋敷の衰退によって途絶えたが、龍踊りを長崎の人々は「蛇踊り（ジャオドリ）」として認識し、継承してきたのである。

（3）龍踊りはどのように地域社会に伝えられたのか

龍踊りの伝承は長崎くんちとも関わりがある。龍踊りは、長崎くんちの折に当番の「踊町」（くんちで踊りを奉納する町のこと）によって諏訪神社に奉納されるようになったもので、享保年間（一七一六－一七三〇）に始まるとされている（山口　一九七二：一九一）。本籠町（現在の籠町）は龍踊りで奉納する踊町の元祖とされる。本籠町は唐人屋敷に隣接し、その出入り口でもあって、遊女達の仲宿もあった。この町は当時来船した唐船の修理などの仕事に携わっていたため、唐人屋敷と密接な関係をもっていた。唐人の龍踊りを見て、これに習い諏訪神社の奉納踊りにした。龍踊りの技だけではなく、踊りに用いる衣服、楽器、道具の一切を唐人から寄与された。そのいずれも中国本土から持ち込まれた。本籠町の人々が習ったのは本来の「龍灯」ないし「龍踊り」であったと考えられる。

図２　籠町の龍踊り（2019年くんち、筆者撮影）

一九三四年頃、長崎県西彼杵滑石村（現在の長崎市滑石町）の村人は、雨乞いと五穀豊穣を祈願するため、本籠町の指導を仰ぎ、滑石大神宮にジャオドリを奉納した。一九四四年には、諏訪町が、諏訪神社の神事に白蛇のジャオドリを初めて奉納した。本籠町の指導を受けたもので、白蛇は諏訪明神の使者という伝説に基づいている。滑石大神宮、諏訪神社いずれの場合も、蛇の信仰に関係しており、本籠町の踊りをモデルとしたジャオドリである。

面白いことに、諏訪町が白蛇の蛇踊りを始めた一九四四年に長崎ではコレラが流行し、多数の死亡者が出たため、白蛇の蛇踊りは縁起が悪いと噂が流れ、諏訪町は白蛇から青龍のジャオドリに変更したことが記載されている（宮崎 一九五二：四一－四二）。つまり、白蛇が悪いものとされ、青龍が良いものとされたのである。しかし、一九五七年からは、諏訪町は青龍に加えて再び白龍（ジャと呼ぶ）の踊りを諏訪神事に参加させるようになった。これは後記のように、一九五〇年代から六〇年代の名称変更の動きとも重なる。従来の蛇踊りを龍踊り（ジャオドリ）に変えたことで、白蛇から白龍（ジャ）への変身に、日本における龍・蛇の互換性が見てとれるのである。

現在、龍踊りを奉納踊りとする踊町は、籠町と諏訪町以外、筑後町と五島町がある。筑後町は、一九七三年から奉納している。以前、町内に唐寺である福済寺があったことで、龍踊りも唐人によって伝えられたものだと言い伝えられている。龍踊りの人気とともに、「本踊り」（日本舞踊のような形式のもの）を奉納踊りとしてきた五島町も新たに龍踊りを習い、二〇〇〇年のくんちから奉納している。五島町が龍踊りを奉納し始めたのは、長崎港開港当初、五島町の船着き場に唐人船が停泊した故事に由来するという。

このように、長崎龍踊りの起源は唐人屋敷時代にさかのぼり、諏訪神社の祭祀に奉納する「じゃおどり」に変容し、長崎の人々によって今日まで延々と継承されてきたわけである。蛇という認識から、長崎龍踊りは以前「蛇踊り」と書かれていたが、「へびおどり」と呼ばれたりして、長崎の人々が不愉快に感じることがあった。一九五五年に、長崎市観光課と郷土史家が話しあったうえで「龍踊り」に名称を改め、一九六四年に無形文化財に指定されると、龍踊りの名称が定着したという（田中敏明執筆の『長崎新聞』一九七八年の連載企画「くんち長崎・昭和くんち考」第二一回）。

「龍踊り」と書いて「ジャオドリ」と読ませ、中国の「龍」が「蛇」（ジャ）となり、日本社会に受容される、「龍」（ジャ）となった。中国の龍を取り入れながらも、日本の両義的な龍・蛇へと変身したのである。

（4）長崎龍踊りの形態

中国の龍体は、竹で骨組みをつくり、外表をさまざまな鱗の図案を描いた布で被い、油紙で胴体や頭尾を工作するのが一般である。全身は長さが異なるいくつかの節に分けられ、節ごとに取っ手がつけられており、龍体の長さは節を単位として勘定する。この節数も、地方や団体によってまちまちだ。

これに対して、長崎の龍体は、初期は竹籠を連結させた龍燈様式だったが、一八〇〇年代に、籠町が独自の工夫を凝らし、現在のようなリアルな龍体に変わった。現在のものは、長さ一八m。主な色は青（緑）と白が使われる。龍体全体の重さは約一五〇kg、うろこは一三種類六、〇〇〇枚、火炎を持った横足が左右二本ずつ付く。龍尾には、鯨のひげでできた七本の剣がついている。さらに、髪がない他の地域の龍と異なって、龍の頭にあえて黒い髪をつけてある。龍体は支持棒の上に藤で輪を作り、背に鯨のひげがついている胴部が八本、それに龍頭と龍尾がつく。龍頭は約一八kgだが、演技中は遠心力で四〇kg近くにもなる。龍の頭に長い髪をつけるのは長崎に独特な形式で、中国にもなく、京都の妙心寺にある狩野探幽の龍画や円山応挙の龍画にも見られない。『長崎名勝図絵』と『長崎版画』に納められた、長崎龍踊りの原型とされる唐人蛇踊りの絵にも龍の頭に長い髪は見られない。すなわち、外表に鱗の図案を描くのではなく、鱗をつけること、龍の頭に髪をつけるのは、長崎でしか見られない特徴である。(2)

中国の龍踊りには、必ず龍珠（布で作った球形の飾り）を持つ演舞の誘導員（龍珠手）がいる。この龍珠手によって舞が千変万化するが、龍踊り手全員が振付を十分熟知し、練習しなければ龍が生きてこない。龍頭が一歩進むと、龍尾は九歩ぐらい動かなければならなくなる。このため、龍尾にいくほど脚力に優れた、快足の人員を配置するのが舞の基本の一つになっている。特殊な龍を除いて、龍珠をもつ一人、龍体を操る九人、全部で一〇人が踊りに加わる。龍踊りは龍珠の誘導の元に行われ、龍が珠を追うように見えるが、それより龍体そのものの動きが強調される。龍の体のダイナミックな動きによって、龍が幸福を呼んだり、雷となって雲を起し、雨をよんだり、また珠を吐いて天へ昇る様子を表現する。珠はあくまでも龍とセットであり、龍と珠との戯れが龍踊りの特徴になっている。

中国の龍踊りに対して、長崎の龍踊りは主に玉追い、玉隠しと道行きから成り、踊りは単純で、変化が少ない。そして、龍自体よりも、玉を重要視する傾向がある。長崎の龍踊りは玉を操る「宝玉衆」、龍体を操る「龍番衆」、「二番衆」、「三番衆」、「四番衆」、「五番衆」、「六番衆」、「七番衆」、「八番衆」、「九番衆」、「龍尾衆」の一一人が一組になる。

龍踊りの演技は、並足の「道行き」と奉納踊りとしての（一）「玉追い」、（二）「玉隠し」、（三）「玉追い」からなっている。初めと終わりの「玉追い」は太陽（或いは月）に見たてた玉を、龍が円形を作りながら追いかける動作で、胴くぐりがある。胴くぐりは「七番衆」と「八番衆」との間をくぐり抜ける絶妙な技である。「玉隠し」は龍がとぐろを巻いて玉探しを中心的な所作とする踊りである。龍踊りの動きはすべて玉使いによって決められる。玉追いの時は、玉の動きと龍体の動きをあわせるために、龍番衆と龍尾衆が龍の輪を崩さないように注意する。長崎以外の踊りでは、龍体自身の動きが重視され、必ずしも玉と龍との動きは一致しないことから、これは長崎独特の踊りの形態である。

（5）龍踊りのひろがり

龍踊りは、異国情緒あふれるアトラクションとして、長崎観光の目玉となった。現在、踊町による龍踊りのほかに、長崎観光龍踊会、十善寺龍踊保存会、鶴鳴学園長崎女子高等学校龍踊部のような自発的に組織されたグループがある。長崎観光龍踊会は観光の発展に寄与するため、一九七九年に観光業界関係者を中心として設立したのである。現在のメンバーには、観光業界だけでなく、市民有志も参加している。

図３　鶴鳴学園長崎女子高等学校龍踊部による龍踊り（2020年ランタンフィスティバル、筆者撮影）

十善寺龍踊保存会の龍踊りは一九八九年の長崎「旅」の博覧会に出演するため、十善寺地区の自治会青年会のメンバーを中心として始められた。これをきっかけに、龍踊りに情熱を注ぐ若者は、新地中華街と唐人屋敷に近い十善寺に関する歴史についての勉強会を始めた。十善寺は唐人屋敷跡の一つである土神堂の所在地であり、長崎名所図絵から土神堂は龍踊りの発祥地であることを知り、一九九三年に十善寺龍踊保存会（当時十善寺唐人龍踊会）を設立した。龍踊りを次の世代に継承するために、楽器の演奏を十善寺地区の子どもたちに託している。現在のメンバーは一六〇人ほどで、長崎だけではなく、日本全国に分布している。県外のイベントに出場する時は、現地にいるメンバーに参加してもらうこともある。

鶴鳴学園長崎女子高等学校龍踊部[3]は二〇〇三年に設立され、龍踊りの指導をしているのは、十善寺龍踊保存会のメンバーである鶴鳴学園長崎女子高等学校教頭である。龍踊りは本来、女子ではなく男子が踊るものであるため、鶴鳴学園長崎女子高等学校龍踊部の設立は様々な意味で衝撃的な出来事だった。周辺の反対や非難もあったが、鶴鳴学園長崎女子高等学校龍踊部は、それらを乗り越えて成立当初の四人から、現在一学年二〇人前後で、合わせて六〇名近くの部会員がいる大組織に成長した。龍踊部では、踊りだけでなく、正しい礼儀作法と文化の指導を行っている。設立してから一八年になるが、龍踊りの体験をした卒業生は三〇〇人以上に達している。女子の龍踊隊はイベントの際に赤い龍を二頭持って踊る。赤色にしたのは、単に女子だからではなく、中国の文化と陰陽思想に基づいて思案した結果である。鶴鳴学園長崎女子高等学校は長崎市の南にあり、五行の中では南の色は赤であること、赤色は縁起がよくめでたい意味合いを持っているからである。このアイディアは、十善寺龍踊保存会会長に出してもらった。現在、女子の龍踊隊は地域行事などに欠かせない存在となり、毎年龍踊部に憧れて鶴鳴学園長崎女子高等学校を受験する生徒も増えているという。高校の部活としての龍踊りが地域社会に溶け込むまで成長したのは、ＰＴＡを含めた地域からの様々な支援と協力、とくに十善寺龍踊保存会のサポートが大きかった。

これらの龍踊会は、長崎を中心に九州および全国各地でイベントや行事などに出場しており、長崎のランタンフェスティバルを始め、長崎の各祭祀にとっても、すでに欠かせない存在となっている。

このように、龍踊りの伝承と普及は、外来文化を積極的に受容して進化してきた長崎文化の歴史的土壌が根底にあり、地域の祭祀、観光事情にも関連している。龍踊りにみる長崎文化は地域の文化資源として、学校教育、文化伝承、観光振興と地域活性化に寄与している。

第二節　長崎ちゃんぽん

長崎といえば、ちゃんぽん。長崎の中華料理、長崎の郷土料理として全国に知られている。ちゃんぽんはどのように生まれ、どのように全国に広まったのだろうか。

(1) ちゃんぽんの由来

ちゃんぽんの元祖として有名なのが、中華料理店「四海楼」である。以前は新地と唐人屋敷のあいだの広馬場町にあったが、現在は旧居留地に近い松ヶ枝町の海べりに店を構えている。「四海楼」の創業者は福建省出身の陳平順である。平順は一八七三年、福建省福清で生まれた。それほど裕福ではなかったこともあって、長崎新地で大きな砂糖貿易商を営んでおり、縁故関係にあった「益隆号」を頼って一八九二年に海を渡ってきた。それ以来一度も福建へ帰ることはなかった。

当時の長崎では、華僑の仕事は三刀業（料理、理髪、洋裁）などの雑業が主だった。陳平順も最初の七年間はリヤカーに反物を積んで行商をしていたが、一八九九年に友人三人と一緒に当時の広東会館の建物を借り「四海楼」を開いた。

「四海楼」は料理部のほかにカフェーと旅館も経営していたが、とくにカフェーはピアノがあってダンスもできるモダンなもので、当時は「上海クラブ」という別名もあったそうだ。アメリカの船が着くと、船員がいつも「四海楼」に飲みに来ていたという。

『広辞苑』ではちゃんぽんは「混ぜこぜ」の意味があると書かれている。長崎ちゃんぽんは、もともとは日本人向けに作られたものではない。長崎に来ていた中国人留学生たちのために、陳平順が考えた料理である。陳平順はしばしば長崎に渡航してくる華僑や留学生の身元引受人になり、世話をしていた。当時の長崎華僑の生活は決して楽ではなく、留学生の生活はさらに苦しかった。留学生の実情を知った陳平順は、ボリュームがあって、しかも安い料理を提供することはできないかと考え、オリジナル料理ちゃんぽんを創作したのである。福建の「肉絲湯麺」をもとにしたこの料理は、当初「支那うどん」とも呼ばれた。

四海楼の四代目、陳優継によると、福建の家庭料理「肉絲湯麺」は栄養満点を旨とする庶民的な簡便食であり、豚肉、シイタケ、タケノコ、ネギを入れたあっさりしたスープの麺類であった。これを平順は、丸鶏と豚骨からとった濃いスープに変え、豊富な山海の幸を入れ、そして唐灰汁で小麦粉をこねた独自のコシのある麺を使い、ボリュームをつけたものにアレンジしたのだという。スープや麺を変えたのは、この時点で、日本人にも好まれるようにしたためであった。

当時は冷蔵の技術も発達しておらず、長崎では「肉絲湯麺」の材料が揃えられず、苦心の結果、長崎近海でとれた海産物、かまぼこ、ちくわ、イカ、小ガキ、小エビに、モヤシ、キャベツなどを使った。これがちゃんぽんの起源である。季節によってその時仕入れた旬の食材を使っていたことから、やがて「ちゃんぽん一杯で四季が感じられる」といわれるようになり、「和」と「華」の融合、海と山の幸が豊かな長崎だからこそ創り出された郷土料理ともいわれているようだ。

さて、「支那うどん」はいつごろ、どのようにして「ちゃんぽん」と呼ばれるようになったのだろうか。話によると、語源には次の二説があるそうだ。

一つは、福建北部の方言の「シャポン」、あるいは「セッポン」、福建南部の方言の「ジャベン」（吃飯）、いずれもご飯を食べるという意に由来するという説。中国のある地域では、知り合いに出会った時、挨拶代わりに「ご飯を食べましたか」と尋ねる習慣があったそうだ。貧しい時代において、日々の最大の関心事は食事である。「ご飯を食べたか？」と挨拶され、「食べていない」と答えると「では、うちで食べていきなさい」というやりとりがされたに違いない。当時の長崎に来た中国人たちの間でも、おそらくこのような挨拶が交わされていたのではないか。挨拶言葉の「シャポン（吃飯）」が長崎人の耳に入り、「支那うどん」の同義語となり、しだいに「ちゃんぽん」と呼ばれるようになったという説である。

「ちゃんぽん」という名称が定着した時期ははっきりとしないが、明治後期には四海楼に著名人がよく訪れ、社交場として賑わいを見せていたことから、この時期には、すでに定着していただろうと考えられている。

ちなみに、ちゃんぽんを辞書（新村　一九九〇：一五五六）で引くと、漢字で「摻和」とあるが、これは中国語でも「混ぜこぜ」という意味になる。最初は漢字の「摻和」を使い、後に発音をつけた可能性もある。

もう一つの説は、江戸時代にすでに「ちゃんぽん」という言葉があったというもの。これは、江戸時代に日本へ伝わった中国音楽に関連している。中国の鉦（かね）のチャンと日本の鼓（つづみ）のポンを合わせて、「ちゃんぽん」。異質の音が混合した、という意味を表す造語である（前田　二〇〇五：七五〇）。これが転じて「支那うどん」を指すようになり、「ちゃんぽん」と呼ばれるようになったという。

この二つの説と別な視点になるが、沖縄では色々な野菜などを混ぜて炒めるものをチャンプルといい、さらにマレーシア、韓国でも「混ぜこぜ」の意味で同じような発音を持つ言葉がある。北と南の中継地に位置する長崎はかつてアジアにおける海の交易の中心地でもあったことから、もしかしたら、このちゃんぽんの言葉の由来は中国と長崎だけに限らない可能性も考えられる。

(2) ちゃんぽんの地域での受容

明治後期の四海楼の看板には「支那料理四海楼饂飩元祖」と書かれていた。当時、ちゃんぽんは支那うどんとして売られていたことがわかる。一八九〇年代初期には、「ちゃんぽん」という名称で店のメニューになっており、一杯、四～五銭ぐらいで提供されていた。この値段は現在どのぐらいの金額に相当するかは別として、『値段史年表　明治・大正・昭和　週刊朝日編』によると、同時期にパン一斤が一〇銭で売られていたことから、ちゃんぽんが比較的に安い値段で提供されていたことが推測できる（朝日新聞社　一九八八：九七）。ボリュームもあり値段も安いちゃんぽんは次第に地域の人々に受け入れられていった。たとえば、一九〇四〜一九〇五年ごろに、「エンヤラヤ」という曲の替え歌が流行った。人びとは口々に「すべっても　ころんでも　四海楼の前で　ちゃんぽん一杯食わなきゃ　こしゃ立たぬ」という歌詞を歌っていた（陳　二〇二〇：二四七）。一九〇七年発行の『長崎県紀要』に、学生の好物としてちゃんぽんが紹介され、当時市内に十数軒のちゃんぽんの店があり、その多くは華僑がやっている店だと書かれている（長崎県協賛会　一九〇七：二五七）。

四海楼創業一〇年後の一九〇九年四月五日付の東洋日の出新聞に、「長崎の名物名産」と題してちゃんぽんのことが記載されており（陳　二〇二〇：二四七）、一九一四年に発行の『長崎案内』のなかでも長崎の特産としてちゃんぽんが紹介されている。これらの書物から、ちゃんぽんは当時、地域の名産として定着していたことが明らかである。ともあれ一九二〇年代から一九三〇年代にかけて、ちゃんぽんの店は長崎の至るところに見られるようになった。それについて、『長崎論叢』（二二）にも、ちゃんぽんは福建に由来するが、後に長崎風に変化し、中国各地でも見られない、長崎の特有のものだと書かれている[4]（長崎史談会　一九三八）。第二次大戦後、ちゃんぽんは長崎中華料理店の定番料理となり、長崎の郷土料理として地域観光に寄与する。ちゃんぽんは全国各地に普及する前に、すでに地域化し、観光資源として知られていた。

（3）長崎ちゃんぽんはどのように日本全国に広まったか

「長崎ちゃんぽん」が全国的に普及するようになったのは、リンガーハットの功績が大きい[5]。

リンガーハットを創業し事業を推進してきたのは、米濱豪、鉦二、和英の三兄弟である。米濱一家は鳥取県の出身であるが、父親が商売のため戦時中に中国に渡ったため、長男の豪を除いて、兄弟の全員が山東省で生まれたという。米濱豪は、商売の道を探すために二〇歳頃家から離れ、大阪と東京でいくつかの仕事を転々としたあと、東京で衣料や雑貨を扱う赤札堂に勤めるようになった。一九五四年長崎の支店長として仕事を任せられ、長崎に住むようになり、一九五九年に独立してスタンドバーを開業し、その後、兄弟たちを長崎に呼び寄せた。豪は昼の商売に変わろうと兄弟たちに言いはじめ、食品などを扱う商業人のためのビジネス雑誌「商業界」[6]が主催する経営者セミナーに定期的に参加するようになる。セミナーは経営に関する知識を学ぶだけでなく、セミナーの参加を通じて、多くの経営界の実力者や学者などと知り合うことができ、後になって豪の社会関係や商業ネットワークづくり、さらに成功していくために必要な社会資本を獲得する重要な基盤となった。バーの経営をやめ、一九六二年にとんかつ店を開業し、一九六八年に現在のリンガーハットの本店となる卓袱料理専門店「郷土料理別館浜勝」を開業した。

一九七〇年の日本万国博覧会をきっかけに、日本ではスカイラーク、ミスタードーナツなどのチェーン店が相次いで開業し、日本の外食産業の発展に拍車をかけた。その影響を受けて、札幌味噌ラーメンなどのような日本の外食産業各社に全国各地でのチェーン化が見られるようになった。日本の流通業界では経営の手法や情報を共有するペガサスクラブなどの団体が発足したり、小売業界はチェーンストア経営のためのセミナーを開催したりしていた。このような小売・流通業の革新の波を受け、米濱兄弟はチェーン化について考え始め、経営のノウハウを学ぶためのセミナーに参加した。米濱らは事業のチェーン化にふさわしい商品を決定するためにさまざまな検討を行ってきた。当時は札幌ラーメンが流行していたが、長崎に進出してきた札幌ラーメンは、二年経たないうちに閉店した。米濱らは、当時、一世を風靡していた札幌味噌ラーメンを長崎の地から駆逐したのは「長崎ちゃんぽん」であると、改めてちゃんぽんの魅力を再認識しチェーン化を決意したという。

一九七四年、長崎市宿町にリンガーハットの一号店がオープンした。これまでの長崎ちゃんぽんと差別化するために店の名を「長崎ちゃんめん」とし、健康的な味と手ごろな値段を追求した。一九七七年までに、長崎県内で一一店舗まで展開していたが、一九七七年福岡に出店するときに、新たな店名を長崎ちゃんぽんリンガーハット[7]にした。

ちゃんめんをちゃんぽんに戻したのは、ちゃんぽんと異なるちゃんめんという屋号を使った場合、今後店舗を展開した先の地域の人が、ちゃんめんとちゃんぽんの区別がつきにくいのではないかと懸念したからである。

経営者の米濱は、会社の設立当時から自社製品は常に「健康」第一でいかなければならないと考えていた。その方針が従業員に伝わり社内全体に浸透した結果、減塩、減脂、減糖といった成分管理、新鮮な国産野菜使用といったアイディアが生まれ、客に対して「健康」を訴求する文化が醸成され、今日まで続いている、と言われている。

このようにリンガーハットは、一九七七年に社名を改名した後、一九七九年に首都圏進出を果たし、全国各地に店舗網を展開していった。二〇二〇年一一月現在、「長崎ちゃんぽん　リンガーハット」六六四店、「とんかつ浜勝」九一店、「とんかつ大學」二店、卓袱料理専門店「長崎卓袱　浜勝」一店を運営し、グループ全体では約八〇〇店舗を運営している。日本の外食産業に貢献したことで、リンガーハットは農林水産大臣賞を受賞し、第二代、三代（現在の会長）の経営者はそれぞれ一九九四年と二〇〇九年に藍綬褒章を授賞した。二〇一五年に、育英事業、文化事業、そして地域社会の発展に寄与することを目的に、公益財団法人米濱・リンガーハット財団を設立した。

「長崎ちゃんぽん」は四海楼を起点にした長崎の中華料理から、長崎を代表する郷土料理として地域に定着してきたが、リンガーハットによって全国に広まり、日本の大衆料理の一つになった。長崎の郷土料理が日本全域に広がったのは、リンガーハットの功績が大きい。郷土料理が日本の料理へと発展できたのは、長崎の自然、歴史、交流の先端で切り拓かれた文化的環境のなかで生まれ育った「長崎ちゃんぽん」そのものの魅力のおかげである。

第三節　新たな伝統の創造——長崎ランタンフェスティバル

ランタンフェスティバルは長崎三大祭りの一つとして、日本全国および海外でも知られている。実は、地域社会における中華街と祭祀行事の融合は世界に類例のない長崎固有の特徴である。長崎では、華僑と日本人が一体となって、中国文化をベースに観光振興と地域発展を目的に中華街を形成してきた。アジアにおける海域交流の歴史的な長崎チャンネルを再現した「ランタンフェスティバル」は、華僑が現地社会と融合していくダイナミズムを象徴する地域文化のひとつである。

（1）新地中華街

長崎の中華街は新地町にあるが、新地という地名の由来をご存じだろうか。「新地」とは「新しい築地（埋め立て地）」の意である。つまり、埋め立て地の上に新地町、そして現在の中華街ができたのである。新地はかつて、新地蔵所、新地唐人荷物蔵、唐荷物蔵などと称されていたが、唐人貿易の倉庫としての機能と役割を果たしてきた。唐人屋敷の倉庫が集まる場所としての新地が居住地になったことと、一八五九年の安政の開国が大きく関係している。とくに、一八六八年に広馬場と新地が居留地に編入され、唐人屋敷の役割がなくなるとともに「中国人貸地規則書」が制定され、広馬場地区[8]と新地地区が中国人居留地として合法的に認められた。さらに一八七一年の日華修好条規の締結によって、長崎に清国領事館が建設されると、唐人屋敷にいる華僑や新たに本国からやってきた華僑たちは、貿易商として公然と業務に進出できるようになった（内田 一九四九：五）。新地の倉庫は店舗や住居に改造され、一八九九年に市街地雑居の許可が降りるころには、華僑の街として特殊なエリアを構成するようになっていった。

しかし、日清戦争の勃発と、その後の新地と広馬場で相次いで起きた火事のため、華僑人口は減少し始める。一八九九年には居留地が撤廃されると同時に「内地雑居令」が公布され、貿易商以外の雑業者にも内地進出が認められると、外国人は居留地外での居住と経済活動ができるようになった。すると、一部の商人たちが新たなビジネスチャンスを狙って、神戸や横浜へと移住していった。それでも新地は泰益号、生泰号、永興号、錦昌号など多くの貿易商と雑貨商の店が軒を連ねて、日中戦争の勃発まで繁栄していた。その一方で、貿易と縁がない福建省福州や福清の出身

図４　長崎新地中華街（2020年、筆者撮影）

者の渡来が増加し、新地では三刀業（料理、洋裁、理髪）などの店舗も多くなり、新地はとくに近代の長崎華僑経済の中心地として栄えた。

新地の景観及び華僑の生活を激変させたのが、一九三七年の日中全面戦争である。日中の対立が、貿易を中心に活動してきた長崎華僑に大きなダメージを与えることになった。貿易商の多くは本国へと引き揚げることができたが、引き揚げるだけの財力もない者や長崎に踏みとどまらざるをえなかった華僑、とくに本国での経済基盤もない福建省北部の出身者にとっては、本国・中国との貿易の途絶は、新たに生きる道の模索が迫られる契機になった。

その結論が、中華料理店への転業だった。この時期に新地の風景は一変し、現在の中華料理店や雑貨店が大半を占める姿になっていった。また、このころから中華街でも、中国風の服装が見られなくなり、華僑の住居も次第に日本のものと変わらなくなっていったという。それに合わせるように、ほとんど華僑しか住んでいなかった新地に、戦時中の日本の政策により、日本人が多く住むようになり、華僑と日本人との混住社会になっていった。とくに終戦後まもなく、一九四七年に新地で大火が発生した後に、中国的な建物はほとんど破壊された。戦後になって、新地町の日本人と華僑は共に、地域の発展を図るために新地湊町商店街を結成したが、本格的に新地中華街が復興するのは、一九八〇年代まで待たなければならなかった。

一九八四年に新地で商売する華僑と日本人によって、新地中華街商店街振興組合が結成された。この組合結成には、日中国交回復を契機に盛んになった日中友好の機運も追い風になった。最初の活動は、新地中華街のシンボル・

牌楼（中華門）の建設である。中華門の建設と同時に、長崎市からの協力で中華街の街路の石畳工事も進められた。こうして一九八六年の春、中華街の四つの中華門ができ、それに合わせるように、店舗や家も中華風に増改築して、現在の新地中華街の景観が姿を現したのである。

（2）ランタンフェスティバルはこのようにできた

一九八六年、中華街のシンボルとなる中華門ができ、街自体の整備も進むと、翌年の一九八七年に、観光客の誘致を目的したイベントを中華街振興組合が計画した。このイベントで着目されたのは、日本ですでに失われていた中国の春節と元宵節という伝統にちなんだ春節祭であり、赤い灯籠によって中華街全体を美しく飾ることが祭の主題であったため、灯籠祭と呼ばれた。

最初の灯籠祭は一九八七年の春節に開催されたが、当初は簡素なものであった。新地中華街はわずか四〇店舗ほどであり、約半分は日本人が経営する店舗であるが、華僑か日本人かを問わず、新地中華街の人たちは一体となり、灯籠祭を自分たちの祭として育て上げていった。

灯籠祭は、観光客の好評を得て、一九九四年に長崎都市発展戦略の一環として正式な観光の柱として位置づけられ、行政による資金の投入と参画・実行によって、長崎市全体の祭―ランタンフェスティバルに発展していった。ランタンフェスティバルの規模は年毎に拡大し、行政による資金投入も年々増加、二〇〇八年には協賛金と合わせた金額が一億円を上回った。二〇〇九年の祭の二週間で計上した集客数は、長崎市全人口の二倍を超えるまでに増加し、さらに平成二五年（二〇一三）の長崎ランタンフェスティバルでは史上最大の一〇一万人を記録した。長崎ランタンフェスティバルの集客数は、二〇一四年から二〇一九年までほぼ九〇万人台で推移している。経済効果のみならず、イベントなどを通じて市民に潤いの場を与え、地元の住民、観光客、および参加者の交流を体験できる場を提供し、観光で訪問する人に非日常的な生活体験の機会を提供するなど、様々な社会的効果も生み出している。さらに、異文

図５　子どもの獅子舞（2020年ランタンフェスティバル、筆者撮影）

化（中国文化）の活用を通じて、観光客誘致や地域イメージの再構築と新たな都市文化の創造といった文化面での地域活性効果を生み出している点でも意義が大きい。

長崎ランタンフェスティバルの期間中は、長崎市中心部に一五、〇〇〇個のランタンが飾られ、主な観光スポットには大型オブジェも設置される。ランタンや獅子舞、龍踊りなどは新地中華街に住む人々の中国春節に対する想像の産物に過ぎないにもかかわらず、祭りは強い本場志向を持っている。官民問わず、多くの人びとが、長崎ランタンフェスティバルは日本では最も本場志向的（あるいは本場に近い）なものである、と誇りを持って強調する。

祭のコンセプトは、「長崎に息づく異国ＣＨＩＮＡ再発見」であり、最大の彩りは、赤を基調に市街地を異国の温かい風景に仕立て上げるランタンである。主なイベントには、長崎唐人貿易の歴史を語る日本人による伝統的芸能――龍踊り、媽祖《まそ》行列、そして華僑青年会の中国獅子舞があり、中国雑技、京劇、中国音楽の演奏や、長崎各商店街、町内会、学校、その他のサークルなどの演出がある。新たにイベントに加わった皇帝パレードは、清朝の皇帝などらしい人物を中心に据えた日本の大名行列を彷彿とさせるようなパレードである。

中華街の建設であれ、それによって生まれた春節祭文化であれ、中国的情緒が濃厚に漂っているにもかかわらず、中国文化そのものではない中国風文化としての位置づけが維持されている。このことは、長崎の地域観光を振興し、より多くの観光客を呼び寄せるために、新しい地域の伝統が創り出されたということにほかならない。この新しい伝統こそ、四〇〇年の歴史のなかで築き上げられてきた長崎華僑社会そのものであり、長崎とアジア諸地域が歴史的に蓄積してきた交流関係を土台に創り出された新たな観光資源といえよう。

おわりに

おどり（龍踊り）、りょうり（ちゃんぽん）、まつり（ランタンフェスティバル）を通じて、中国文化（華僑文化）は長崎でどのように受け入れられ（受容）・展開（大衆化）・構築（創造）されてきたのか。本章では、中国文化に由来する新たな地域文化創造の歴史を、交響楽の譜面を追跡するように眺めてきた。おどり、りょうり、まつりの事例からも明らかなように、地域と中国文化の交響する社会は世界にも例を見ない長崎固有の特徴である。このような特徴は、ほかでもなく海外（アジア、主に中国）との交流の歴史が積み重なり、とくに人の交流によって、文化同士が触変する過程を経て築かれた。長崎という場所には、こうした交響する文化的土壌がある。中国から伝わってきたおどり、りょうり、まつりは長崎文化といまも交響しながら、受容・変容、大衆化、創造を経て、長崎地域に独自のハイブリッド（混交）文化を構築し現代に継承されている。

注

（1）それによると、元宵「灯夜の間は、市中の空地に戯台《ヒイダイ》（ぶたい）を拵《こしら》え、倣戯《ツヲーヒー》（おどり）を催す。また本町通大家富家《ふか》住居《すまい》の町筋には、灯棚《テンポン》とてこの方《ほう》の軒《のき》より向こうの軒へ互いに竹を渡し上に木綿の幔《まん》を覆《おお》い麻縄を垂れ種々の飾り灯籠を掛け燃《とも》し、そのほか街上へは、行灯《ヒンテン》とて若者ども打ち寄り、竜灯《ロンテン》・馬灯《マーテン》・獅子灯《スーツーテン》などそのほか魚鳥《ぎょちょう》の形、色々に拵《こしら》え（竹にて形を作り紙にて張り彩色し内に数梃の蝋燭をともす）、銅鑼《どうら》・太鼓等をもって囃《はや》し、灯籠をつかい町筋を踊り歩く。もっとも趣向により装束《そうぞく》等同じからず。なかんずく竜灯は長さ四、五間に造り数十梃の蝋燭を燃し、数人にてつかう。右数多《あまた》の行灯のうち、あるいは大戸《たいこ》・知音などの方《かた》へ行き踊る事あり」（中川　一九六六：一一三－一一四）。

（2）これについては（荒川 一九九六：四一五）を参照。
（3）十善寺龍踊保存会会長秋浦利栄氏、鶴鳴学園長崎女子高等学校教頭前田洋氏教示による（二〇二〇年一二月）。
（4）原文：「ちゃんぽんは支那語ならんと支那人に問えども知るものなし、饂飩は銀絲細麺とかめんとか書き、該調理は長崎に於ける一種特別の調理にして、支那各省になき一品なりと答えぬ…中略…ちゃんぽんなる調理は所謂福建風のそれに原由して考察せられ、一種独特なる珍品と変化したものならんか」（長崎史談会 一九三八：六五）
（5）リンガーハットについては、『「細心大胆」株式会社リンガーハット五〇周年記念誌』、リンガーハット東京本社における調査（二〇一七）、及びリンガーハットHPによる。
（6）株式会社、商業界。一九四八年に設立。事業の内容と理念は「店は客のためにある」、「損得より先に善悪を考えよう」の経営理念を掲げ、日本の小売流通業の発展に貢献するための出版・教育セミナー事業を主業務とする。一九五一年より毎年二月に開催され、国内最大規模の商人道場として日本の小売流通業のリーダーを輩出してきた「商業界ゼミナール」をはじめ、小売業経営に関する精神と技術をテーマにした実務研修、海外視察セミナーを年間約二〇回開催している（https://www.shogyokai.co.jp/company/）。
（7）リンガーというのは、幕末にイングランドから来日し、長崎の上下水道建設や外国貿易で活躍したフレデリック・リンガー氏のセカンドネームにあやかると同時に、そこに可愛らしい小さな家（ハット）という意味をもたせて、リンガーハットとされた。
（8）一八六〇年、外国人居留地として埋め立てられ、一八六三年の正月に広馬場という町名を附せられた。広馬場の背後には唐人屋敷があった関係上、この町に住む人の多くは中国人であったという（歌川 一九五二：一六二）。広馬場町は旧下長崎村十善寺郷に属し、唐人屋敷前の広場であったことから広馬場と称していた。

参考文献

荒川紘『龍の起源』紀伊國屋書店、一九九六
石川秀憲「長崎ちゃんぽんを全国区に リンガーハット 米濱鉦二」外食産業を創った人びと編集委員会編『外食産業を創った人びと』商業界、二〇〇五、一三三‐一四四頁
株式会社リンガーハット『細心大胆　新聞アーカイブス』、二〇一〇
篠原勲『美味しさの秘密は？　リンガーハットの挑戦 長崎ちゃんぽんを世界に』創英社／三省堂書店、二〇一二
週刊朝日編『値段史年表：明治・大正・昭和』朝日新聞社、一九八八
新村出編『広辞苑』（第三版）岩波書店、一九九〇

曽士才・王維『日本華僑社会の歴史と文化　地域の視点から』明石書店、二〇二〇
宗懍（森屋美都雄他訳）『荊楚歳時記』平凡社、一九九五［一九七八］
田中敏朗「くんち長崎―昭和くんち考」（長崎新聞連載五－七五回）、一九七八
陳優継『ちゃんぽんと長崎華僑』長崎新聞社、二〇〇九
――「長崎華僑の食文化と伝統の継承」曽士才・王維『日本華僑社会の歴史と文化　地域の視点から』明石書店、二〇二〇、二三六－二五八頁
敦崇（小野勝年訳）『燕京歳時記』平凡社、一九六七
中川忠英『清俗紀聞』平凡社、一九六六
長崎県協賛会『長崎県紀要』、一九〇七
長崎史談会『長崎名勝図絵』藤木博英社、一九三一
長崎史談会編『長崎論叢』二二輯、藤木博英社、一九三八
前田富祺監修『日本語源大辞典』小学館、二〇〇五
宮崎清成『長崎蛇踊の由来』藤木博英社、一九五二
孟元老（入矢義高・梅原郁訳）『東京夢華録　宋代の都市と生活』平凡社、一九九六［一九七九］
山口麻太郎『日本の民俗　長崎』第一法規社、一九七二
王維「長崎龍踊り」吉原和男・鈴木正崇編『拡大する中国世界と文化創造――アジア太平洋の底流』弘文堂、二〇〇二、二一〇－二三五頁
――「華僑と日本中華飲食文化の土着化――長崎「ちゃんぽん」と函館「チャイニーズバーガーを事例として」『華僑華人歴史研究』四号：一－九、二〇一七
――「長崎新地中華街」長崎大学多文化社会学部『大学的　長崎ガイド――こだわりの歩き方』昭和堂、二〇一八、三一－二二頁
――「華僑文化を活用した地域ブランドの創造」曽士才・王維『日本華僑社会の歴史と文化　地域の視点から』明石書店、二〇二〇、二五九－二八八頁

第六章　長崎八景——漢詩から長崎版画へ——

中島貴奈

はじめに——長崎版画「長崎八景」

現在長崎みやげとして販売されている絵葉書の中に、江戸時代に作られた長崎版画「長崎八景」をもとに作られたものがある。長崎版画「長崎八景」（図1～8参照　神戸市立博物館蔵）とは、長崎の八か所の風景を画いて一揃いの作品としたもので、右上（もしくは左上）にそれぞれの風景を表す〝小題[1]〟が付されている。小題はいずれも「長崎のある地名を示す二文字」＋「景物（風景）二文字」の組み合わせとなっており、画の簡略な説明を添えて示せば以下の通りである。

立山秋月（たてやまのしゅうげつ）…立山から見た秋の月
安禅晩鐘（あんぜんのばんしょう）…夕暮れ時に響く安禅寺[2]の鐘の音
笠頭夜雨（かさがしらのやう）…風頭山から眺める夜の雨
大浦落雁（おおうらのらくがん）…大浦に飛来する雁

愛宕暮雪（あたごのぼせつ）…雪に覆われた夕暮れ時の愛宕山
市瀬晴嵐（いちのせのせいらん）…一の瀬橋と雨上がりの色鮮やかな山
神崎帰帆（こうざきのきはん）…神崎を通り帰って行く船
稲佐夕照（いなさのせきしょう）…夕日に映える稲佐山

長崎版画「長崎八景」そのものは、磯野文斎（生年未詳、安政四年（一八五七）没）が下絵を描き、弘化年間頃に長崎の版元大和屋から版行されている。(3) だが、もとになった「長崎八景」の小題自体は、長崎版画の成立より遙かに早く、遅くとも延宝八年（一六八〇）までに成立した漢詩「長崎八景」が作られた際に定められていたようだ。

そもそも、ある一定の地域に八つ（もしくは一〇、一二）の景色を選定して「地域＋景物」の小題を付し、詩歌に詠むあるいは画に描くなどして鑑賞することの淵源は、中国の「瀟湘八景《しょうしょうはっけい》」にまで遡る。「瀟湘八景」とは中国湖南省にある洞庭湖とその南に広がる長江支流域に定められた八つの風景（「瀟湘夜雨」「洞庭秋月」「煙寺晩鐘」「漁村夕照」「江天暮雪」「平沙落雁」「山市晴嵐」「遠浦帰帆」）を指し、宋代から元代にかけて詩や画の題材として広く普及した。日本でも鎌倉期以降受容され、「瀟湘八景」そのものを想像で詩歌に詠んだり画いたりするのみでなく、「瀟湘八景」にならって日本各地の景勝地に「八景」を選定するという形で普及していったのである。(4) 最も知られている例としては、琵琶湖一帯で作られた「近江八景」（「唐崎夜雨」「石山秋月」「三井晩鐘」「勢多夕照」「比良暮雪」「堅田落雁」「粟津晴嵐」「矢橋帰帆」）が挙げられるだろう。

本稿で取り上げる漢詩「長崎八景」は、日本における「瀟湘八景」受容の流れを汲んで長崎の地で作られた「八景」の中でも、早い時期の作品と位置づけることができる。(5) 以下、この漢詩「長崎八景」について詳しく見てゆきたい。

第一節　漢詩「長崎八景」の作者たち

漢詩「長崎八景」は、日本の各地で作られた八景・一二景の詩歌を集めて延宝八年（一六八〇）に刊行された『扶《ふ》桑名勝詩集《そうめいしょうししゅう》』(6)（吉田元俊編）、及び文政元年（一八一八）頃成立の『長崎名勝図絵』(7)（饒田喩義編、長崎歴史文化博物館蔵）等によって見ることができる。

作者は一人ではなく、複数名による「会吟」の形をとっており、詩型も七言律詩、五言律詩、七言絶句とあって統一はされていない。(8)なお『長崎名勝図絵』では、「市瀬晴嵐」と「稲佐夕照」に作者の異なる二首の作品が挙げられており、全一〇首となっているほか、『扶桑名勝詩集』所収作品との間には全体的に詩句の異同が見られる。(9)ここではまず、『扶桑名勝詩集』所収の八首について、掲載順にそれぞれの作者について見てみたい。

「立山秋月」（七律）の作者林珍《りんちん》、及び「安禅晩鐘」（七律）の作者何倩《かせん》は、延宝三年（一六七六）頃長崎に来航した唐人である。(10)両者は、大坂の儒者大高坂《おおたかさか》芝山《しざん》と直接の対面はないが交流があり、刊行された芝山の詩文集に序文や評語を書いている。(11)芝山の詩文集には芝山と両者の間で交わされた贈答詩も収められていることから、詩文の素養を身につけた唐人であったのだろう。

「笠頭夜雨」（七律）「愛宕暮雪」（五律）の作者林道栄《りんどうえい》、「大浦落雁」「神崎帰帆」（ともに五律）の作者劉宣義《りゅうせんぎ》は、どちらも大通事にまで登りつめた長崎の唐通事であり、詩文もよくしたことが知られている。

のこる「市瀬晴嵐」「稲佐夕照」（ともに五律）の作者は、延宝四年（一六七六）から長崎聖堂の祭酒（長官）を務めた京都の儒者南部《なんぶ》草寿《そうじゅ》である。

このように、漢詩「長崎八景」は、来船唐人・日本の儒者と、両者を媒介する存在の唐通事という三様の人々によって作られた共同作品となっている。そしてこれらの人々の中心にあったのが、寛文一一年（一六七一）から天和元年（一六八一）まで長崎奉行を務めた牛込忠左衛門勝登（重忝）であった。

唐通事劉宣義・林道栄については、牛込氏が両者の詩文の才能を賞して度々奉行所に招いたこと、劉氏に「東閣」、林氏には「官梅」を姓として与えたことなどが『寛宝日記』や『長崎先民伝』等の記述から知られる。[12] また南部草寿は牛込氏の招請を受けて長崎聖堂の祭酒に着任しており、関係性の強さが窺われる。

そして先述の大坂の儒者大高坂芝山は牛込氏の墓碣文をものしているが、林珍・何倩に自身の詩文の評語を求めるにあたり、牛込氏を介して依頼していたらしい。さらには、その林珍と何倩を芝山に推薦したのは、唐通事林道栄だったようである。[13] 当時一部の漢詩人や儒者の間で、自身の詩文集に唐人の評語を附してもらうことが行われていたが、長崎に直接赴くことのかなわなかった芝山は、親交のあった牛込氏に詩文を託したのだろう。

林珍・何倩が来日した延宝三年以後、牛込氏は延宝三年（一六七五）九月一三日〜翌四年九月二五日、延宝五年（一六七七）九月一〇日〜翌六年九月二一日の日程で長崎に滞在している。漢詩「長崎八景」の成立はこの期間のどこかであると推察できよう。

第二節　漢詩「長崎八景」小題の選定過程

次に、漢詩「長崎八景」小題の選定はどのように行われたのだろうか。小題のうち下二文字、すなわち「景物」を表す部分については、「近江八景」同様「瀟湘八景」を忠実に踏襲しているため、選択の余地はない。問題は、その「景物」にふさわしい長崎の「場所」の選定をどのように行ったのかという点である。

「立山秋月」と「安禅晩鐘」の二つについては、漢詩「長崎八景」が詠まれたであろう場所から説明ができる。つまり漢詩「長崎八景」は、牛込氏の滞在する立山の奉行所で作られたはずであり、「秋月」にはその立山の地から眺めた秋の月が、そして「晩鐘」には奉行所にほど近い安禅寺から実際に響いていたであろう鐘の音がそれぞれ選ばれたのだろう。

「神崎帰帆」「稲佐夕照」は、長崎の地理的状況から推察できる。神崎とは、現在女神大橋によって結ばれる西側の地にあった神崎神社（図7右下）を指すが、長崎にあって「帰帆」つまり帰って行く船の姿を描くとしたら、この長崎港の入り口が想起されるのは必然であったろう。また「稲佐夕照」についても、夕日の沈む方角から稲佐山が想起されたのだろう。

一方で、「瀟湘八景」との関係を窺わせる例もある。「瀟湘八景」の一つ「山市晴嵐」が当時どのようなイメージで捉えられていたのかを、日本で最も流布した中国の「瀟湘八景」詩である玉澗（伝）の詩及び関連する注釈書や絵画から探ってみると、雨上がりの山（晴嵐）と、山へと続く橋、その間にある茶店（山市）とそこに憩う旅人といった情景として表現されるのが一般的だったようだ[14]。これは当時長崎を離れ旅立つ際の出口であった一の瀬橋の情景、すなわち一の瀬橋とそこを通る旅人、そしてその先にそびえる彦山という配置を想起させ、こうした類似点から一の瀬橋が選ばれたと考えられる。

そして「愛宕暮雪」についいては推測の域を出ないのだが、「近江八景」からの影響が考えられるのではないだろうか。「瀟湘八景」の小題は「江天暮雪」であり、直接の関連は窺えないが、「近江八景」では「比良暮雪」と、雪に覆われた比良山系の山が選定されている。愛宕山が選ばれた背景には、「近江八景」における「暮雪」のイメージが影響していた可能性はある。

漢詩「長崎八景」すべての小題について選定の理由を明らかにすることは難しいが、牛込奉行の元に集った人々がどのような過程を経て長崎の風景を瀟湘八景に重ね合わせ、選定していったのか、非常に興味深いところである。

第三節　漢詩「長崎八景」の作品世界

では次に、漢詩「長崎八景」の作品に即して具体的に内容を見てみよう。紙幅の都合上八首すべてを取り上げることはできないが、『扶桑名勝詩集』の掲載順に最初の四首をあげる。(15)

(1)林珍「立山秋月」

林疎桂影燦秋華
頃刻澄天俯万家
尽放寒光環杵兎
高懸素魄待帰鴉
江空艶艶疑浮玉
浦遠明明浄見沙
墜露有香侵宝砌
一番幽思在蒹葭

林疎《はやしそ》に桂影秋華《しうくわ》に燦《さん》たり
頃刻《けいこく》天澄みて万家に俯す
尽く寒光を放ちて杵兎《しょと》を環《めぐ》らし
高く素魄《そはく》を懸けて帰鴉《きあ》を待つ
江空しく艶艶《えんえん》として玉を浮かべるかと疑ひ
浦遠く明明として浄《きよ》らかに沙《すな》見《あら》はる
墜露《ついろ》　香有り　宝砌《ほうせい》を侵す
一番の幽思《いうし》は蒹葭《けんか》に在り

まばらな林に月の光がさしこみ、秋の草花を明るく照らす。しばらくすると（月は）澄んだ空高くのぼってゆき、無数の家々を見下ろす。

あまねく寒々とした光を投げかけながらゆっくりと天をめぐり、空高く月影を掛けて、ねぐらへと帰る烏を待つかのよう。

何もない川は（月を映して）きらきらと、玉を浮かべているのかと見紛い、遠く続く岸辺は明るい光を受けて清らかに、水底の砂が透けて見えるほど。

（夜が更けて）香るような秋の露が降りみぎわをぬらす頃、ただ心には遠く離れた友人のことが思われる。

来舶唐人である林珍の作は、一句目が立山の林を感じさせなくもないが、全体として月の光に照らされた家々や水辺が、月の常套表現を用いて幻想的に詠まれており、長崎の、立山の秋の月という当座性は薄いように感じられる。尾聯は秋の白露からの連想で蒹葭へとつなげているが、「蒹葭」とは『詩経』秦風・蒹葭の「蒹葭蒼蒼として、白露霜と為る、所謂伊の人は、水の一方に在り」という詩句から、遠く離れた友人を思う意を表している。

(2)何倩「安禅晩鐘」

数杵伝来隠隠声　数杵《すうしょ》伝《つた》へ来たる隠隠《いんいん》たる声
煙凝疎罊晩霞生　煙は疎罊《そがく》に凝《こ》りて晩霞《ばんか》生ず
居心不外安禅径　居心《きょしん》外れず　安禅の径
醸酒何妨白社盟　酒を醸《かも》して何ぞ妨げん　白社の盟
風逓餘音過嶺細　風は餘音を逓《てい》して嶺を過ぎて細やかに
山随残照渡江青　山は残照に随ひて江を渡りて青し
旅窓却有無家客　旅窓却《かへ》って無家の客有り
頻聞渾忘世外情　頻りに聞きて渾《すべ》て忘る世外の情

ぼんやりこもった鐘の音がいくたびか鳴り響くと、夕靄はまばらな嶺のあたりにとどまって、空が色づきはじめる。

心のあり様は安禅寺へ向かう径（のような禅の境地）から外れることはなく、こうして酒を飲んだとて白蓮社のおきてに背くこともない。
颪にのり運ばれる鐘の余韻は嶺をこえて切れ切れになり、山は沈みゆく陽の光に随い黒く川に影をのばす。
ここには家をもたない旅人がおり、旅先の窓からしきりに鐘の音に耳を澄ましては、すべてを忘れ超然とした心持ちになる。

何倩の作の三句目「安禅」はもちろん安禅寺を指すが、心安らかに座禅に没入する様子を表す語でもある（盛唐・王維「香積寺に過《よぎ》る」詩）。対となる四句目は、晋の時代の高僧慧遠が東林寺に結んだ仏教の結社「白蓮社」への入社を勧められた陶淵明が酒好きを理由に断ったところ、飲酒を許可されたという故事を踏まえる。

林珍・何倩の作に共通するのは、いずれも尾聯に詠まれる、長崎という異国の地にあることから生じる旅愁、望郷の思いである。これは異郷で詩を詠むにあたっての当然の作為ととることもできるが、当時の二人にとっては実際の心情でもあっただろう。

これに対し、おそらく林珍・何倩と場を共有して作られたと考えられるのが、続く二人の唐通事の作品である。

(3)林道栄「笠頭夜雨」

山如人戴笠頭形　　山は人の笠を戴《いただ》く頭形のごとし
擬必仙樵憩路亭　　擬《ぎ》す必ず仙樵《せんしょう》の路亭《ろてい》に憩ふと
翠黛為簑遮霽月　　翠黛《すいたい》　簑《みの》と為して霽月《せいげつ》を遮り
白雲当袖掩疎星　　白雲　袖に当てて疎星《そせい》を掩ふ
旅吟孤館漏将尽　　旅吟　孤館　漏将《ろうまさ》に尽きんとす

燭剪西窓話未停　燭を西窓に剪《き》りて話未だ停《や》まず
欲待瀟湘飛入夢　瀟湘の飛びて夢に入るを待たんと欲し
一盃先酔滴階聴　一盃　先づ酔ひて階《きざはし》に滴るを聴かん

風頭山はあたかも笠をかぶった人の姿のようだ。きっと山の樵《きこり》が道ばたのあずまやで一服しているところなのだろう。青青とした山の翠を簑として雨後の晴れわたった月をさえぎり、白雲を衣の袖としてまばらな星を覆い隠してしまう。ぽつりとあるこの館で旅の思いを吟ずるうちに夜も更けてゆくが、灯火をかきたてかきたて（明るくして）なお話が尽きることはない。瀟湘八景に詠まれた美しい景色が中国から夢の中に飛んできてくれることを願いつつ、まずは一杯の酒に酔いながら軒先に滴る雨だれに耳を傾けましょう。

『長崎名勝図絵』風頭山の項では、「風道東より来り、陣陣として山頭を吹いて下る故に名づく。俗誤って笠頭とす」というが、「風頭」は漢語としては文字通り風、風の勢いの意であり、地名としてはそぐわない。そのため「笠頭」と置き換えた上で、山を笠をかぶった人の姿に見立てたのだろう。

頷聯から頸聯への転換がやや唐突に感じられるが、頸聯六句目は、晩唐の詩人李商隠が離れた妻に送った詩の中で「何か当《いつ》に倶に西窓の燭を剪って、却って話さん巴山夜雨の時（いつになったら夫婦そろって西の窓のまえでろうそくの芯をかき立てつつ夜を過ごすことができるだろうか、その時にはいまこの巴山で夜の雨音を聞いているわたしの心情をあなたに語ろう）」（「夜雨北に寄す」）と詠んだのをふまえており、夜の雨と、近しい人との尽きない夜の長話とを結びつける表現である。

(4)劉宣義「大浦落雁」

極日人烟迴　目を極むれば人烟迴《じんえんはる》かに
長沙落暮鴻　長沙　暮鴻《ぼこう》落つ
凌雲離塞北　雲を凌ぎて塞北《さいほく》を離れ
向日客桑東　日に向かひて桑東《そうとう》に客たり
依水争秋信　水に依りて秋信を争ひ
憑虚傲晩風　虚に憑《よ》りて晩風に傲《おご》る
天涯皆是旅　天涯　皆是れ旅なるも
孰不一寰中　孰《いづ》れか一寰《いっくわん》の中《うち》ならざらん

目線のとどく限り遠くを見やると遙かむこうに人家の煙が見え、長く続く砂浜に夕暮れ時雁がおりてくる。

塞北の地に別れを告げ雲を凌いで飛来し、太陽に向かって旅をして扶桑の地日本までやって来たのだ。

水辺に身を寄せては秋のたよりを競って伝え、天に飛び上がっては夕方の風に傲然と向かい合う。

空の果て地の果てすべて皆旅の身だと嘆くとも、いったいこの世のどこに一つ世界に属さないところがありましょうか。


大浦に飛来する雁を描いた詩だが、「日に向かひて桑東に客たり」という表現には、林珍と何倩の姿が重ね合わされているのかもしれない。それ以上に注目されるのは、(3)「笠頭夜雨」詩の頸聯尾聯及び(4)「大浦落雁」詩の尾聯である。

林珍・何倩両者の詩に旅情が詠われていたのを受け、(3)では「雨だれを聞きながら一杯傾け、夢に故郷中国の瀟湘の景色が現れるのを待ちましょう」、(4)では「旅の身を嘆いても、この世は皆同じ一つの世界ではありませんか」と、異国の客人の旅愁を慰撫するかのような結びになっている。

少なくともこの四人の詩をよむ限り、漢詩「長崎八景」は単に選ばれた風景を賞美するだけのものではなく、互いの思いを伝え合う媒介となっていたようだ。

第四節　漢詩「長崎八景」のその後

以上のように、文芸を愛好した長崎奉行のもとで作られ、各地の八景詩を集めた『扶桑名勝詩集』にも採録された漢詩「長崎八景」であるが、意外なことに、幕末に長崎版画に描かれ、『長崎名勝図絵』に収録されるまでの間、長崎の地で広まることはなかったようである。

そのことは、例えば、元禄一六年（一七〇三）に着任した長崎奉行佐久間信就に従って長崎に来た朝倉元礼が、当時の聖堂祭酒向井元升と唐通事劉善聡（宣義の子）にあてた書状[16]の中で、次のように述べていることから窺われる。


（略）夫れ長崎は瀕海の繞、人物の富已に天下に名あり。山水の美に至りては、寂然として耳冷ゆ。（略）不佞崎に到りて以来茲に三年。聊か暇日を以て高きに倚り一覧すれば則ち山水の勝、観眺の奇、依依歴々たる画図なり。俯仰するに於いて未だ嘗て色喜び神怡ばずんばあらざるなり。請ふ略ぼ之を説かん。泊歩の間、画鷁頭の船、丹漆雕刻の舶、舳艫相接するは、絶海の商、呉越及び外域より至る者なり。官庫閲貨の市、蛮邸鴃舌の謡、或いは蛮客の毛赤眼白、或いは黒厮の丹唇漆身、耳を驚かし眼を駭かす者の事、未だ一二之を言ひ易からず。謂ふべし、天下の奇観なりと。如之、日見の櫻花、立山の茂林、愛宕峰の秋月、稲佐山の渡雲、里社禅関の巨麗、民村漁家の幽淡、足下の親しく見、常に識る所なり。此の数の者、一分を逐ひて題目を立て、定めて八景と為さば可ならんか。抑も将た九景十景と為るも亦た可ならんか。（略）能言の士をし

て佳作有らしめば則ち崎の地霊人傑、以て世に表して後に伝ふべし。亦た好からずや。（略）

朝倉元礼はまず、長崎の海の幸や人材の豊富さについては知られているが、風景の美しさについては耳にしたことがない、と述べる。そして、自らは長崎に赴任して三年になるが、暇があれば高いところにのぼって絵画のような美しい景色や珍しい情景を目にし、心を喜ばせてきたとして、彩色の施された唐船やオランダ船、新地の交易の様子、出島のオランダ人やクロボウ（東南アジア等から連れてこられた召使い）たちといった例を列挙する。そして加えて、日見峠の桜や立山の林、愛宕山に上る秋の月、稲佐山にかかる雲、立派な神社仏閣、素朴な漁村等をあげた上で、これらの日々親しく目にしてよく知っている景物をとりあげて題をつけ、「八景」あるいは「九景」「十景」としてはどうか、優れた作品を作らせたなら、長崎の地や人を後世に伝えることができますよ、と提案しているのである。「瀟湘八景」の枠組みにとらわれることなく、実際に公務の傍ら足を運んで目にした景勝地に即して八景を選ぼうとしている点が非常に興味深いのだが、いずれにせよ朝倉元礼は、牛込奉行のもとで作られた漢詩「長崎八景」の存在を全く知ることなく、長崎の八景の選定を提案していたということになる。

また、先述の通り、本稿で取り上げた漢詩「長崎八景」以後、長崎の地で作られた八景一二景詩は少なくない。だがそのいずれもが、本稿の漢詩「長崎八景」の小題との一致も類似も見られないことから、無関係に作られていたと思われる。こうした例から見ても、漢詩「長崎八景」が長崎の地で周知されていたとは考えにくいだろう。

おわりに——漢詩「長崎八景」と長崎版画「長崎八景」

最後にもう一度、長崎版画「長崎八景」に戻ってみよう。冒頭で述べたとおり、長崎版画「長崎八景」の小題は漢詩「長崎八景」に倣っているものの、詩に詠まれる情景と版画の情景とは一致しないものもある。たとえば「笠頭夜雨」をあげると、漢詩で描かれるのは「風頭山」に降る夜の雨であるのに対し、版画では手前に松の木が、すぐ下に崇福寺が見えており、風頭山から見下ろした、雨の降る長崎の町と、海の向こうの稲佐の情景が描かれていることがわかる（図3）。

これは同じ題のもと何を描くかという詩人と画家の意匠の違いだけでなく、故事を多用してイメージや世界観を描く詩と、実景に即して写し取ろうとする画との違いが影響しているのかも知れない。いずれにせよ、漢詩「長崎八景」から長崎版画「長崎八景」が作り出された過程においては他の画家の画いた長崎の絵画等が関連している可能性もあり、稿を改めて考察する必要があるだろう。

注

（1）本稿では「長崎八景」や「瀟湘八景」等のまとまりを表す「題」に対し、それを構成する一つ一つの題（「立山秋月」「瀟湘夜雨」など）を「小題」と称す。

（2）松嶽山安禅寺。現存はしないが現在の長崎公園にあった天台宗の寺。鐘楼が作られたのは延宝元年（一六七三）のことである（『長崎名勝図絵』）。

（3）下絵を描いた磯野文斎と長崎版画「長崎八景」については、吉良（二〇二〇）、植松・印田（二〇一七）参照。また「長崎Ｗｅｂマガジン　ナガジン」において、越中哲也氏による長崎版画「長崎八景」解説を見ることができる（「ナガジン」発見！　長崎の歩き方（nagasaki.lg.jp）二〇二〇年一二月二九日閲覧）。

（4）「瀟湘八景」の日本における受容と伝播については、堀川（二〇〇二）、青柳（二〇〇八）等に詳しい。

（5）長崎で作られた「八景」あるいは「一二景」詩は他にも何種類か存する。詳しくは中島（二〇一六）参照。本稿で取り上げる漢詩「長崎八景」は管見の限り最も早い時期のものである。

（6）本書の成立については、鍛治（二〇一三）に詳しい。

（7）本稿での引用は長崎史談会編『長崎名勝図絵』（長崎史談会、一九三一年四月）による。

（8）『扶桑名勝詩集』所収の作品からも分かるように、日本で作られた八景詩の多くは七言絶句であり、律詩は少ない。

(9)「市瀬晴嵐」の作者は林珍に加え南部草寿（七絶）、「稲佐夕照」の作者は南部草寿と高岡春忠（七律）となっている。
(10)林珍・何倩については、林上珍・何倩甫とするものもある（『扶桑名勝詩集』『長崎名勝図絵』）。ここでは大高坂芝山の文集に寄せられた両者の序文末の署名にならった。
(11)三者の交遊ならびに林珍と何倩の評語の内容、さらに林珍・何倩の詩作に対する評価等については、徳田（二〇〇四）に詳しい。
(12)林（二〇一〇）参照。
(13)徳田（二〇〇四）参照。
(14)堀川（二〇〇二）第二講及び第三講、及び章末の図9『瀟湘八景図画詩歌』山市晴嵐（元禄八年（一六九五）刊、国文学研究資料館蔵）参照。
(15)詩の引用に際しては、『長崎名勝詩集』所収のものと適宜校合を行った。
(16)『長崎名勝図絵』所収、原漢文。「二月五日」の日付のみで年記はないが、佐久間信就の最初の長崎赴任は宝永元年（一七〇四）四月であるため、それから三年後の宝永四年頃と推定される。信就は宝永三年八月一六日から四年一二月一八日まで長崎に滞在している。

参考文献

青柳周一「十七・十八世紀における近江八景の展開―近世の名所の成立をめぐって―」『近世の宗教と社会I　地域の広がりと宗教』吉川弘文館、二〇〇八
植松有希・印田由貴子編『長崎版画と異国の面影』板橋区立美術館・読売新聞社、美術館連絡協議会、二〇一七
鍛冶宏介「近江八景詩歌の伝播と受容」『史林』九六（二）、二〇一三
吉良史明「磯野信春『長崎土産』の成立―名所図会と和歌―」『国語と教育』第四五号、二〇二〇
徳田武「大高坂芝山と何倩・林珍」『近世日中文人交流史の研究』研文出版、二〇〇四
中島貴奈「大田南畝「瓊浦八景」について」『国語と教育』第四一号、二〇一六
林陸朗『長崎唐通事　大通事林道栄とその周辺 増補版』長崎文献社、二〇一〇
堀川貴司『瀟湘八景　詩歌と絵画に見る日本化の様相』臨川書店、二〇〇二

図１　立山秋月

図２　安禅晩鐘

図３　笠頭夜雨

図４　大浦落雁

図５　愛宕暮雪

図６　市瀬晴嵐

図７　神崎帰帆

図８　稲佐夕照

図９　『瀟湘八景図画詩歌』山市晴嵐

第七章　長崎の鎮守諏訪神社

吉良史明

はじめに

元亀二年（一五七一）の開港以後、長崎の地には数多くの異国の文物が流入し、長崎は国際都市として繁栄を極めた。長崎の地において異文化が融合した有りさまと長崎方言を掛けた語呂合わせ「和華蘭《わからん》」の語が示す通り、ポルトガル・オランダ・中国と日本の文化が混ざり合い、独自の文化が醸成されていたといえよう。

その異文化融合の模様に関して、若木太一編『長崎・東西文化交渉史の舞台』は、ポルトガル・オランダならびに中国明清の文化が流入する模様を多角的に検証し、長崎を座標軸の中心に据えた新たな文化史の構築を試みている。収載される論考は、日本のセミナリヨ・コレジヨにおける教育の実体、シーボルトの日本研究の諸相、志筑忠雄訳『鎖国論』の流布と影響、近世長崎における西洋科学技術と医学の導入、朱舜水の思想、長崎における黄檗美術の展開、長崎聖堂儒者南部草寿の思想、南画家木下逸雲主催の雅宴の様相等、海外文化がいかにして近世長崎の文化に取り込まれたか、多面的な検討がなされており、示唆を受けるところが大きい。

一方、長崎の地において日本古来の文化が異国の文化といかに融合したか、その模様に関してはいまだ先行研究において十分に解き明かされていない。一例を示せば、お諏訪さんの愛称のもと現代においても人々に親しまれ信仰の対象とされている鎮西大社諏訪神社（以下、諏訪社と略称）に関しては、同社の祭礼くんちの研究が盛んであるものの、長崎の地に鎮座した経緯、また異文化に溢れる長崎の地の鎮守として果たしてきた役割等、いまだ不明な点が数多い。本章においては、近世後期の諏訪社に焦点を当て、長崎の「和華蘭」文化の「和」の側面を明らかにする。

第一節　異文化交流の舞台としての諏訪社

江戸時代後期の長崎において、来崎した清人ならびにオランダ人の居住地区が基本的に唐人屋敷また出島に制限されていたことは、諸先学の論考に詳述され、歴史の教科書にも載るところである。しかしながら、時として長崎の人々と清人およびオランダ人が誼を交わしていたことも史資料にうかがい知れる。例えば、来船清人と日本の文人が江戸時代後期の長崎の地において一堂に会し、書画会を催していたことは、木下逸雲御子孫のもとに伝わる『長崎清譚会　書画雅宴』（長崎市原田家蔵、文政一二年（一八二九）――天保二年（一八三一）刊、合綴本五巻一冊）ならびに安田蕉鹿編『瓊華競秀』（富山市立図書館山田孝雄文庫蔵、文政八年（一八二五）刊、一冊、図1参照）に明らかである。その書画会の模様に関しては、植松有希「木下逸雲『長崎清譚会』――書画雅宴――」（前掲『長崎・東西文化交渉史の舞台』所収）が

江戸時代の長崎は、唐人貿易を通して舶載される書画や画譜・画論など作品と文献的資料の窓口であり、なおかつ書画の指導を行う来船清人との交流も可能だった。そのような土地柄から、書画会に参集された人物も多彩になり、常連として、御用絵師兼唐絵目利《からえめきき》である石崎融思（一七六八～一八四六）から長崎南画の重鎮・鉄翁祖門（一七九一～一八七一）、さらに

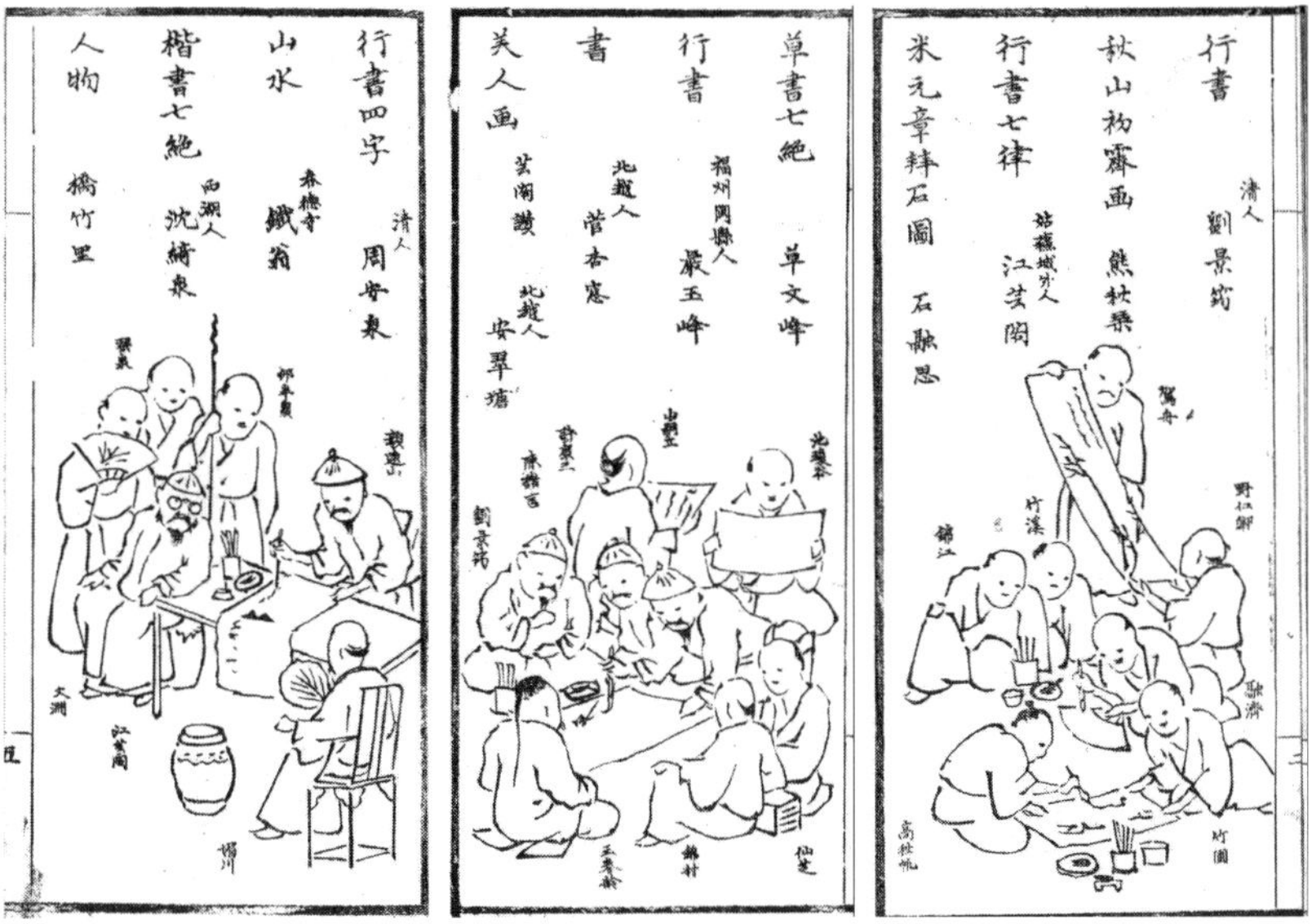

図１　安田蕉鹿編『瓊華競秀』

は来船四大家に数え上げられる江芸閣（生没年未詳）までもが名を連ねていた。国際色豊かな、いかにも長崎らしい面々である。

と記す通り、江戸・大坂・京都の三都の書画会とも異なり、国際色豊かな顔触れが名を列ね、独自の文化空間を創出していたといえる。文政年間から天保年間にかけて、寓目し得る限りにおいても清譚会は少なくとも五度開催されており、長崎の画壇が活況を呈していたことを偲ばせる。

　一方、花月楼・千歳窩と同じく、来船清人と長崎の文人等が集ういま一つの文化空間が諏訪社であった。

毎年桜花盛開《まいねんさくらのさかり》には官所《おやくしょ》へ訴へ御免を請《こひ》て、在館華人《とうじん》を案内す。日定て清人船長《とうじんふなおさ》を始、上品向より下々まで凡五、六十人〔年により／同じからず〕社参敬仰し終り、社司家《かんぬしかた》にいたる。附添役人には訳官《つうじ》・唐人番・船番・町司暨懸令《ちやうじおよびをだいくわん》よりの役人・社役人まで大概《おゝよそ》弐百名《にん》余〔是も年により／不同あり〕に山海の珍味の食卓《しゅっぽく》酒餚をいたし、下々の奴隷《ぬれい》にいたるまでそれぞれ饗応す。物写唐人《ものかき》には扇面に書画等か、せ、詩文の贈答するもあり。衆客《しうかく》盃の献酬《けんしふ》交《こもごも》にして殆《ほとほと》興に入、吹弾《すいだん》のしらべ娼妓《げいこ》・舞児《まいこ》は今様などおもしろく謳歌舞するに、酒花に酔興を滋《まし》、とりどり朗詠して最熱鬧《いとにぎは》し。巳の刻より申剋にいたり、宴了《おは》る。此風俗《ならはし》今におこたる事なし。是を唐人客といふて、和漢人打交りたる佳宴《かえん》なれば、誠に一時《にわか》の奇観なり。這事《このこと》中島広足が「玉園山花宴記」に詳挙《くはしくあげ》たれば、それに移《ゆづ》りて、こゝには其予《あらかじめ》を勦《しる》す。此宴、旅客に見せま欲《ほ》し(1)。

《現代語訳》

毎年桜の満開の頃には、長崎奉行所の許しを得て、唐人屋敷の清人等に花見の宴の案内を出す。日を定め、船長を始め、身分の上下を問わずおよそ五、六〇人の清人が諏訪社の社殿に参拝し、その後大宮司宅に至る。付添の役人は、唐通事・唐人番・船番・町年寄および代官から派遣される役人・社家の役人までを合わせて、およそ二〇〇人あまりにおよび、山海の珍味の卓袱料理と酒を振る舞い、身分の低い下僕に至るまでそれぞれに応じてもてなす。能書家の清人には扇子を差し出して書画等を描かせ、詩文の贈答をする者もいる。多数の客人は差しつ差されつ盃をめぐらして興に入り、ある者は管弦に遊び、娼妓・舞妓は今様等を面白く謡い、また舞い踊るので、花見の宴の酒興はいや増しに増し、思い思いに朗詠して、大変賑やかである。宴は、巳の刻（午前一〇時頃）に始まり、申の刻（午後四時頃）に終わる。この恒例の行事は、今まで取りやめとなったことがない。この宴に招かれる清人のことを「唐人客」と呼び、日本中国の様々な人物が一堂に会した佳宴であるので、実に他に類を見ない一時の光景である。この様子は中島広足が「玉園山花宴記」に詳述しているので、それに詳細は譲り、ここにはあらましを記すにとどめる。この宴席の模様を旅客に見せたいものである。

『鎮西大社記草稿』（諏訪社蔵、文久元年（一八六一）以降成立、写本一冊）所載の記事である。毎年桜の盛りには、長崎奉行所の許しを得て、来船清人五、六〇人と長崎の地役人等二〇〇人あまりが諏訪社に会し、杯を傾けつつ詩歌管弦の遊びに興じていた有りさまが記されている。そして、その模様が国学者中島広足の「玉園山花宴記」には詳述されているという。

事実、広足の和文集『橿園文集』（諏訪社蔵、天保一一年（一八四〇）序刊、二巻二冊）には「玉園山花宴記」と題された和文が収録されている。

長崎の里なる諏方の御社の山は、其名を玉園といへり。麓よりはるばるのぼるみはしのこなたかなたはさらなり、みづかきのめぐり、廊のあたりまで、桜をいとおほくうゑなべたる。大宮司の家の園はた、いとおほきなる樹の年のはじめにさき出るさへありて、春ごとの花の盛はたゞ白雲のおりゐるごとく、めもあやになむおぼえぬる。されば、此里の人はさらにて、とほき国々より来ゐる人も、春はたゞ此花の本につどひ来て、酒くみかはしつゝ心をやるめり。今の大宮司永章ぬし（引用者注――諏訪社大宮司青木永章）は、うち日さす都の人にしあれば、よろづのみやびいたらぬくまなくものせられて、其みちみちのまじらひおほかるを、おのれはたいにしへ学の友として、はやくよりまたなくむつびかはしきぬ。されば、此山の花盛には、其木かげに幕引わたしつゝ、其みちみちの人々をつどへて、あるはあげまり、あるはいとたけ、あるは歌よみなどせらるゝ、其歌のむしろにはおのれもゝるゝことなし。かくてまた、むかしよりのためしにて、此里に来居るから国人をしも花の盛ごとにあへせらるゝ事あり。

《現代語訳》

長崎の里の諏訪社が鎮座する山は、その名前を玉園と呼んでいる。麓から長々と続く長坂の周辺はもちろん、瑞垣の周囲、また廻廊のあたりまで、非常に数多くの桜を植え並べている。大宮司宅の庭先にもまた、大変大きな樹で年の始めに咲き初めるものまであり、毎春の満開の頃にはあたかも白雲が山一面に垂れ込めて見えるかのごとく桜の花が咲き誇り、まばゆいほどに美しく照り輝いている。それゆえ、長崎の人々を始め、諸国から長崎に来訪している人々もまた、春には諏訪社の桜木のもとに集い、盃を酌み交わしつつ心を慰めているようである。今の大宮司青木永章君は、京都の生まれであるので、種々の雅事に通じ、様々な学芸に抜きん出た友との交わりも多いが、私もまた国学を同じく志す友として、早くから類いない交誼を結んできた。ゆえに、この玉園山の花盛りには、その木の陰に幕を張り巡らして、その学芸に秀でた人々を集めて、ある人物は蹴鞠、またある人物は雅楽、はたまたある人物は和歌に遊ぶのであるが、その歌会の席には私も漏れることがない。かくしてまた、この長崎の里に来船する清人をも花の盛りごとに饗応されることがある。

諏訪社が鎮座する玉園山は、江戸時代の長崎において桜の名所としてつとに知られていた。長坂の名で知られる「みはし」つまり石段の周囲を始め、瑞垣の周辺、廻廊の付近まで数多くの桜が植え並べられており、桜が満開の季節には桜花の色に山全体が染められ、あたかも白雲に包まれているかのごとくであったことが描写されている。その花見の宴に際して、長崎の人々を始め、諸国から長崎を訪れた様々な文人が一堂に会し、盃を酌み交わしつつ、ある者は「あげまり」蹴鞠、ある者は「いとたけ」管弦、またある者は「歌よみ」和歌に興じていた模様が読み取れよう。そして、さきの『鎮西大社記草稿』の記述と合致して、その中には「から国人」長崎に滞在していた来船清人も含まれていた。

みな人、かしこまりなく打とけて酒のむにも、たゞ訳士して大かたのことゞもつたふるのみにて、たゞに詞のかよはぬぞいとくちをしかりける。楊覚三・陸琴江などいへるは、みやびごと好めるものにて、けふのおもしろき花のめでたき事など、からうたつくり出たる、人々扇あまたさし出てかゝせなどす。

《現代語訳》

皆々が居住まいを正すことなく打ち解けて酒を飲む折も、もっぱら唐通事を介してあらかたのことを伝えるのみであり、直接に言葉が通じない有りさまが大変残念であるよ。楊覚三・陸琴江（訳者注――陸吟香の誤りか）などの清人は、詩書画等の雅事を好んでいる人物であり、今日の趣のある花の素晴らしさを漢詩に詠んだところ、人々は扇を無数に差し出して書かせる。

「玉園山花宴記」の続きの記述である。唐通事を介して、広足等と来船清人が親交を深め、来船清人に対して扇面への揮毫を請うていたことが見て取れよう。文中の楊覚三は文政一二年秋ならびに翌一三年（一八三〇）春の清譚会に書を出品し、また文政一二年夏開催の『長崎清譚会　書画雅宴』に序を寄せており、清譚会の常連であったことをうかがわせる。いま一人の陸琴江に関しては、目下のところ書画会目録等にその名を見出し得ないものの、あるいは天保二年の『長崎清譚会　書画雅宴』の序を執筆した陸吟香の誤りか。いずれにしても、さきの『鎮西大社記草稿』の「物写《ものかき》唐人には扇面に書画等かゝせ、詩文の贈答するもあり」の文言とも符合して、諏訪社の花見の宴が席上揮毫の書画会としての一面をも有していたことをうかがわせる。

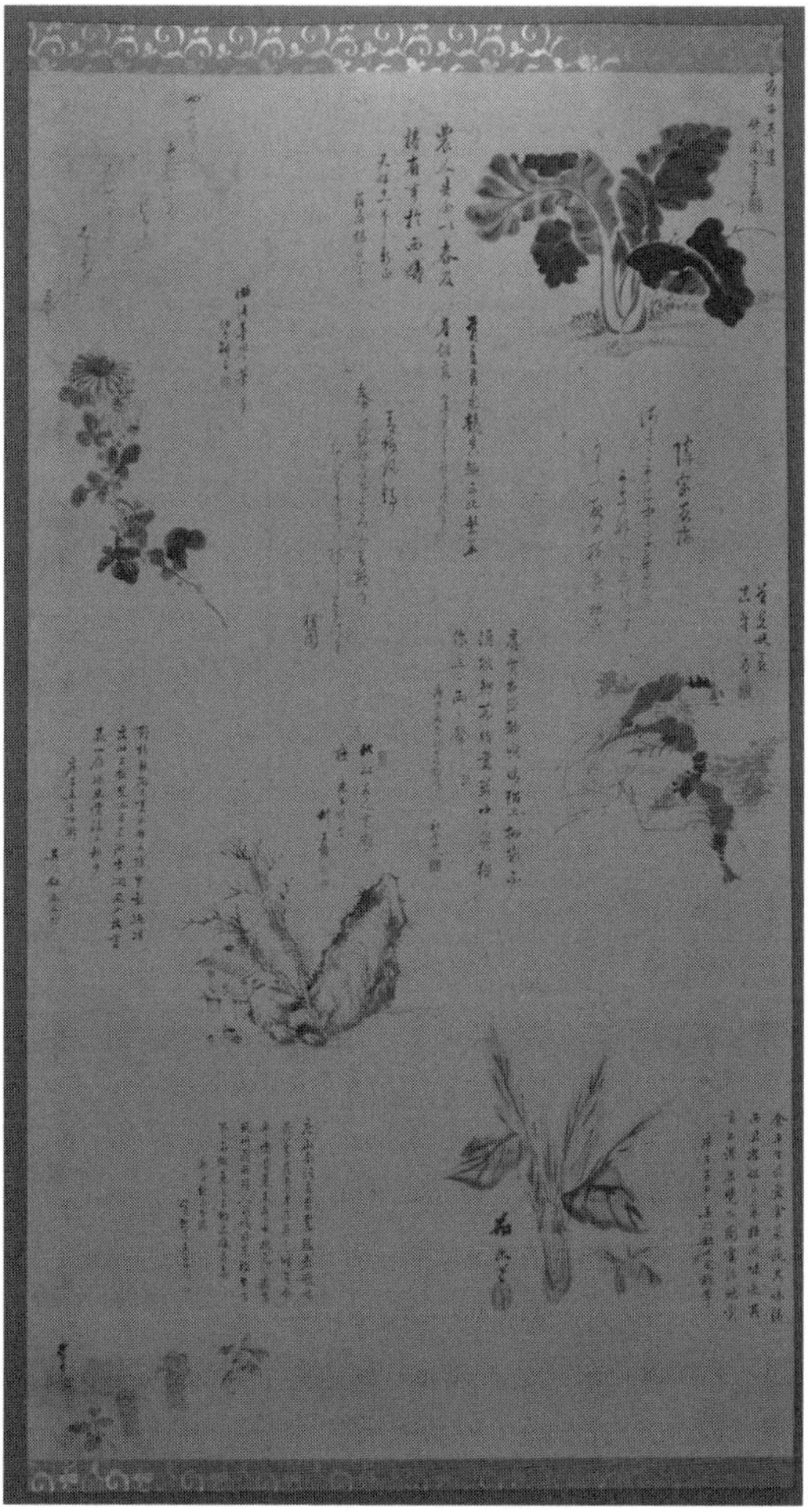

図２　瓊華文人寄書

かくして来舶清人との繋がりを有した広足等は、長崎の雅会において度たび席を同じくして、ともに数多くの詩歌書画を手掛けた。

図2は、長崎県雲仙市の関家に伝来する〔瓊華文人寄書〕（天保一一年揮毫、掛幅装紙本一軸、縦一五九・一×横九一・七糎）である。来舶清人と長崎の歌人および絵師等の計

一五名が大振りの一枚の紙に詩歌書画を書き連ねており、その紙が軸装されて今日に伝わる。諏訪社大宮司の永章、光源寺住職の拙嵓、そして広足の和歌、鉄翁の墨菊図、逸雲の蝦図、秋香山人の七言絶句、昂斎・竹園の菜根図、鈕春山の五言律詩、楊覚三・沈萍香・陸吟香・鈕心園の書、劉雨錦の書ならびに山水図が所狭しと書き付けられ、吟香書を除く落款には天保一一年の正月を示す文言が綴られており、長崎の歌人と絵師、そして来舶清人が時を同じくして揮毫したことがうかがい知れる。同書が諏訪社において筆が揮われたものか否か俄に断定はできないものの、桜花の宴が契機となり、来舶清人と長崎の歌人が交誼を結んでいたことは、例えば『橿園文集』巻末に載る清人沈萍香跋の「一日、諏訪祠の桜花宴において、橿園広足先生に邂逅す。訳詞（引用者注――唐通事）に因りて、始めて其学を聞くを得」の記述にもうかがい知れる。広足の刊行された著述には萍香の書が数多く寄せられ、一方の萍香もまた広足の和歌を請うていたことが広足詠『橿園集』（架蔵、天保一一年序刊、三巻三冊）の詞書等に明らかであるが、その背景には異文化交流の舞台としての諏訪社があったといえよう。[2]

第二節　外寇防御の神としての諏訪大明神

一方、江戸時代を通じて外交通商の窓口を務めた長崎の地において、諏訪社は外寇を防ぐ鎮西の大社としての役目も果たしていた。次に同社伝来の史資料に基づき、長崎の鎮守としての諏訪社の姿を検証する。

長崎の宗廟鎮西大社、万夷降伏たるべき神霊にして、尚言ば我皇《すめ》大《おほ》御《み》国《くに》の守護神と可申神霊矣。奈何《いかに》となれば、往古《わうこ》神功皇后の大御時《おおんとき》、さしも大御傍《おほみかたはら》を放《はなち》たまはぬ程の大誠忠の御寵臣武内宿禰の大臣だに外国防禦として九国の惣督に任賜《まけたまひ》て今に筑後国高良山に御鎮座ありて、外国の寇讐《こうしう》を防守し給ふ高良大明神と代々の御門にも斎祭らせ給ふ。然者、当所諏訪大明神も外寇防護の神霊なれば、我日本国中何国《いづく》の浦に戎狄《じうてき》ども寇讐《かうしう》ありとも、六十余州の大小の神祇に先達、高良山大明神・諏訪大明神二柱の烈勇神、先其時に至らば、争か《いかで》稜威《いづ》之《の》雄誥《をたけび》奮発《ふるひおこし》給ひて、南蛮西戎北狄の奴等覆海来《うみをおほふてき》たるとも、神護力を以悉く討平《むけたいら》げさせ給はざらめや。

《現代語訳》

長崎の宗廟である鎮西大社諏訪社は、諸外国の夷敵を抑え鎮める神霊であり、さらに言えば我が日本国の守護神と申すべき神の御霊である。何故かと言えば、昔神功皇后の御代、あれほどまでに皇后のお側を離れなさることがない忠義の寵臣であった武内宿禰さえ外国防御のために九州の総督に任じなさり、今に至るまで筑後国高良山に鎮座されて、外国からの敵を防ぐ高良大明神として代々の天皇も祭祀を行われている。それゆえに、当地の諏訪大明神もまた外寇を防ぐ神霊であるので、我が日本国のいずれの国の浦に外国の敵が現れることがあるとも、日本国六十余州に鎮座する大小様々な天つ神・国つ神に先駆けて、高良山大明神ならびに諏訪大明神の武神二神は、まずその時が到来したならば、神の御威光を放ち、諸外国の敵が海を越えて渡来するとも、神の守護する力を以てことごとく敵を滅ぼしなさるであろう。

右は、安政四年（一八五七）に火災に見舞われた諏訪社が社殿再建の寄進を募るために同社の縁起を取り纏めた埢斎著『諏訪社草創延焼略考』（諏訪社蔵、安政四年奥書、写本一冊）の記述である。諏訪大明神が夷敵を抑え鎮める日本の守護神として位置付けられ、外寇に際して武内宿禰を祀る高良大明神とともに夷敵を滅ぼすに違いないことが記されている。まさしく外国との折衝に臨む長崎の地の鎮守として、諏訪社の神徳を説いた例といえよう。他方、諏訪大明神の由緒を語るにあたり、何故神功皇后の三韓征伐に随行した高良大明神こと武内宿禰に言及しているか、疑問が生じる。

それは、長崎の地に伝わる神功皇后伝説にちなむものであった。例えば、江戸時代後期の名所図会『長崎名勝図絵』（図3参照）には

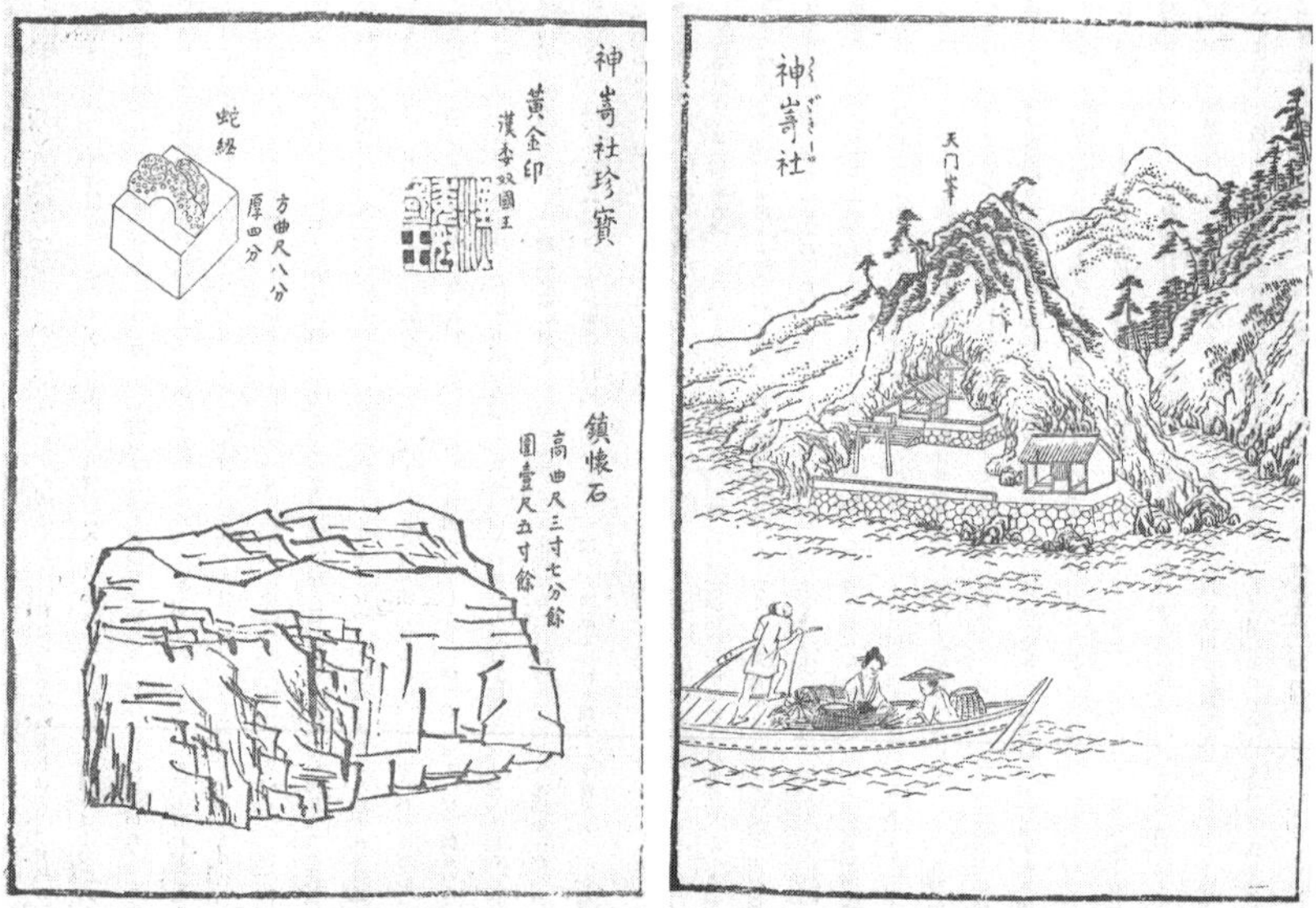

図３　『長崎名勝図絵』所載神崎社ならびに神崎社珍宝

そもそも、旧志を考へ社記を探りて、当社の由て起る所を尋ぬるに、掛まくもかしこき息長足姫尊《おきながたらしひめのみこと》〔神功皇后なり〕新羅国《しらぎのくに》を征給《うち》んとて、筑紫の海に船を浮け給ひて、御卜《みうら》（引用者注――占い）に任せ、神の告によりて時津《ときつ》の浦よりあがりましまし、浦上平石〔万葉集に平敷と有。今俗に平の宿と云〕に至り、石神山《いしかみやま》の霊石を取らせ玉ひ、御心《みこころ》を静めおはしまし、此深江浦〔長崎の旧名〕にみゆき（引用者注――行幸）をなし、諸《もろもろ》の臣《おみ》たちを遠近《をちこち》にやりて、山川ところのさまを見せしめ給ふ。

とあり、神功皇后が三韓征伐の折に時津から上陸して、現在の長崎大学坂本キャンパス付近の浦上村平石に至り、石神山の霊石を手にし、心を静めたとする話が記されている。長崎が神功皇后ゆかりの地であるとする伝承が江戸時代後期の地誌の類いにまで筆録されていたことがうかがえよう。

なお、神功皇后伝説と長崎の地の結び付きに関しては、次の『万葉集』巻五所載の山上憶良長歌に端を発する。引用ならびに現代語訳は『万葉集』（新

編日本古典文学全集七、小学館、一九九五年）に拠る。

筑前国怡土郡深江村子負《ちくぜんのくにいとのこほりふかえのむらこふ》の原に、海に臨《のぞ》める丘《をか》の上《うへ》に二つの石あり。大きなるは、長さ一尺二寸六分、囲《かく》み一尺八寸六分、重さ十八斤《こん》五両《りやう》、小《ちひ》さきは、長さ一尺一寸、囲み一尺八寸、重さ十六斤十両。並《とも》に皆楕円《まろ》く、状《かたち》は鶏子《とりのこ》のごとし。その美好《うるは》しきこと、勝《あ》へて論《い》ふべからず。所謂径尺《いはゆるけいしやく》の璧《たま》とは是《これ》なり〔或《ある》は云《い》ふ、この二つの石は肥前国彼杵郡平敷《ひのみちのくちそのきのこほりひらしき》の石なり。占《うら》に当たりて取ると〕。深江《ふかえ》の駅家《やくけ》を去ること二十里ばかり、路の頭《ほとり》に近く在《あ》り。公私の往来《ゆきき》に、馬より下りて跪拝《きはい》せずといふことなし。古老相伝《あひつた》へて曰《いは》く、往者《いにしへ》、息長足日女命《おきながたらしひめのみこと》、新羅《しらき》の国を征討《せいたう》したまひし時に、この両《ふた》つの石を用《も》ちて、御袖《おほみそで》の中《うち》に挿著《さしはさ》みて、鎮懐《しづめ》と為《な》したまふ〔実《まこと》はこれ御裳《みも》の中なり〕、所以《このゆゑ》に行人《たびひと》この石を敬《うやま》ひ拝《をろが》むといふ。

《現代語訳》

筑前国怡土郡深江村子負の原の、海岸の岡の上に、二つの石がある。大きなほうは、長さ一尺二寸六分、回り一尺八寸六分重さ十八斤五両で、小さなほうは、長さ一尺一寸、回り一尺八寸、重さ十六斤十両で、どちらも楕円体で、形は鶏卵のようである。その見事さはとても言い表せないほどである。いわゆる径尺の璧とはこれのことであろう〔一説に、この二つの石は肥前国彼杵郡平敷の石で、占いに当って取り寄せられたものだともいう〕。深江の駅家を去ること二十里余り、道のそばにある。公用や私用で往来する者は誰しも、馬から下りて拝礼する習わしである。古老の言い伝えるところでは、「昔、神功皇后が新羅の国を征伐された時に、この二つの石を、御袖の中に挟んで、鎮懐となさった〔ほんとうは御裳の中である〕。そこで旅人がこの石を敬拝するのだ」ということである。

憶良歌の題詞である。神功皇后が三韓征伐の折に懐妊しており、陣痛を鎮めるために肥前国彼杵郡平敷の石を腰衣の中に入れて出陣した模様が語られ、その後神功皇后の武勲を言祝ぐ長歌が詠まれている。神功皇后が平敷の石を身に帯びた場所に関しては、筑前国怡土郡深江村子負の原と平敷の二説に分かれるものの、さきの『長崎名勝図絵』は神功皇后が出征の折に肥前国彼杵郡つまり長崎に立ち寄り、手にしたと解釈する説に基づく。さらにまた、同書には神崎神社のみならず神功川・鏡川・角ヶ崎燧石等の長崎の地を皇后が訪れたとする記事が載せられており、著者の長崎聖堂助教の饒田喩義を始めとする長崎の人々に神功皇后伝説が当地ゆかりの伝承として享受されていた事実を垣間見せる。(3)

そして、かく長崎の人々に信奉された神功皇后伝説を踏まえて、諏訪社の縁起もまた説かれていることが著者未詳『諏訪社伝記』(諏訪社蔵、安政年間写、一冊)に明らかである。諏訪社が諏方大明神こと武御名方命を主祭神とする謂われを論じたくだりに「又、神皇后宮異国退治之御時、副将軍と現、御力添玉ふに依て、其時より大明神と被崇《あがめられ》給ふ」とあり、武御名方命が三韓征伐の折の副将軍として尽力した功により長崎の地に祀られるに及んだことが知られる。本節冒頭の『諏訪社草創延焼略考』における武内宿禰を引き合いに出した記述もまた、記紀にも三韓征伐の功労者として描かれる武内宿禰とともに武御名方を語ることにより、武御名方こと諏訪大明神が三韓征伐に縁の深い神であると示すねらいのもとになされたといえようか。

ところで、上掲の諏訪社にまつわる史資料が編まれた江戸時代後期から末期にかけて、日本近海への黒船の出没が度重なり、外国との折衝の地であった長崎は、長崎奉行また地役人を始めとして、ひと際外寇の備えに万全を期していた。諏訪社の神官もまた対外情勢に関心を払っていたことは、同社に伝わる複数のオランダ風説書ならびに唐船風説書関連の資料に見て取れる。諏訪社に伝わる唐船風説書はアヘン戦争の模様、またアヘン戦争後に起きた太平天国の乱等の子細が報じられたものであり、来船清人・唐通事等を介して諏訪社の神官がアヘン戦争の動向を探っていた姿を垣間見せる。また、諏訪大宮司学校において教鞭を執った広足を始めとして、同社ゆかりの国学者・神官の著述には対外危機を想定して記された記事が散見する。

先年吹たる大風も、此方の人民田畑等少々損じは致候へども、全く神風にて、彼蘭人国禁を犯したる事ども、其節顕はれ候趣なるも、誠に神の御心と被存候也。若左様の事つもり行、段々ゆるがせに相成候末は、いかなる大変、出来すまじきも難計、其時は何にも替へがたく、人民田畑の損所位は、なんでもなき事に候。我国の人は、随分神威の難有所を我も信仰し、人にもいひ聞せて、くれぐれも人情厚く致すべき事に候。神国の神国たる所を信じたる敦厚の人ならでは、まさかの時の用には立不申候。

《現代語訳》

先年の台風も日本の人民の命と田畑等に少々は被害を及ぼしたが、この嵐はまさしく神風であって、かのシーボルトが国禁を犯して日本地図を国外に持ち出そうとした事件も台風襲来の折に発覚したという一連の成り行きに鑑みても、実に神の御心であると思われる。もしそのような事件が頻発し、段々と取り締まりがなおざりになった末には、どのような一大事が起こるか想定も難しく、その時には何ごとにも代えがたく、人民・田畑に被害が及ぶ程度のことは、何でもないことである。我が日本国の人は、随分と神の御威光の有り難いところを自身も信仰し、また人にも言い聞かせて、くれぐれも真心を大事にすべきことである。日本が神国である所を信奉した誠実な人間でなくては、まさかの時の役には立たないものである。

右は、初学者に向けて国学思想を論じた広足『橿園問答』（西尾市岩瀬文庫蔵、天保三年（一八三二）奥書、一冊）の記述。文政一一年（一八二八）八月の日本地図の国外流出を目論んだシーボルト事件の発覚に際して、広足は同様の事態が度重なり、国家の危機を招き兼ねない状況を危惧していたことが読み取れる。長崎に活躍の舞台を求めた広足であったがゆえに、シーボルト事件を始めとする対外危機を察知し、万一の事態を想定して、神国であることの信奉を説き、国家への随順を促していたといえよう。つまり、上述の『諏訪社草創延焼略考』において、外寇防御の神としての神徳を頌えていたこともまた幕末の異国船による外圧の高まりを受けてのものであったといえよう。対外的な危機に際して、外寇の歴史を顧み、日本の武威を象徴した出来事として神功皇后の三韓征伐を顕彰し、その征伐にゆかりの神として諏訪大明神の神徳を仰いだのである。

おわりに

以上、江戸時代後期の諏訪社に関して、異文化交流の舞台としての一面、また外寇を防ぐ西国の鎮守としての一面を明らかにしてきた。一見して、相反するものとも映る諏訪社の二つの面であるが、同社において来船清人との交流が行われていたがゆえに、神官等は海外の情勢を察知し、外寇防禦の神としての諏訪大明神を顕彰するに至った。異文化が流入する長崎の鎮守であるがゆえに、古来よりの神道を伝える社家もまた異文化を見据えていたと結論付けられる。

注

（1）以下、資料の引用に際しては、私に句読点・濁点・読み仮名等を施し、漢字は適宜通行の字体に改め、判読が難解な資料に関しては現代語訳を附した。なお、煩瑣となることを嫌い、一部底本にあるルビを省略した箇所がある。

（2）なお、諏訪社と来船清人の繋がりは古く、江戸前期の寛永一二年（一六三五）まで遡る。打橋竹雲画・饒田喩義著『長崎名勝図絵』（長崎歴史文化博物館蔵、文政元年（一八一八）成立、五巻一七冊、以下の引用および図版は長崎史談会編『長崎名勝図絵』（藤木博英社、一九三一年）に拠る）には「寛永十二年より年々唐船一艘だけの貨物を賜ふ。明暦元年改て船毎に銀おのおの若干宛を寄付し、今又社用銀を賜ふ」とあり、長崎に入港した唐船が毎年諏訪社に相応の寄進をしていたことが知られる。黄宇雁「長崎諏訪神社と唐人生活」が「長年に渡って長崎で商いをしてきた我ら唐人を加護してくれる当地の「宗廟」である諏訪社へのお礼として、一船に幣帛の端物を二端ずつ献上するというのである。同三月に見物した大光寺、松森神社へ船別に端物「一端」を献上することと対照すれば、唐人にとっては、諏訪社が一般の寺社より高い社格を持っていると思われることがわかる」と記す通り、諏訪社は来船清人の氏神としても信仰されていた。

（3）浦上山里村が鎮懐石にゆかりの土地であることを顕彰して、江戸時代後期には鎮懐石碑が建立され、広足を始めとする長崎ゆかりの文人が碑文をものしている。

参考文献
黄宇雁「長崎諏訪神社と唐人生活」『同志社大学　日本語・日本文化研究』第一三号、二〇一五
古賀十二郎『長崎画史彙伝』大正堂書店、一九八三
唐権「長崎歴史文化博物館蔵『書翰集』について」武内恵美子編『近世日本と楽の諸相』京都市立芸術大学日本伝統音楽研究センター、二〇一九
若木太一編『長崎・東西文化交渉史の舞台』勉誠出版、二〇一三

筆者撮影

史跡紹介

鎮懐石碑　〒八五二ー八五二三　長崎市坂本一丁目一二ー四　長崎大学医学部坂本キャンパス正門横

鎮懐石が採れた地であることを示すために建てられた碑である。本文中に述べた通り、鎮懐石は神功皇后が三韓征伐の折に身に付けて、陣痛を鎮めたとされる石である。同碑が建てられた幕末、相次いで西洋諸国の船が日本に来航し、開国さらには通商を求め、日々外圧が高まりを見せていた。その時代状況を受けて、日本の武威を示すために建碑されたもの、それが鎮懐石碑である。

第八章　出島オランダ商館で書かれた最後の日本語文典の成立とその背景[1]

Rudy《ルディ》 Toet《トート》

はじめに

本章のテーマは、最後の出島オランダ商館長クルチウス（Jan Hendrik Donker Curtius：1813–1879）[2]が編纂し、オランダ領東インド政府の翻訳官兼ライデン大学日本語・中国語教授のホフマン（Johann Joseph Hoffmann：1805–1878）が増訂した『日本文法試論』[3]という本である。オランダ語で書かれた日本語文典である。その内容に多くの長崎方言が含まれており、面白いものであるが、この文典の成立とその背景について調べてみると、その他にも幕末の長崎の様々な側面との関連が見えてくる。

まずは、予備知識として、第一節で『日本文法試論』以前のオランダ商館における日本語学習と日本語研究について概観する。第二節では、簡潔に『日本文法試論』の面白みについて述べる。第三節と第四節では、順に、長崎の出島におけるクルチウスの編纂とオランダのライデンにおけるホフマンの増訂および刊行について考察する。第五節では、大通詞の名村八右衛門（元義、貞四郎、貞五郎、号は花蹊：一八〇二－一八五九）[4]と海軍伝習生の勝海舟（麟太郎、義邦、安芳：一八二三－一八九九）の関与に触れる。最後の第六節では、『日本文法試論』を日本まで運んで来たカトサンドリア号の難破とその後の『日本文法試論』の輸入や翻訳について述べる。

第一節　オランダ商館における日本語学習と日本語研究

オランダ東インド会社が平戸に商館を設置したのは一六〇九年、それが長崎の出島に移転されたのは一六四一年のことであるが、一七七五－一七七六年に滞在したスウェーデン人の商館医トゥーンベリ（Carl Peter Thunberg：1743-1828）が『ヨーロッパ、アフリカ、アジア紀行』[5]と『日本語観察』[6]で自分の日本語研究を発表するまでの長い間は、商館員による日本語研究資料がほとんど残っていない。管見の限り、一六九〇－一六九二年に滞在したドイツ人の商館医ケンペル（Engelbert Kämpfer：1651-1716）が残した語彙集の手稿等ぐらいである。[7]第二章で紹介された『日本大文典』と『日葡辞書』に代表される、イエズス会士たちが一六世紀後半から一七世紀初頭までの短い間に成し遂げた日本語研究の成果に比べると、量も質も乏しいと言わざるを得ない。

その原因としてまず挙げるべきは、いわゆる「鎖国」政策の一環として、[8]出島の商館員の行動が大いに制約されていたことであろう。自由に出島から出ることができなかったばかりか、日本側は商館員になるべく日本語を学習させない方針を採っていたのである。実は、オランダ東インド会社のアジアにおける活動をバタビア（現ジャカルタ）から統括していた東インド総督が一六七五年に長崎奉行宛書簡で通詞たちのオランダ語能力に対する不満を訴えた結果として、オランダ人通訳者の派遣および商館員の日本語学習が許可されたこともある。[9]しかし、ちょうどその一〇〇年後に出島に来たトゥーンベリが『ヨーロッパ、アフリカ、アジア紀行』で外国人の日本語学習が「厳禁されている」と述べていることから、[10]少なくともこの時期はやはり、商館員と接していた日本人たちが公然と彼らに日本語を教えてはいけないという意識を持っていたことが分かる。

その他の要因として、イエズス会士たちにとって日本語の習得が布教のために必要不可欠であったのに対し、商人として出島に来て、短期間しか滞在しないことが多かった商館員は日本語学習への動機づけが低く、日本語研究に必要な才能も不足していたかもしれないということが挙げられる[11]。ケンペルとトゥーンベリが二人とも商人ではなく医者であったこと、つまり、他の商館員と違って学者であったことも偶然ではあるまい[12]。ただし、個々の商館員の日本語学習に対する動機づけが比較的低かったと言えるにしても、上述の一六七五年のやり取りからは、東インド総督が貿易の円滑化のための日本語学習の価値を強く意識している時期もあったことが窺える。

一方、一九世紀に入ると、商館員による日本語研究資料が増える。『日本語要略』[13]を著したシーボルト（Philipp Franz Balthasar von Siebold：1796–1866）と一八五四年に手稿の蘭和辞典の編纂を始めたファン・デン・ブルック（Jan Karel van den Broek：1814–1865）[14]はまた商館医であった。しかし、一八一一年に『長崎ハルマ』とも呼ばれる有名な蘭和辞典の編纂を始めた商館長ドゥフ（Hendrik Doeff：1777–1835）[15]をはじめ、商館医以外の商館員が関わったものも複数ある。

第二節　クルチウス編ホフマン増訂『日本文法試論』の面白み

商館員が関わった日本語研究資料はどちらかと言えば辞書や語彙集が多いが、本章のテーマである『日本文法試論』は文典である。何を「文典」と称するかにもよるが、江戸時代のオランダ商館の商館員が作成したものの内、トゥーンベリの『日本語観察』とシーボルトの『日本語要略』に次いで三つ目で最後の文典として位置づけることができる。幕末の最後の商館長クルチウスの原稿[16]が基になっている。しかし、『日本文法試論』の標題紙だけを見ても、この文典が以前のものに比べて少々特異なものになっていることが分かる。トゥーンベリとシーボルトのものはいず

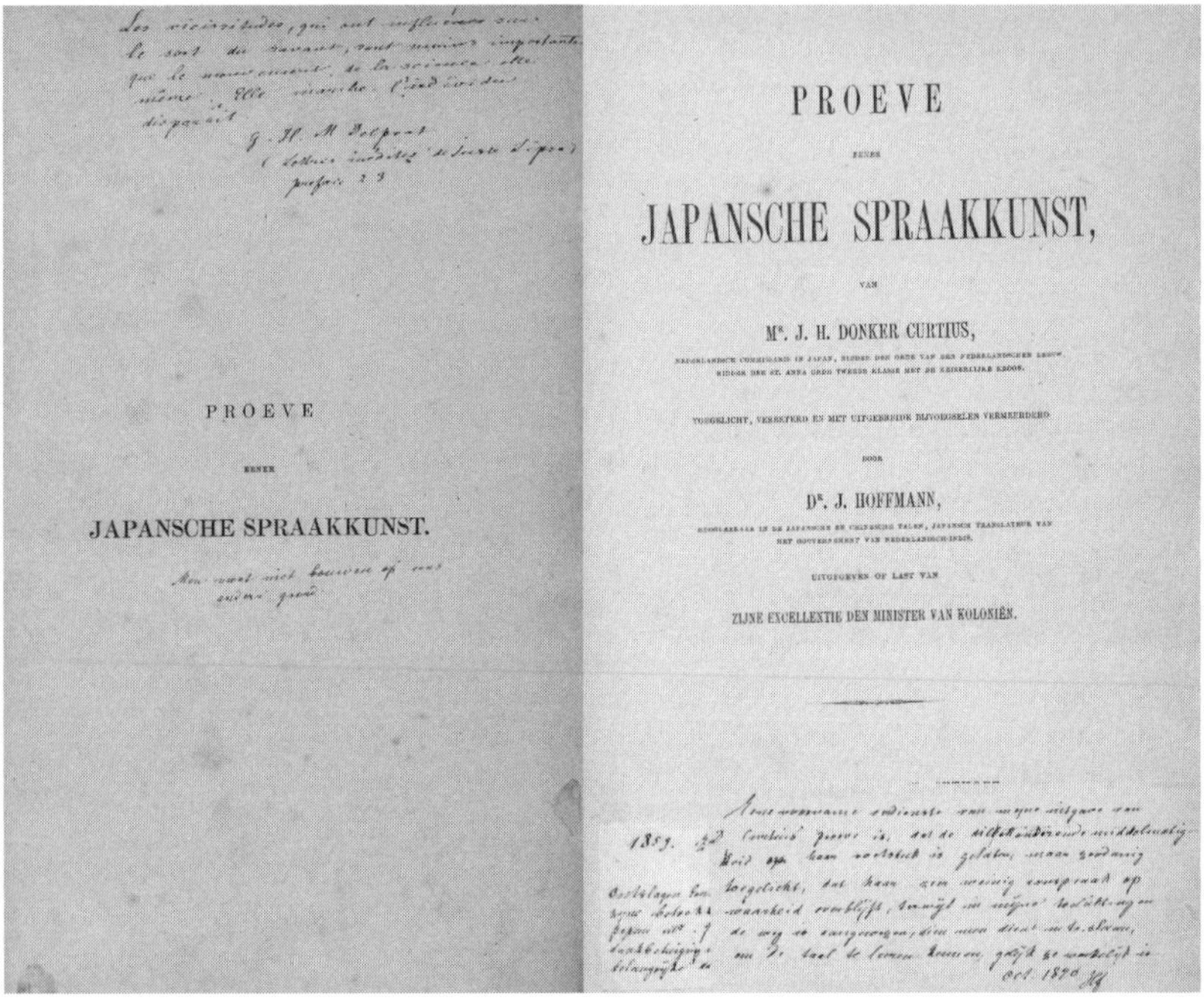

図１　ホフマン旧蔵の『日本文法試論』の書き入れ本の略標題紙（左）と標題紙（右）
ホフマン自筆の書き入れと付箋が見える。ライデン大学附属図書館、請求番号 864 C 4。https://digitalcollections.universiteitleiden.nl/ より転載（CC BY 4.0 ライセンス）。

れも学術誌への寄稿として出版されたが、オランダ語で書かれた『日本文法試論』の標題紙には、オランダの植民地大臣が出版を命じ、オランダ領東インド政府の翻訳官にも任命されていた初代のライデン大学日本語・中国語教授のホフマンがクルチウスの原稿を「解説および訂正し、広範な補足により増補した」とある。

標題紙をめくって本文を読み進めると、現地で日常的に日本人と接しているがまだ仮名しか読めない素人のクルチウスと、まだ日本人に接したことすらないがオランダで日本語の文語に精通している専門家のホフマンとの衝突、ひいては長崎方言の特徴が見られる口語と保守的な文語との衝突が目の前で繰り広げられる。実は、クルチウスの原稿による内容よりもホフマンによる記述が遙かに多い。新たに追加した解説の他に、クルチウスの原稿の内容に対する、時には批判的な注釈もある。

Wat den in het Nagasakische handschrift opgegeven vorm, *watakoesiwa miotsta* (ik zag) betreft, moet ik, willens of niet, zijne juistheid in twijfel trekken: want, daar men ミ テ ヲ リ, *mi-TE ori*, d. i. in het zien zijn, of blijven zien, zegt, en niet *mi ori;* zoo dient men ook voor het praeteritum praesens den vorm ミ テ ヲ リ タ, *mi-TE orita* vast te houden, mag nu ヲリタ, *orita*, uitgesproken worden als *otta* of als *otsta*. — Zoo komt dan ook in § 57 van het Nagasakische handschrift het door mijnen regel verlangde *mi TE otta* onder den vorm *mi TE otsta* werkelijk voor. HOFFM.]

図２　『日本文法試論』の pp. 157–158 にあるホフマンの注釈より
「ミテヲリタ」という形式や長崎方言の「私は見おった」（*watakoesiwa miotsta*）が見える。ライデン大学附属図書館、請求番号 864 C 4。https://digitalcollections.universiteitleiden.nl/ より転載（CC BY 4.0 ライセンス）。

長崎方言をめぐる面白い例を二つ見てみよう。例えば、クルチウスは現在の長崎方言でも「（誰々）のもの」という意味で用いられる「（誰々）のと」という形式を挙げるが、長崎方言を知らないホフマンはそれに「私からしては、規則に背くような俗語と見なさざるを得ないほど、妙な文法現象である」という注釈を付けている。(17) また、クルチウスは動詞の活用形の一つとして「（私は）見おった」、つまり、現在「見よった」と表記されることが多い長崎方言の進行形を挙げるが、ホフマンは「その正確さを疑う他ない」と述べ、動詞のテ形を含む「ミテヲリタ」、発音上は「見ておった」が正しいと主張する。(18)

第三節　原稿の編纂と東インド総督への提出までの経緯

『日本文法試論』の異様さは、出島で編纂された他の文典や辞書に比べて特異な成立経緯に起因する。すなわち、西洋大国に対して「開国」しつつあった日本との有利な関係を維持し発展させようとする小国オランダの政府の政策が絡んでいたのである。クルチウスは貿易の責任者である商館長に任命されていただけでなく、幕末の日本におけるオランダ政府の代表者としての役割をも担っていた。一八五二年七月二一日に出島に到着する際、東インド総督が翌年のペリー初来航を予告する長崎奉行宛書簡を持参していた。一八五五年には「日本におけるオランダ領事官」(Nederlandsch Kommissaris in Japan) という官職名も与えられた。因みに、当時はオランダ東インド会社が既に五〇年ぐらい前に解散しており、東インド総督もオランダ国王の任命するオランダ政府の高官となっていた。

一八五四年春、オランダの植民地大臣が、東インド総督を介して、オランダに適用されないような特権や譲歩を日本が他国に与えることがないように努めることをクルチウスに命じた。そして、大臣は日本におけるオランダ語の普及、とりわけ通詞たちのオランダ語能力の向上が日蘭関係の改善の手段の一つであるとし、その方法についてクルチウスの意見を求めた[19]。クルチウスは、東インド総督への返答で、以下のようにオランダ側の日本語学習の重要性と自分の日本語学習の経緯についても触れる[20]。

一方、他の国々が、日本に接する際、日本の通詞およびオランダ語を用いる必要から可能な限り免れようと尽力し、むしろ日本語の知識を身に付けようとするであろう［つまり、自らの通訳者を育成することで日本政府との直接の意思疎通を図るであろう］と、私はここに来てすぐに理解した。その場合は、オランダは出遅れず、可能な限り先駆することが望ましい。私はそのため、日本語に取り組むことにした。商館ではいつも、日本の法令により我々に日本語学習が禁じられていると考えられてきたため、最初はとても慎重であったが、そうではないらしいと感付くにつれ、学習を続けて片仮名と平仮名という二種の日本の文字が書けるようになった。［中略］日本語を話すことに関しては、既に、例え独りで日本をさまよわなければならなくなってもどうにかなる程度まで上達できた。一度、現在の長崎奉行とさえ少し日本語で話した。恐らく私が犯した［日本語の］間違いに、彼は大変面白がっていた。［中略］蘭和辞典を編纂することにした。［中略］作成している辞書が完成し次第、ちょっとした日本語教科書とともにオランダ政府に提供するつもりである。

その「ちょっとした日本語教科書」が『日本文法試論』の原稿になるのであるが、一八五四年秋の時点でまだ仮名

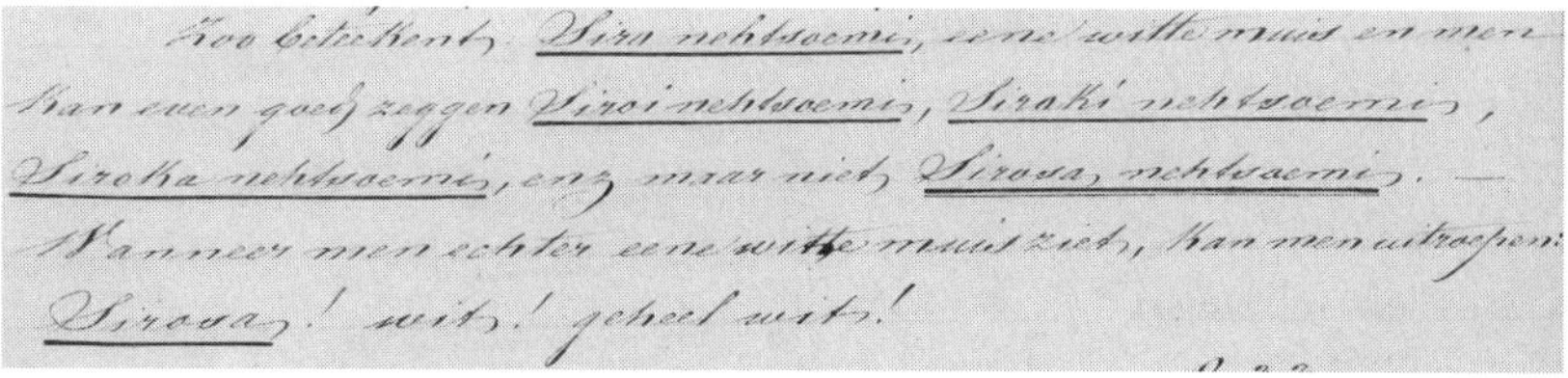

図３　『日本文法試論』の原稿の pp. 22–23 にある形容詞についての記述より
長崎方言の「シロカ」（Siroka）や「シロサ」（Sirosa）が見える。ライデン大学附属図書館、請求番号 LTK 593。https://digitalcollections.universiteitleiden.nl/ より転載（CC BY 4.0 ライセンス）。

しか読めなかったクルチウスはどのように編纂したのであろうか。第二節で見たような方言的特徴や、日本語の文法に対する不完全な理解を示す記述が散見されることから、出島における生活で徐々に身に付いた自らの日本語知識をそのまま記したものが文法記述の中核を成しているようである。例えば、「シロキ、シロイ、シロ、シロカ、シロサ、シロシ、シロク」（Siroki, Siroi, Siro, Siroka, Sirosa, Sirosi, Sirok'f）のように形容詞形を列挙し、「形容詞が完全に単独で使用される場合にしか用いられない語尾サ」（第二章第五節で紹介された感嘆表現のサ）を除き、それらの語尾の使い分けには何の法則性もないとしている。[21] このことは、文語、口語、方言の区別だけでなく、連用形、終止形、連体形の区別もまだ十分に理解していなかったことを示す。

とは言え、他人の協力がなかったわけでも、書物を参考にしなかったわけでもない。蘭和辞典の原稿については、東インド総督宛書簡で、通詞や自分の召使を含む何人かの日本人の口頭による情報提供を主な材料として編纂したと述べている。[22] そして、教えてもらった語彙のいくつかは第一節で触れた『長崎ハルマ』に由来するとしつつ、困難で時間が掛かり過ぎたため、一貫してその辞書を自分の蘭和辞典の材料として利用することはできなかったと述べている。通詞仲間に貸してもらった『長崎ハルマ』の写本は漢字と仮名の混じった日本語表記が用いられていたため、漢字に精通していないクルチウスが一人で使えるものではなかったのである。[23] しかし、クルチウスの蘭和辞典の原稿が既にほぼ完成しているときに手に入った、一八一〇年に江戸で出版された和蘭辞典『蘭語譯撰』からは数多くの語彙を追記したとも述べている。この辞書の日本語表記には片仮名の読み仮名が振られているため、これはクルチウス一人でもできる作業であったはずである。

『日本文法試論』にもいくつかのテーマ別の語彙リストが含まれているが、蘭和辞典と同じように、こちらも口頭の情報提供に由来する語彙と参考にした書物に由来する語彙が混在しているようである。例えば、当時の日本語は「馬・梅」が「ウマ・ウメ」ではなく「ンマ・ンメ」のように発音され、仮名では通常「ムマ・ムメ」と表記されていたようであるが、『日本文法試論』の原稿における「馬」のローマ字表記が実際の発音の「ンマ」を思わせるNg'maとなっているのに対して、「梅」は仮名表記の「ムメ」を思わせるMoemehとなっているのである。[24]

ホフマンも、自分が保持していた『日本文法試論』への自筆の書き入れでクルチウスの編纂方法に触れている。クルチウスと同時期に出島に滞在していた助手グラーフラント（Karel Graafland：1820-1871）からの情報によればクルチウスが日本語を自分の召使に教えてもらったと、そしてそれがまさにホフマンの「思った通り」であると書いてあるのである。この書き入れの場所も示唆的である。助詞についての章で、クルチウスが料理人への指示を例として挙げて「大根を芋と一緒に茹でさせるか煮させたいときは、デではなくトを使う」（つまり、「大根を芋と茹でなさい」と言う）と述べているところである。[25] ホフマンはその箇所に、料理書を引用して、「大根を芋と煮たいときは、「バター」をも使い、「新鮮な干しソーセージかベーコンを加える」」とからかうような脚注を入れている。グラーフラントからの情報をこの脚注に書き加えていることから、クルチウスが出島で雇っていた料理人に日本語を教えてもらっていたとホフマンが推定していたことが分かる。

一八五五年秋、クルチウスが出来上がった『日本文法試論』の原稿[26]を五巻から成る蘭和辞典の原稿とともに東インド総督に提出する。『日本文法試論』の原稿の標題紙には『一八五五年一一月一一日付第一一七号の日本におけるオランダ領事官発総督閣下宛書簡に付属する日本語文典の試み』と書かれている。ホフマンによる刊行の際、「日本語文典の試み」[27]（Proeve eener Japansche Spraakkunst）、つまり「日本文法試論」という部分がそのまま本の標題になったのである。この原稿の書跡を商館の他の文書と比較すると、クルチウス自筆ではなく、同時期に出島に滞在していた助手バスレー（Jean Antoine Gustave Adolphe Louis Basslé：1823–1897）による清書であることが分かる。また、クルチウスが添えた書簡では、何人かの通詞から口頭の指摘を受け、この原稿にいくつかの修正を加えたと述べている[28]。以上で触れたホフマンの書き入れによると、グラーフラントも原稿の校正に言及していた。グラーフラントによれば、自分が原稿のオランダ語を、そして「毎朝そのためにクルチウスのところに来ていた大通詞」が日本語を添削したのである。ただし、バスレーが清書した原稿を確認すると、ホフマンの書跡を除き、綴りや日本語のローマ字表記の単純な訂正しか見当たらないため、グラーフラントが言及していた添削の対象がこの原稿であったとすれば、あまり込み入った校正ではなかったようである。

クルチウスは同じ書簡でさらに、『日本文法試論』の原稿の写本を既に長崎の通詞仲間にも渡しており、通詞仲間がその内容についての意見書の作成を約束してくれたものの、多くの外国船の入港に伴う通詞たちの多忙によりそれがまだできていないと述べている[29]。そして、通詞仲間の意見書を待っている間、『日本文法試論』と蘭和辞典の両原稿をオランダで日本語について有識のシーボルトやホフマンの評価に供することを提案している。クルチウス自身は『日本文法試論』の原稿を次のように評価する。すなわち、「日本語の徹底的な知識ではなく、その学習の第一歩の結果」に過ぎず「まだ誤りを含むに違いない」ものであり、「この文典が早く日本の役人や貴人とも話せるようになるのに適したものであると期待すべきではない」と述べている[30]。むしろ、召使や職人、商人と話したり、オランダ語を訳す通詞たちの日本語を理解したりできるようになる程度のものであるとしている。

第四節　ホフマンによる増訂と刊行

クルチウスは知らなかったが、ホフマンは既に自分自身の学問的な日本語文典と書き言葉の和蘭辞典を準備していた。[31] 植民地大臣にもそれを伝えていたが、[32] 大臣はやはり、オランダに届いた両原稿をクルチウスの提案通りにホフマンに転送した。そして、「日本語自体のより完全な知識のための有用性とは別に」、「それより速やかにオランダ人と日本人の間の意思疎通のより良い手段の確立に役立てられることが非常に望ましい」ため、ホフマン自身のより完全な辞書の完成までの対応策としてクルチウスの蘭和辞典を修正、出版してもらえないか、ホフマンに尋ねた。[33]

ホフマンは、大臣の意向に応えるために、一八五六年三月二日付の書簡で『日本文法試論』の原稿の迅速な刊行を自分に命じることを大臣に提案した。[34] 当初は、原稿に序説と索引を付け、日本語のローマ字表記を修正し、片仮名表記を添えるにとどめるつもりであった。辞書に関しては、話し言葉のポケット蘭和辞典および和蘭辞典を刊行することも提案したが、同一四日の書簡では、これに主にクルチウスの蘭和辞典の原稿以外の資料を用いる予定であると報告した。[35] これらの日本語学習資料は一八五六年内の発行を目指し、『日本文法試論』は早くも五月一日に日本へ発送するつもりであったため、[36] 僅か一～二か月で納入できると考えていたようである。そして、一八五七年には自分の文典と辞書の刊行に着手する予定であった。

しかし、原稿の内容への補足や解説の分量が予定より多くなり、発行は大幅に遅れてしまった。ホフマンは一八五七年春、クルチウスの原稿を解説だけでなく自分の文典からの抜粋でも増補していることを大臣に報告し、このような本の刊行は思ったより時間が掛かるものであると述べている。[37] その時点で印刷は既に始まっており、本来の予定よりちょうど一年後の一八五七年五月一日までに納入できるよう努めるとも述べている。因みに、印刷済みの部分は、第九章で登場する、海軍伝習の第二次教師団を率いたカッテンディケが渡日の準備として日本語学習に用いたとも報告している。[38] カッテンデイケは、日本に着いたとき、既に身に付けていた日本語能力が「日本人を大変驚嘆させ、以前にも来日したことがあると思わせた」とホフマンに報告していることから、[39] その学習に一定の成果があったことが分かる。通訳として一八五八年の日米修好通商条約の締結に関わったことと一八六一年に江戸で殺害されたことで知られるヒュースケン（Henricus Coenradus Joannes Heusken：1832-1861）も、一八五七年秋、クルチウスへの手紙で『日本文法試論』の送付を頼んだが、[40] クルチウスは、ホフマンの増補が「いかに有益でも、試論の出版を延期させているようである」と答えた。[41]

結局、『日本文法試論』は一八五七年一一月から翌年一月にかけて納入された。[42] 部数は二、〇〇〇部未満であったようであるが、[43] その半分以上、すなわち一、〇二三部は植民地省が注文した。その内、一、〇〇八部は日本へ発送するためのものであった。この一、〇〇八部の内、一、〇〇〇部は普通の装丁で日本で一般に販売する目的のもので、残りの八部は銀の留め金の付いた特装で天皇、将軍、肥前・中津・薩摩の各藩主および長崎・下田・松前の各奉行に贈呈するためのものであった。オランダ語で書かれた日本語文典の発行部数の大部分を日本への発送に充てたことは、「オランダ人と日本人の間の意思疎通のより良い手段の確立」だけでなく、日本におけるオランダ語の普及もやはりオランダ政府の狙いの一つであったためであるかもしれない。

以上で述べたように、『日本文法試論』の刊行を提案したのはホフマン自身であるが、大臣の意向に背いてはいけないという圧力を感じていやいやながらであったようである。専門家の自分が準備していた学問的な文典より先に他人のもの、しかも素人の学術的水準の低いものを刊行せざるを得なかったことに対する実際の心境は、前節でも触れたホフマン自身の書き入れ本の略標題紙（第二節図1）への二つの自筆の書き入れから窺い知ることができる。一つは、個人の学者の運命の浮沈より学問の進展が重要であり、「学問は行進し、個人は姿を消す」という趣旨の引用語句で、[44] もう一つは、「他人の土地に物を建てるべからず」という意味のオランダ語の諺である。少し謎めいた言葉であるが、恐らく、自分の文典の刊行で名誉を博するところを縄張りに立ち入って来たクルチウスに邪魔されたという恨みの表現として解釈すべきである。その根拠は、標題紙に添付してある自筆の付箋の以下の内容である。

クルチウスの試論の私の刊行の主な特長の一つは、道楽半分の二流さをその台座に載せたままにしながら、それが真実を摑んだものであると主張する余地がほとんど残らないようにそれを解説し［つまり、クルチウスの素人めいた記述を論破し］、日本語をその本当の姿で知るために行くべき道を私の解説で指し示したことにある。一八七〇年、ホフマン

第五節　名村八右衛門と勝海舟の関与

クルチウスは結局、通詞仲間の意見書として、大通詞の名村八右衛門からお世辞のような宣言書しかもらえなかった。『日本文法試論』の原稿の具体的な内容には一切触れずに、「最も完全で優れた」日本語文典として称賛するにとどまるものである。これを一八五六年秋に東インド総督に提出したクルチウスは、期待していたような意見書がもらえなかった理由として、やはり通詞たちの多忙と、その作成に必要な能力の不足を挙げている[45]。一方、名村の宣言を端書きで引用するホフマンは[46]、通詞たちが依然として外国人の日本語習得に対して抵抗を持っているためであると疑っていた[47]。また、ホフマンがクルチウスの原稿の問題点を指摘する注釈では、直接クルチウスを批判するのではなく、「最も完全で優れた」日本語文典として承認した名村を原稿の内容の責任者と見なし、名指しで非難していることが目立つ[48]。

しかし、『日本文法試論』の原稿の完成後にその内容について多数の込み入った指摘をメモに記してくれた日本人もいた。一八五五年から海軍伝習生として長崎に滞在していた勝海舟である。勝のメモは四九頁にも亘り、しかもオランダ語で書かれている。クルチウスは、勝のオランダ語能力について「読み聞きはできるが、表現力がまだかなり

不足している」と断りながら、このメモを名村の宣言書とともに一八五六年秋に東インド総督に送った。[49] 既に出版の準備が始まっていた文典の修正に用いるのには間に合わないということを承知の上、ホフマンに転送することを提案した。しかし、植民地大臣から受領したホフマンはメモを「役立てられない」ものとして厳しく批評して大臣に返送し、[50] 結局クルチウスの手元に戻った。

勝のメモのオランダ語は確かに分かりにくいところがあるが、幕末の江戸出身者の日本語観および方言観を教えてくれるものとしては興味深いものである。以下に二頁分を日本語に直訳してみる。[51] 第二章第一節で引用されたロドリゲスと同様に京都の言葉を美しいものとしていることや、同章第四節でいくつか紹介された長崎方言特有の外来語にも触れていることが注目に値する。特に分かりにくい最初の二行は、日本語にいくつかの方言や文体が存在すること、古語の発音が規則的に仮名遣いに対応するものであったこと、そして現在も古語が一つの独立した教育科目として扱われていることを意味すると思われる。

現在使われている日本の言葉はいくつかの音と文字から成る。昔はその音がとても規則的で、音が主であった。現在も他のものと別に習われて見なされている。そして、現在の言葉は二、三種類ある。

一　上方言葉［Kamigata kotoba］

天皇によって、そして京［kijo］の付近で使われる。この言葉はとても硬くて美しい。

二　東言葉［Adoema kotoba］

江戸で使われ、まっすぐ［「率直」または「規則的」で「分かりやすい」という意味か］で強く聞こえる。

三　田舎言葉［Inaka kotoba］

京と江戸から遠く離れている国や地域で百姓によって［使われる］。

奥［okoe］または奥州［oosiwoe］で使われる言葉は、少し蝦夷の言語と混じって［アイヌ語からの借用語のことか］と

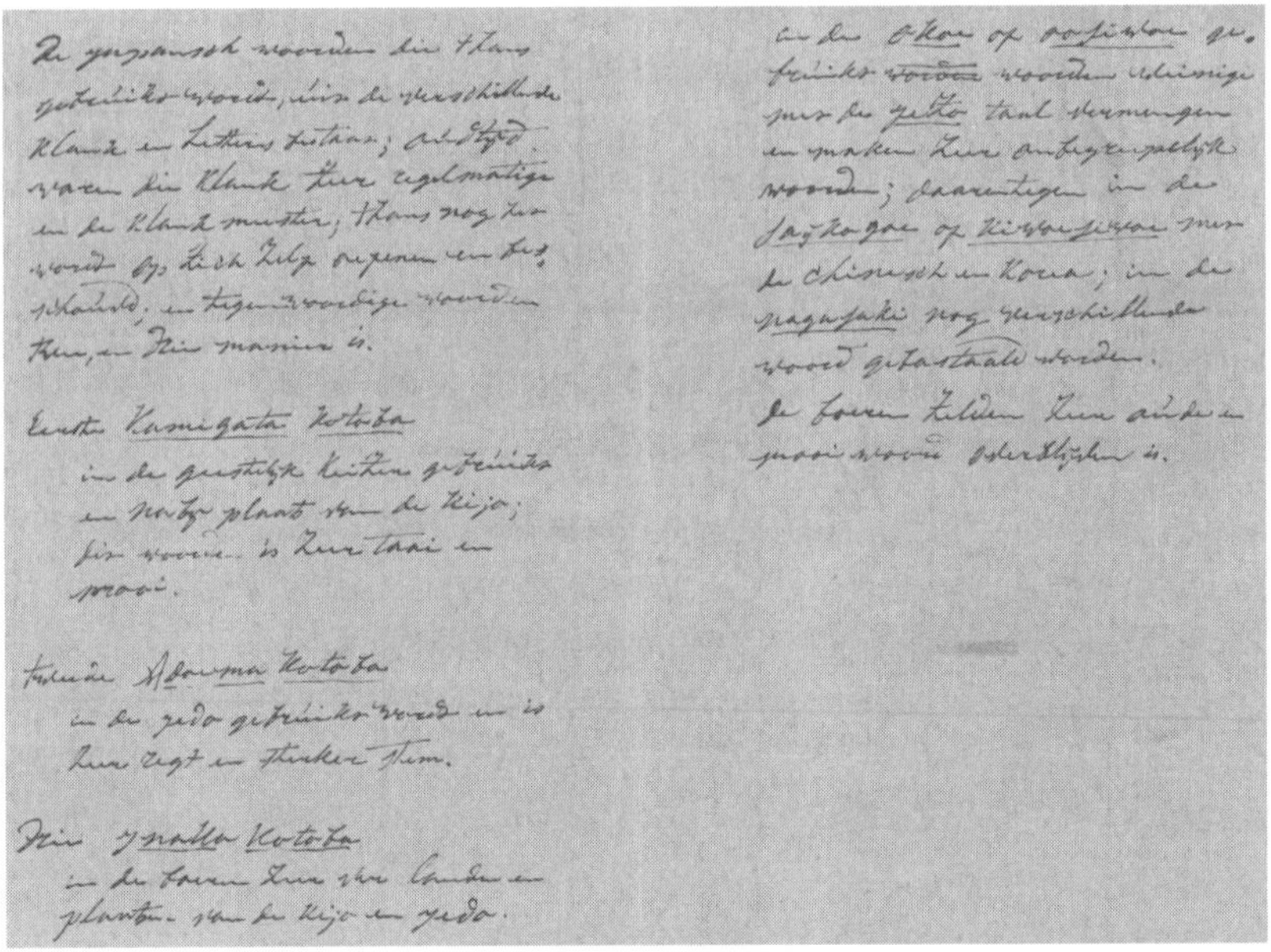

Eerste Kamigata kotoba

Tweede Adoema kotoba

Ynakka kotoba

図４　勝海舟のメモより

「上方言葉」(Kamigata kotoba)、「東言葉」(Adoema kotoba)、「田舎言葉」(Inaka kotoba) それぞれの特徴等について述べている。オランダ国立文書館所蔵の平戸・出島オランダ商館文書、目録番号 1640C。https://www.nationaalarchief.nl/onderzoeken/archief/1.04.21 より転載。

ても分かりづらい言葉になっている。一方、西国［saijkogoe ― saijgokoe の誤りか］または九州［kiwoesiwoe］では中国と朝鮮［の言葉］と［混じっている］。長崎ではさらにいくつかの言葉が外来語になっている。

百姓［の言葉に］はまれにとても古くて美しい言葉が残っている。

第六節　カトサンドリア号の難破とその後

植民地省が日本への発送のために注文した『日本文法試論』の一、〇〇八部に先立って、ホフマンが植民地大臣と東インド総督を介してクルチウスに贈呈した特装の一冊がまず日本に届いた。[52] 大臣は、添えられた書簡の中で、『日本文法試論』が「日本語の学習のためにまさしく有用な手段」となり、そしてクルチウスとホフマンがそれにより「大いに充実感を味わうであろう」と信じると述べている。[53] 植民地省の一、〇〇八部は、バタビアに届いた後、カトサンドリア号（Cadsandria）という帆船で長崎へ輸送されることになった。[54]ところが、一八五八年七月一二日にバタビアを出航し、[55]一八五八年八月七日に長崎港の入り口に位置する高鉾島に到着したカトサンドリア号は、その翌朝に台風に襲われ、海岸に衝突した。[56]結局、入港せずに、『日本文法試論』の一、〇〇八部を含む貨物ごと沈没してしまった。[57]一人の水夫が船長の妻で妊娠中のフィッシャー（Anna Maria Fischer：1836–1858）を救助しようとして溺死し、フィッシャーも翌月九日に出島で死去した。長崎市曙町にある悟真寺のオランダ人墓地に残るフィッシャーの墓碑は、今も黙ってこの出来事を物語っている。

カッテンデイケからの手紙で一、〇〇八部の喪失を知ったホフマンは「何と不幸なことか！！！」と嘆いたが、[58]クルチウスの反応は異なっていた。第四節で述べたように、特装の八部は日本の要人に贈呈するためのものであったが、贈呈することを命じられていたのは、オランダ領事官のクルチウス自身である。しかし、上述の通り、ホフマンの注釈の中には、クルチウスの原稿の内容に対して批判的なものだけでなく、からかうようなものさえある。先に一冊を入手してホフマンの注釈の内容を知ったクルチウスは、「充実感を味わう」どころか、自分が笑いものにされている本を日本の要人に贈呈することを命じられているのではないかと困惑したのである。東インド総督に対して、カトサンドリア号の難破により贈呈の命令が実行不可能となったことが「ある意味で私にとってありがたいことであると言わざるを得ない」と気持ちを表わした。[59]第三節で紹介した大根や芋の脚注を例として挙げ、「再三注釈で私を笑いものにしようとしておきながら、［オランダ領事官である私に］特装版を日本の最高の貴人や権力者へ贈呈させることをホフマン教授が植民地大臣閣下に提案したことは、私が苦情を呈するに値すると存じる」とも述べている。

クルチウスの考えを知った大臣は、失われた『日本文法試論』の一、〇〇八部に代わる同部数の発注と日本への再発送を見送ることにした。[60]民間による輸入は少なくとも二回あったが、部数は少なかったようである。まずは、一八五八年内に、バタビアのランゲ商会（Lange & Co.）が日本で活躍していたスペングラー商会（Spengler & Co.）に六〇〇部輸送した。[61]そして、一八五九年末には、『日本文法試論』を出版したセイトホフが、長崎で日本における西洋式の印刷術の普及に貢献したインデルマウル（George in der Maur、Indermaurとも：1831-1888）に一四部送った。[62] 因みに、インデルマウルは初めは海軍伝習の第二次教師団の看護長として長崎に来ていたが、本業は印刷であり、滞在の途中から高速印刷機の操作法を教え始めていた。一八五九年一一月四日に教師団の一員として一旦バタビアに帰ったが、またすぐ日本に戻り、一八六〇－一八六二年には、再来日していたシーボルトが出島に設立した印刷所に勤めた。[63] その傍らでセイトホフの様々な書籍の販売を行っていたようである。

一八六一年には、『日本文法試論』に「第二のチャンス」が訪れる。刊行が一八五八年初めに既に決まっていた[64]、パジェス（Léon Pagès：1814-1886）による仏訳が出版された年である。多くのヨーロッパ人に読める言語への翻訳によって読者層がかなり広がったはずであり、そしてそれがパジェスの目標でもあった。[65] 日本でも、オランダ語版よりもパジェスの仏訳を所蔵する図書館の方が遥かに多い。因みに、『日本文法試論』は元から注釈の多い本であるが、

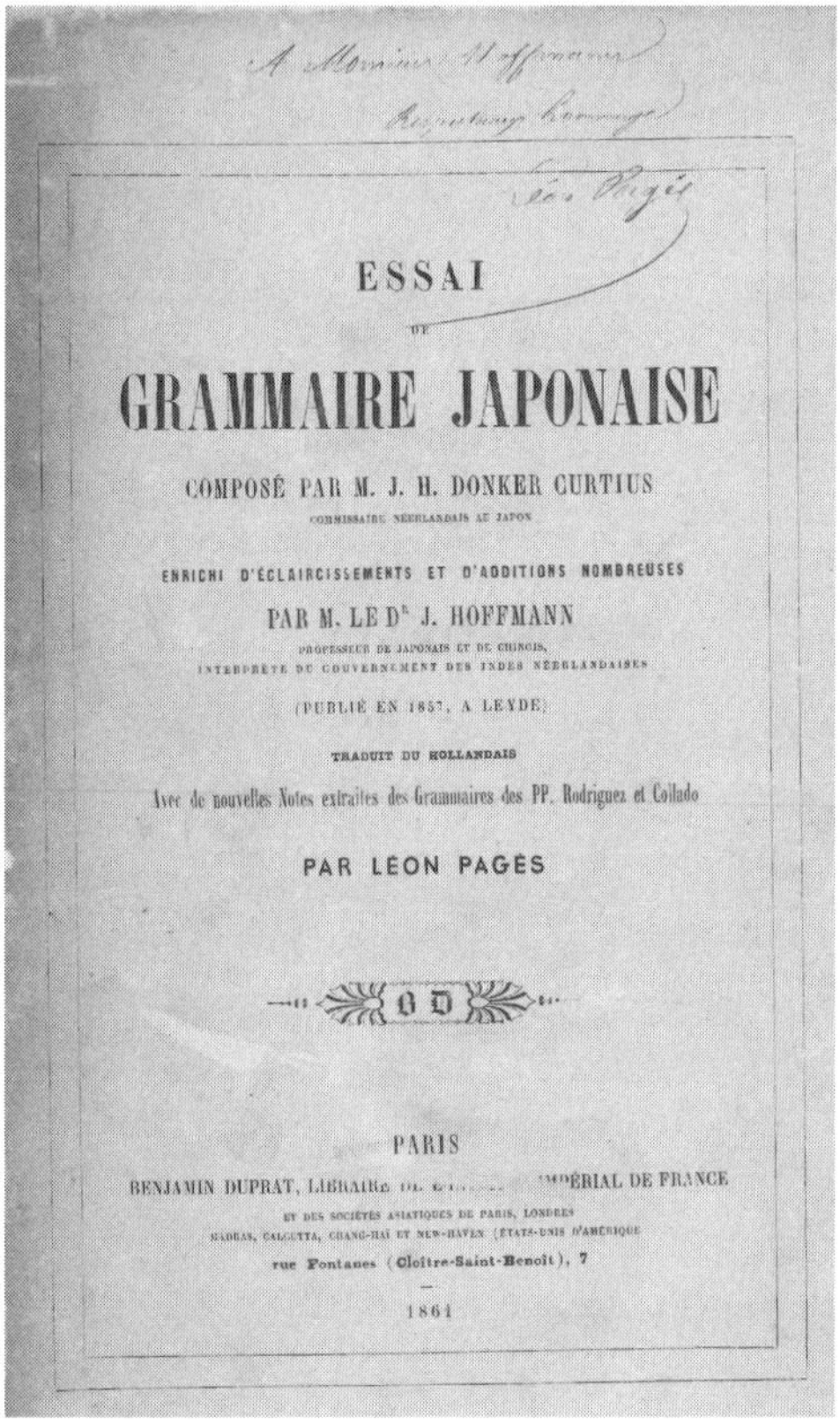
ESSAI DE GRAMMAIRE JAPONAISE

COMPOSÉ PAR M. J. H. DONKER CURTIUS

COMMISSAIRE NÉERLANDAIS AU JAPON

ENRICHI D'ÉCLAIRCISSEMENTS ET D'ADDITIONS NOMBREUSES

PAR M. LE Dr. J. HOFFMANN

PROFESSEUR DE JAPONAIS ET DE CHINOIS, INTERPRÈTE DU GOUVERNEMENT DES INDES NÉERLANDAISES

(PUBLIÉ EN 1857, A LEYDE)

TRADUIT DU HOLLANDAIS

Avec de nouvelles Notes extraites des Grammaires des PP. Rodriguez et Collado

PAR LÉON PAGÈS

PARIS

BENJAMIN DUPRAT, LIBRAIRE ... IMPÉRIAL DE FRANCE

ET DES SOCIÉTÉS ASIATIQUES DE PARIS, LONDRES MADRAS, CALCUTTA, CHANG-HAI ET NEW-HAVEN (ÉTATS-UNIS D'AMÉRIQUE)

rue Fontanes (Cloître-Saint-Benoît), 7

1861

図５　ホフマン旧蔵の『日本文法試論』の仏訳の標題紙

「敬意を込めてホフマン氏に捧げる。レオン・パジェス」という手書きの署名が見える。ライデン大学附属図書館、請求番号 864 C 5。https://digitalcollections.universiteitleiden.nl/ より転載（CC BY 4.0 ライセンス）。

パジェスはさらに、第二章で紹介されたロドリゲスや他の宣教師の各文典を引用する多数の脚注を加えている。

クルチウスの蘭和辞典は、オランダ政府によって出版されないことは既に確定していたが[66]、ホフマンの『日本文法試論』の編集方法に不満を覚えたクルチウスは、蘭和辞典の原稿を自分へ返してもらうまでは植民地省でそれを保管し、ホフマンが利用することを以後一切許可しないことを希望した[67]。これを受け、大臣は、原稿をまだ預かっていたホフマンにその返送を求めた[68]。クルチウスが帰国後に実際に原稿を植民地省から返してもらったと思われるが、現在は残念ながら行方不明になっている。

おわりに

本章では、出島オランダ商館で書かれた最後の日本語文典『日本文法試論』の成立とその背景について考察した。しかし、この文典自体だけでなく、出島が象徴する日蘭関係の歴史、出島における言語環境、長崎方言、長崎における海軍伝習、長崎の海における難破船、長崎を通じた洋書の輸入や西洋式印刷術の普及、長崎市の姉妹都市であるライデン市および長崎大学の協定校であるライデン大学など、長崎と関連があることに数多く触れることができた。読者にとって今後の学習の刺激となったものが一つでもあったなら幸いである。

注

(1) 本章の一部は、筆者が現在準備している論文「ドンケル・クルチウスの蘭和辞典と日本文典について—幕末における蘭政府の日蘭語政策の観点から—」(仮題)に基づく。本章における外国語文献および史料からの引用はすべて筆者訳であり、引用文中の[ ]は筆者注あるいは原文表記を示す。

（2）Donker Curtius が姓であるが、便宜のために「クルチウス」と略することにする。

（3）Donker Curtius（1857）．和訳の三澤（一九七一）では原題 *Proeve eener Japansche Spraakkunst* が『日本語文典例証』と訳されており、他には『日本文法稿本』や『実用日本語文法』と呼ばれることもあるが、本や論文の標題における *Proeve eener*…というオランダ語は通常「…の試み」という意味で用いられるため、本章では杉本（一九九九）に倣って『日本文法試論』と呼ぶことにする。なお、第三節でもう一度この本の命名に触れる。

（4）名村の経歴等については石原（一九八八）、五三－五四頁が詳しい。

（5）Thunberg（1788–1791）, vol. 3, pp. 296–353 に六八頁の語彙集が収録されている。

（6）Thunberg（1792）.

（7）ケンペルの日本語学習と日本語研究についてはミヒェル（一九九六）が詳しい。トゥーンベリの日本語研究の成果より先に現れたものとしては Radermacher（1781）, pp. 247–270 に収録されている二四頁の語彙集もあるが、誰が編纂したものであるかは明記されていない。一七七九－一七八四年に三回に分けて滞在した商館長ティチング（Isaac Titsingh：1745–1812）のものであるという説があるが（Boxer（1950）, p. 143）、ティチングによる日本酒と醤油の作り方の記述をも紹介している Radermacher（1781）では、語彙集がティチングの貢献から明白に切り離して掲載されている。

（8）「鎖国」という用語については第三章第二節を参照されたい。

（9）商館日記、一六七五年一一月五日、Nationaal Archief, Den Haag, Nederlandse Factorij in Japan, 1.04.21（オランダ国立文書館所蔵の平戸・出島オランダ商館文書─以下「商館文書」と略記）、目録番号 88。東インド総督と長崎奉行の書簡は古賀（一九六六）、五三－五四頁で紹介されている。

（10）Thunberg（1788–1791）, vol. 3, pp. 35–41. トゥーンベリの日本語学習禁止に関する記述を一八世紀における外国人による日本語研究資料の乏しさと関連づける研究としては、安藤（一九〇七）、六－七頁が最も早いようである。

（11）杉本（一九九九）、三二五－三二六頁では「神への奉仕、神の愛を説かんとする吉利支丹の情熱の有無」に言及されており、Thunberg（1788–1791）, vol. 3, pp. 295–296 では商館員の才能不足や怠惰、滞在の短さ、儲けだけの追求が原因であるとされている。

（12）ミヒェル（一九九六）、二〇頁ではさらに、商館医以外の日本語が話せる商館員は「業務に忙殺され」、「研究を体系化するほどの余裕はなかったであろう」とされている。

（13）Siebold（1826）.

（14）ファン・デン・ブルックの経歴については Moeshart（2009）が詳しい。

(15)『長崎ハルマ』については松田（一九八四）が詳しい。
(16) Donker Curtius（1855）.
(17) Donker Curtius（1857）, p. 105
(18) 同上書、pp. 157–158.
(19) 一八五四年三月二〇日付の植民地大臣発東インド総督宛書簡を引用する同年五月一四日付の東インド総督発クルチウス宛書簡、商館文書、目録番号1700、通し番号二。同年三月三一日には日米和親条約が締結された。因みに、第九章で紹介されるスンビン号艦長ファビウスが日本側に対して海軍伝習のためのオランダ語学習を勧めたことには、オランダ政府のこの方針に沿って日本におけるオランダ語の普及を図るという「裏の意図」もあったようである。商館文書の中には、この点に関するクルチウスとファビウスの共通意識が窺える文書が複数残っている。
(20) 一八五四年一〇月一八日付のクルチウス発東インド総督宛書簡の文案、商館文書、目録番号1700、通し番号29。
(21) Donker Curtius（1855）, pp. 22–23.
(22) 一八五六年一〇月三日のクルチウス発東インド総督宛書簡の文案、商館文書、目録番号1656、通し番号142。通詞はもちろん、召使の中にもオランダ語のできる人がいたため、オランダ語でクルチウスの質問に答えることもあったと思われる。その根拠としては、クルチウスがオランダ語のできる召使として「ケンゾウ（コマサブロウ）」（Kenzo /Komasabro/）をファン・デン・ブルックに貸すという内容の書簡がある（一八五六年七月一日付のクルチウス発ファン・デン・ブルック宛書簡の文案、商館文書、目録番号1656、通し番号45）。
(23) 一八五四年一〇月一八日付のクルチウス発東インド総督宛書簡の文案、商館文書、目録番号1700、通し番号29。
(24) Donker Curtius（1855）, p. 1 および p. 13.
(25) Donker Curtius（1857）, pp. 214–215.
(26) 以上でも引用した Donker Curtius（1855）のことである。
(27)「はじめに」の注（3）で述べたように、『日本文法試論』という訳題は杉本（一九九九）による。
(28) 一八五五年一一月一一日付のクルチウス発東インド総督宛書簡の文案、商館文書、目録番号1655、通し番号206。原稿の標題紙で言及されている第一一七号の書簡である。
(29) 書簡のこの箇所はホフマンの端書き（Donker Curtius（1857）, p. v）でも引用されている。
(30) 書簡のこの箇所もホフマンの端書き（同上書、pp. v–vi）で引用されている。
(31) Hoffmann（1867–1868/1877）および Serrurier（1881–1892）。

（32）一八五五年八月三〇日付のホフマン発植民地大臣宛書簡の写し、商館文書、目録番号1639A、通し番号84。
（33）一八五六年二月二一日付の植民地大臣発ホフマン宛書簡の写し、商館文書、目録番号1639A、通し番号84。
（34）一八五六年三月二日付のホフマン発植民地大臣宛書簡、商館文書、目録番号1639A、通し番号84。
（35）一八五六年三月一四日付のホフマン発植民地大臣宛書簡、商館文書、目録番号1639A、通し番号84。
（36）一八五六年三月三〇日付のホフマン筆覚書、商館文書、目録番号1639B、通し番号162。
（37）一八五七年四月五日付のホフマン発植民地大臣宛書簡の写し、商館文書、目録番号1640C、通し番号221（誤って通し番号243の中で保管されているようである）。
（38）ホフマンは端書き（Donker Curtius（1857）, p. xi）でもこの点に触れている。さらに、ライデン大学附属図書館所蔵の出版社セイトホフ（A.W. Sijthoff）文書の中には、カッテンデイケが直接セイトホフに送った、印刷中の『日本文法試論』の紙葉の受領についての手紙が残っている（一八五七年三月五日付のカッテンデイケ発セイトホフ宛書簡、ライデン大学附属図書館、請求番号SYT A 1857、通し番号186）。
（39）一八五八年二月四日付のホフマン発植民地大臣宛書簡の写し、商館文書、目録番号1641、通し番号106。
（40）一八五七年一〇月六日付のヒュースケン発クルチウス宛書簡、商館文書、目録番号1640C、通し番号324。
（41）一八五七年一一月一二日付のクルチウス発ハリス（Townsend Harris：1804-1878 ―アメリカの初代駐日領事）宛書簡の文案、商館文書、目録番号1657、通し番号202。この書簡はV・中西（一九八七）、五五－五六頁で紹介されている。
（42）一八五七年一一月一一日付の植民地大臣発セイトホフ宛書簡、ライデン大学附属図書館、請求番号SYT A 1857、通し番号9および一八五七年一一月二八日付の植民地大臣発東インド総督宛書簡の写し、商館文書、目録番号1641、通し番号86。
（43）セイトホフとホフマンの間の合意書の文案等複数の文書、ライデン大学附属図書館、請求番号SYT A 1857。
（44）Delprat（1858）, p. 23からの引用である。
（45）一八五六年一〇月二五日付のクルチウス発東インド総督宛書簡の文案、商館文書、目録番号1656、通し番号168。
（46）Donker Curtius（1857）, pp. x-xi.
（47）一八五七年四月五日付のホフマン発植民地大臣宛書簡の写し、商館文書、目録番号1640C、通し番号221（誤って通し番号243の中で保管されているようである）および一八五八年二月二四日付のホフマン発植民地大臣宛書簡の写し、商館文書、目録番号1641、通し番号129。
（48）Donker Curtius（1857）, p. 184, pp. 198-199, p. 216.
（49）一八五六年一〇月二五日付のクルチウス発東インド総督宛書簡の文案、商館文書、目録番号1656、通し番号168。

(50) 一八五七年四月五日付のホフマン発植民地大臣宛書簡の写し、商館文書、目録番号1640C、通し番号221（誤って通し番号243の中で保管されているようである）。

(51) 勝海舟のメモ、商館文書、目録番号1640C、通し番号221（誤って通し番号223の中で保管されているようである）。

(52) 一八五八年二月一八日付の東インド一等政府書記官発クルチウス宛書簡、商館文書、目録番号1641、通し番号86。

(53) 一八五七年一一月二八日付の植民地大臣発東インド総督宛書簡の写し、商館文書、目録番号1641、通し番号86。

(54) カトサンドリア号の船積送り状の写し、商館文書、目録番号1641、通し番号133。

(55) 一八五八年七月一〇日付のバタビア理事官発クルチウス宛書簡、商館文書、目録番号1641、通し番号138。

(56) 商館日記、一八五八年八月七日および八日、商館文書、目録番号1621。

(57) 一八五八年一一月一三日付のホフマン発セイトホフ宛書簡、ライデン大学附属図書館、請求番号SYT A 1858、通し番号54。

(58) 同上史料。

(59) 一八五八年九月一七日付のクルチウス発東インド総督宛書簡の文案、商館文書、目録番号1658、通し番号142。

(60) 一八五九年二月一七日付の植民地大臣発ホフマン宛書簡の写し、商館文書、目録番号1642A、通し番号212。

(61) 一八五八年一一月八日付のランゲ商会発クルチウス宛書簡、商館文書、目録番号1642A、通し番号53。

(62) 一八七一年九月一九日付のインデルマウルのセイトホフに対する負債の明細書、ライデン大学附属図書館、請求番号SYT A 1871、通し番号267。

(63) シーボルトによるインデルマウルの雇用については、石山（二〇〇九）が詳しい。

(64) 一八五八年二月一九日付のホフマン発セイトホフ宛書簡、ライデン大学附属図書館、請求番号SYT A 1858、通し番号52。

(65) Pagès (1861), p. viii.

(66) 一八五八年三月二日付の植民地大臣発東インド総督宛書簡の写し、商館文書、目録番号1641、通し番号106。

(67) 一八五八年九月一七日付のクルチウス発東インド総督宛書簡の文案、商館文書、目録番号1658、通し番号141。

(68) 一八五九年二月一七日付の植民地大臣発ホフマン宛書簡の写し、商館文書、目録番号1642A、通し番号212。

参考文献

安藤正次「国語学上に於ける欧米人の貢献（第一回）」『国学院雑誌』第一三巻第六、一九〇七、一－九頁
石原千里「オランダ通詞名村氏—常之助と五八郎を中心に—」『英学史研究』第二一号、一九八八、三七－六〇頁
石山禎一「フォン・シーボルトが創設した出島オランダ印刷所」『法政史学』第七一号、二〇〇九、六八－八五頁

古賀十二郎『長崎洋学史』上巻、長崎文献社、一九六六
杉本つとむ『西洋人の日本語研究』八坂書房、一九九九
V・中西道子「ヤン・ヘンドリック・ドンケル・クルティウス（その一）」『日蘭学会会誌』第一二巻第一号、一九八七、四七－七八頁
松田清「『ドゥーフ・ハルマ』初稿の翻刻ならびに『和蘭字彙』ハルマ『蘭仏辞典』との訳語対照Ⅰ」『海南手帖』二、一九八四、一－一二九頁
三澤光博（訳）『日本語文典例証』明治書院、一九七一
ミヒェル、ヴォルフガング「エンゲルベルト・ケンペルからみた日本語」『洋学史研究』第一三号、一九九六、一九－五三頁
Boxer, C.R. *Jan Compagnie in Japan, 1600–1850*, 2nd rev. ed. The Hague: Martinus Nijhoff, 1950.
Delprat, G.H.M. *Lettres inédites de Juste Lipse*. Amsterdam: C.G. van der Post, 1858.
Donker Curtius, J.H. *Proeve eener Japansche Spraakkunst*. Manuscript, Leiden University Library, LTK 593, 1855.
Donker Curtius, J.H. *Proeve eener Japansche Spraakkunst*. Leiden: A.W. Sijthoff, 1857.
Hoffmann, J.J. *Japansche Spraakleer/A Japanese Grammar/Japanische Sprachlehre*. Leiden: A.W. Sijthoff/E.J. Brill, 1867–1868/1877.
Moeshart, H.J. 'Dr. Jan Karel van den Broek as Teacher of Photography', *Old Photography Study* 3, 2009, 11–16.
Pagès, L. (trans.). *Essai de Grammaire Japonaise*. Paris: Benjamin Duprat, 1861.
Radermacher, J.C.M. 'Bydraagen tot de Beschryving van Japan', *Verhandelingen van het Bataviaasch Genootschap der Kunsten en Weetenschappen* 3, 1781, 203–270.
Serrurier, L. (ed.). *Japansch-Nederlandsch Woordenboek/Japanese-English Dictionary*, vol. 1–3, Leiden: E.J. Brill, 1881–1892.
Siebold, P.F.B. von. 'Epitome Linguae Japonicae', *Verhandelingen van het Bataviaasch Genootschap van Kunsten en Wetenschappen* 11, 1826, 63–136.
Thunberg, C.P. *Resa uti Europa, Africa, Asia, Förrättad Åren 1770–1779*, vol. 1–3, Uppsala: Joh. Edman, 1788–1791.
Thunberg, C.P. 'Observationes in Linguam Japonicam', *Nova Acta Regia Societatis Scientiarum Upsaliensis* 5, 1792, 258–273.

一次資料案内

長崎大学附属図書館は、『日本文法試論』のオランダ語版、仏訳、和訳を三つとも所蔵している。オランダ語版と仏訳は浅田文庫に含まれており、医学分館の貴重資料室に保管されている。三澤光博の和訳『日本語文典例証』は中央館に所蔵されており、貸し出しも可能である。

バスレー筆の原稿、ホフマン旧蔵のオランダ語版の書き入れ本、標題紙にパジェスの署名が見えるホフマン旧蔵の仏訳の三つは、所蔵するライデン大学附属図書館が電子化し、一般公開している。https://digitalcollections.universiteitleiden.nl/ にアクセスし、それぞれの請求番号である LTK 593, 864 C 4, 864 C 5 で検索すれば、ＰＤＦ形式でダウンロードすることができる。

オランダ国立文書館所蔵の勝海舟のメモも電子化、一般公開されている。https://www.nationaalarchief.nl/onderzoeken/archief/1.04.21 より平戸・出島オランダ商館文書にアクセスし、目録番号 1640C のファイルをクリックすれば、第七八コマより先が勝のメモである。

第九章　長崎における海軍伝習——新知識・新技術導入の窓口として——

南森茂太

はじめに

一八世紀末ごろより日本近海に欧米の船舶が頻繁に出現するようになり、日本は欧米諸国の脅威にさらされる。この脅威は開国によりいっそう強くなり、日本は自国の経済力や、これを背景とする軍事力を強化する必要に迫られ（富国強兵）、そのために自らを脅威にさらしている欧米諸国を模範とし、さまざまな文物を輸入して近代化を図ろうとした。

この輸入の手段には、「日本人の視察・遊学・留学」、「お雇い外国人の雇用」、「各種書籍の紹介・翻訳」という「三つのルート」がある。(1)これらのうち「お雇い外国人の雇用」は「岩倉使節の派遣を境」に主たる「近代文明輸入」の手段となったが、(2)その雇用は幕末から始まっている。その最初期の事例として挙げることができるのは、長崎における海軍伝習(3)のために派遣されたオランダ人教師団であった。

ところで、お雇い外国人の「雇用主体」は「終始日本（人）側」であったため、「日本人雇用者は自らが判断し決定したさまざまな目的を遂行するための手段として、彼らを雇用」し、他方で「必要とされた技術が習得」されたと判断すると、「彼らをただちに解雇」している。[4] このような経験を有するお雇い外国人の代表的な人物としては、明治政府に雇用され、貨幣制度の確立に貢献したキンドル（Thomas William Kinder：1817-1884）が挙げられる。もちろん、彼よりも以前に「必要とされた技術が習得」されたとの判断で「日本人雇用者」によって解雇されたお雇い外国人は数多くいる。そして、その最初期の例もまた海軍伝習のために派遣されたオランダ人教師団であった。つまり、長崎における海軍伝習は、お雇い外国人を通じて諸知識・諸技術を導入する最初期の事例であり、かつ典型的な事例でもあった。

第一節　海軍創設と海軍伝習の構想

嘉永六年六月三日（一八五三年七月八日）、ペリー（Matthew Calbraith Perry：1794-1858）の率いるアメリカ海軍東インド艦隊が浦賀沖に来航する。このときペリーが率いていた艦隊に二隻の蒸気船が含まれていたこと、一部の艦船が測量と称して江戸湾内へと進入したことは幕府首脳に大きな衝撃を与える。そのため直後より老中・阿部正弘（文政二年-安政四年（一八一九-一八五七））を中心とする幕閣は海防を強化する方針を打ち出す。その一環として、ペリー退去直後の六月一九日（七月二四日）に、幕府はオランダから洋式帆船と蒸気船との輸入を決め、[5] さらに三か月後の九月一五日（一〇月一七日）には大船建造禁止令を解除した。

ところでオランダへの船舶発注の決定と大船建造禁止令の解除に時差が生じたのは、幕府内には海軍創設による海防強化への反対勢力が存在し、阿部がその決定を慎重に進めていたからである。オランダへの船舶の発注も同様であり、阿部は長崎奉行の水野忠徳（文化七年-慶應四年（一八一〇-一八六八））にもオランダへの発注目的は海上輸送の強化と伝え、長崎奉行内にもこの目的は共通認識となっていたと考えることができる。それゆえ、嘉永六年九月一三日（一八五三年一〇月一五日）に、オランダ商館長のクルチウス[6]（Jan Hendrik Donker Curtius：1813–1879）が、幕府による帆船や蒸気船の軍艦としての配備をオランダ政府がどのように考えるのかは不明だが、船舶の注文は政府へと報告すると述べた際に[7]、阿蘭陀通詞・森山栄之助（文政三年－明治四年（一八二〇－一八七一））は、帆船や蒸気船の購入は軍艦を配備するためではなく、海運の安全性や利便性を高めるためで、それゆえに「士官」等の来航も不要で、できるだけ少人数の「水主」で回航してもらいたい[8]、と即答することができた。

この森山の返答でクルチウスは幕府に海軍創設の意思がないことを知る。だが、その後もクルチウスは海軍の必要性を説こうとして、幕府が海軍を創設するのであれば、オランダの海軍士官や造船技師は若年の日本人に、「地理学」、「星学」、「欧羅巴流算術」、「度学」、「測量法」、「航海学」、「帆製作」、「鋼製作」、「砲術」、「鉄砲之鋳造」、「船中ニ於て小銃及ひピストン打、大砲之調練」、「大凡蒸気機械」、「大船製造」、「兵家之法則」を伝授する[9]、とオランダに幕府への協力の用意があることを伝える。そのうえで、これらの諸知識や諸技術の習得には時間を多く必要とし[10]、教師団の日本滞在も長くなるので、家族帯同の許可、出島や近隣地区への居住の許可、手当の支給を要望した[11]。

クルチウスからの最初の意見書で水野は考えを変えることはない。それどころか、オランダからの諸学問や諸技術の伝習のうち、「地理学」、「星学」、「欧羅巴流算術」、「度学」、「測量法」、「航海学」、「兵家之法則」は不要で[12]、日本への回航も必要最低限の「水主」のみでおこなってほしいと言う[13]。この回答を聞いたクルチウスは、嘉永六年九月二〇日（一八五三年一〇月二二日）に二度目の意見書を提出し、水野の考えの問題点を指摘する。例えば、水野が伝習不要とした諸学問や諸技術は、ヨーロッパでは船を運航していくためには必ず習得するもので、特に航海学の教育は大型船を航行させるためには必要不可欠であると説く[14]。また、回航要員については、フリゲート船の回航は、「将官」や「士官」のいずれかが乗船し、「水主」も十分な人員を配備しなければ困難であるので、最終的な判断はオランダ政府に判断を委ねる[15]、と水野の考えが現実的ではないことを示唆した。

このクルチウスの回答により水野は自らの考えを改める。第一は諸学問や諸技術の伝習で、日本沿岸を離れて外国にまで航行することを想定していないので「航海学」を不要と考えていたが、必要な知識や技術であるのであれば、あまり高い地位ではない教員を一人程度派遣してほしいと言う。[16] 第二はフリゲート船の回航要員で、商館長の見積もりを判断材料として現時点で確定し、オランダ国王の許可を得て、来年夏には回航させてほしい、[17] と判断をクルチウスに委ねる。第三は日本に滞在するオランダ人教師団の待遇である。最初のクルチウスからの意見書に対し水野は、家族帯同は許可できず、居住地や手当などは来日後に決定すると回答するが、[18] クルチウスの反論[19]によって水野は、日本に滞在する人員の見積もりができれば、住居などについては改めて相談してもらいたい、[20] と大きく譲歩した。

以上のように水野が考えを改めたことを受けて、嘉永六年九月二二日（一八五三年一〇月二四日）に、クルチウスは三度目の意見書を水野に送る。そこでクルチウスは、伝習を担う教員についての希望をオランダ政府に報告する、また回航に要する人員はフリゲート船で七五名、コルベット船で五〇人が必要である、[21] と伝える。回航に要した人員についても、フリゲート船の運用に必要な人数を残し、他は早期に帰国させるという日本側の要望を受け入れつつも、他方では教師団の居住地確保を再び要望するのであった。[22]

フリゲート船の運用に必要な人数を残すことが水野とクルチウスとの間で合意すると、水野の考えにはさらなる変化が生まれる。というのは、船舶の運用などを伝授する教員は、軍艦と蒸気船との双方について心得があるものを選出し、人数については最小限にして欲しい、[23] と軍艦に関する知識や技術の伝習に言及したからである。また、嘉永六年一〇月一五日（一八五三年一一月一五日）の長崎会所からオランダ商館の注文書は、蒸気船と軍艦の双方とも購入したいので、数十艘を回航させてほしいと述べている。[24] つまり、水野はクルチウスとの意見交換を通じて海軍創設と海軍伝習という構想に到達したのであった。

第二節　長崎における海軍伝習の準備

蒸気船と軍艦のオランダ商館への発注を幕府へと報告した水野は、嘉永七年（一八五四）二月には、海軍創設と海軍伝習とについての建議をおこなう。これらのうち海軍伝習については、オランダ人教師団は軍艦と蒸気船との双方について心得があるものを選び、最小限の人数で派遣するように商館長に要望していると報告する。[25]他方で、前年のクルチウスとの意見交換を通じて、回航にはある程度の人員を要し、また短期間での伝習は困難であると理解したため、これらを反映して水野は次のように言う。オランダ人教師団の人数は、回航する船の大きさにより変わるので、現時点では確かなことは言えない。また、船舶や海軍についての諸知識や諸技術に熟練しなければ、不安なく蒸気船や軍艦を運用することはできないので、習熟度によっては二〜三年間オランダ人教員を滞在させる必要がある。[26]

続いて水野は、軍艦を指揮する「士官」、その部下や「水主」はオランダ海軍の配備と同様にしなければ、実戦に役立たないと言い、[27]オランダ海軍の船員配備に準じた伝習生を用意すべきと主張する。ただし、人選については幕臣の家格や役職も考慮し、「総督」には「御目見以上」を、その「附属」には「与力」や「同心」を命じるべきと述べる。[28]もちろん水野は家格のみを重視するのではなく、能力はそれ以上に重要であると考える。そのことがあってか、「御目見以上」、「与力」、「同心」は公平正直な性格で、文武に通じ、才気を備えた人物であることが望ましいと論じた。[29]また、「水主」については、御用船の乗組員である長崎、野母、小瀬戸の「水主」たちは他に用務があるために、身体勇壮な人物を各地から募集すべきと提案した。[30]

伝習生を幅広く募集するという点は「水主」に限ったことではない。水野は訓練を受ける「水主」の取り締まりなどのため、「手附」、「地役人」、「通詞」を乗船させるとも言うが、手附や地役人が艦船の運用を学びたいと申し出た場合にはこれを許可すると述べる。[31]この他にも、長崎警衛を担当する佐賀藩や福岡藩、近隣諸国からも伝習生を派遣したいとの要望があれば、これを長崎奉行の判断で許可したいとも提言した。[32]

以上のような水野の提言は、嘉永七年（一八五四）五月の大目付・井戸弘道（生年不詳－安政二年（?－一八五五））、目付・一色直温（生没年不詳）、同・岩瀬忠震（文政元年－文久元年（一八一八－一八六一））による評議で、全面的に受け入れられる。[33] また、七月六日（七月三〇日）にはクルチウスから次のような報告書が届けられ、海軍伝習に関する交渉が再開する。すなわち、クリミア戦争発生で日本への艦船の売却が当面は不可能になったが、これは国際法上の措置で、オランダ国王は日本の蒸気船採用に協力をしたいと考え、日本へと売却する船の調達も命じている。これが調達できれば長崎へと早急に回航するが、引き渡し後にすぐに利用できるよう、蒸気機関の利用や蒸気船の運用を伝授する。また、オランダ国王はファビウス（Gerhardus Fabius：1806–1888）を艦長とするスンビン号を日本へと派遣するが、同艦の滞在中にも「船打建方」、「航海蒸気仕掛方」などを伝授する予定である[34]、と。

スンビン号の来航は嘉永七年七月二八日（一八五四年八月二一日）のことである。その直後よりファビウスは海軍創設や伝習についての意見書を精力的に提出する。最初の提出は閏七月二日（八月二五日）で、その中で彼は、軍艦は蒸気船によって編成すべきこと、蒸気船は外輪船ではなくスクリュー船とすべきこと、当面の配備は木造船でよいが、将来的には鋼鉄船を配備すべきこと[35]、など軍備を中心とした提案をおこなう。もちろん、伝習についての言及もあり、「星学」、「測量学」、「機関術」、「地理学」、「船打建方」、「諸道具等の事」を学び、「大小砲」や「城砦築営」に通じる必要があり、学校の開設、もしくは留学によりこれらを未成年者に習得させる必要があると説いた。[36]

ファビウスが二度目の意見書を提出したのは閏七月一〇日（九月二日）で、ここで彼は海軍伝習についての考えを詳らかにする。第一は教師数で、教育内容が「蒸気船運用」、「筒類用法製造」、「蒸気機関取扱方」、「船打建方」など多岐にわたることを挙げて、複数人の教師が必要であると説く。[37] 第二は育成する人材の役割で、「士官」が最重要であり、「水夫」がこれに次ぐと言う。[38] 第三は具体的な教科で、教師数についての提案を認めてもらった場合は、「地理学」、「窮理学」、「星学」、「測量学」、「機関学」、「按針学」、「船打建方学」、「砲術学」、「軍用武備に携り候諸学」を伝授すると述べる[39]。第四はオランダ語学習で、教師は日本語ができず、通訳を介すると時間がかかるため、事前のオランダ語学習の必要を強調し[40]、オランダ語学校の設立を提案した[41]。

二度目の意見書を受け取った水野は、「窮理学」を物理学ではなく、朱子学の「窮理」と理解する。そのため閏七月一三日（九月五日）のクルチウス宛書簡で、「窮理学」の習得には時間を要するので、学校の創設と「窮理学」の習得は後回しとし、艦船の運用などの実務的なことを伝習してほしいと要望する[42]。この要望が水野の誤解に基づくと理解したファビウスは、閏七月一四日（九月六日）に提出した三度目の意見書で、オランダ語学校は「窮理学」や「星学」を教育するのではなく、伝習を効率的にするための語学学習機関であることを強調した[43]。

以上のような提言を受けた水野は同月中に海軍伝習に関する伺書を幕府へと提出する。ただし、その内容はファビウスの意見をそのまま反映するものではなく、日本側の諸事情を考慮したものとなる。例えば、留学は多額の費用が必要で、「御国法」にも反し、またオランダ語教育機関の開設は「異国の風習」が広がる恐れがあり、多額の費用も必要ともなる[44]、と否定的な見解を述べている。この伺書を翌八月に評議した大目付や目付は、長崎奉行の意見には全く問題がないので、すべて伺いの通りに施行する[45]、と決断したことで、ここにオランダ人教師団を招いての長崎での海軍伝習が決定した。

第三節　海軍伝習

安政二年六月七日（一八五五年七月二〇日）にスンビン号が長崎へと再来航すると、同艦を練習艦とする海軍伝習の方針が定められる。六月一三日（七月二六日）の意見書でファビウスは、①「指揮役」と「一等士官」とは「天文学」と「航海術」に熟達し、「蒸気機関の義」、「砲術」、「檣、船具、帆ならびに碇などの用法」のすべてに通じておかなければならない、②「士官」は自らの担当のほか、「天文測量の学」、「大砲ならびに蒸気機械の用法」などに通じる必要がある、③「機械方」、「火焚方」の養成も重要である[46]、と教育の具体的な目標を明らかにする。また伝習生の構成について、「指揮役」一名、「第一等士官」一名、「士官」三名、「按針役」一名、「水夫頭」一名、「端船運用方」三名、「水夫」五〇名、「兵卒頭」五〇名、「兵卒組頭」一名、「兵卒」一〇名、「太鼓方」一名、「大工」一名、「帆縫」一名、「器械掛」三名、「火焚」二〇名、「士官見習い」三～四名と進言する[47]。この他にも、「蘭学修行」は重要であり、これにより必要な書籍を「独学研究」も可能になると[48]、オランダ語学習の重要性を強調した。

また、ファビウスは七月二六日（九月七日）にも意見書を提出し、スンビン号の乗組員から、「コマンダント」一名、「士官」三名、「蒸気機関方」二名、「火焚方兼鍛冶」四名、「船大工」一名、「帆縫い方」一名、「兵卒組頭兼石火矢方」一名、「剣筒（剣つき鉄砲）等相心得候兵卒」一名、「水夫頭」一名、「端船運用方」一名、「水夫」六名を残留させる[49]、と教師団の陣容を明らかにする。そのうえで、それぞれの担当科目について、「士官」は「蒸気機械船運用」、「砲術小筒訓練」、「航海術」、「地理学」、「蘭語学」、「船中家事取り賄い方」を、「火焚方兼鍛冶」は効率的な石炭の利用方法を、「帆縫い方」は帆の「縫い方」を、「兵卒組頭兼石火矢方」は「大砲・小筒訓練」を、「水夫頭」、「端船運用方」、「水夫」は「船具、帆前、綱具扱い方等水夫業」を伝授するとした[50]。

日本側も六月中に長崎奉行・荒尾成允（生年不詳－文久元年（?－一八六一））が江戸へと伝習生派遣についての伺書を送付し、これを受けて江戸では伝習生の人選が進められる。そして、七月二九日（九月一〇日）には、矢田堀景蔵（文政一二年－明治二〇年（一八二九－一八八七））と勝麟太郎（後の海舟：文政六年－明治三二年（一八二三－一八九九））に長崎派遣を言い渡し、同地在勤の永持亨次郎（文政九年－元治元年（一八二六－一八六四））とともに伝習生の中心となるように命じる[51]。この他にも江川太郎左衛門家の手代五名、浦賀奉行の与力二名と同心七名、鉄砲方田付四郎兵衛組の与力二名と同心五名、同方井上左太夫組の与力二名と同心五名、天文方出役三名、砲術師範・下曾根金三郎の子の次郎助、船大工二名に長崎への派遣が命じられ、彼らは海路組と陸路組に分かれて長崎を目指すこととなる。このうち陸路組の長崎への到着は不明だが、海路組は一〇月二〇日（一一月二九日）に長崎へと到着する。そして一〇月二二日（一二月一日）に海軍伝習の責任者である永井尚志（文化一三年－明治二四年（一八一六－一八九一））が伝習生を率いて出島へと赴き、入学式を挙行した[52]。

長崎での海軍伝習が始まった当時は、レイケン（Gerhard Christiaan Coenraad Pels Rijcken：1810–1889）の率いる第一次オランダ人教師団が幕府伝習生と佐賀藩伝習生とに対して教育をおこなう。この第一次教師団による教育は安政四年九月一五日（一八五七年一一月一日）までおこなわれ、以降はカッテンディケ（Willem Johan Cornelis ridder Huijssen van Kattendijke：1816–1866）の率いる第二次教師団による教育が安政六年一〇月一〇日（一八五九年一一月四日）までおこなわれる。その後、幕府は安政四年（一八五七）一月に第二期伝習生を、同年九月に第三期伝習生を派遣し、この他にも安政四年一月には福岡藩、薩摩藩、長州藩、熊本藩、福山藩、津藩、掛川藩、田原藩が、九月には佐賀藩が第二期伝習生を派遣した[53]。

以上のような長崎での海軍伝習にはクルチウスやファビウスの意見が貢献したことは確かであるが、彼らの提案を幕府はそのまま採用してはいない。そのためにオランダ側の提案と実際の伝習とは以下の三点で大きく異なる。第一は伝習生のオランダ語能力で、クルチウスやファビウスは事前学習の重要性を説いたが、伝習生選抜に影響を与えた安政二年（一八五五）六月の伺書で荒尾成允は語学力を不問とし[54]、実際には阿蘭陀通詞[55]を介しての教育がおこなわれる。第二は伝習生の年齢で、ファビウスは未成年の伝習生への教育を構想していたが、伝習生の年齢を二〇歳から三〇歳くらいまで[56]、とした荒尾の意見が採択されたために、伝習生に含まれる未成年はごくわずかにとどまる。第三は伝習所の位置づけで、ファビウスは「士官」教育のために体系的な教育を提案したのに対し、幕府は各伝習生が特定の技術を習得すればよいと考えるのであった。

このような違いはオランダ人教師団、特に第二次教師団として来日したカッテンディケの不満の原因となる。例えば、彼は伝習生の語学力不足[57]に言及することはなかったものの、専門的な知識や技術に精通した阿蘭陀通詞の不足を次のように指摘する。「代数や、運転術、つまり理学に関する学課は、まず語学の十分である通辞が、自ら十分に研究し知っていて、教官の意志を間違いなく生徒に伝えるというものでなければ到底教育の効果は期待し得られない。然るにその肝心の通辞が非常に不足している。学課の数は教官の数に応じて、勢い増加せざるを得なかったが、何ぶんにも通辞の不足によって断られることがしばしばあった(58)」、と。

伝習生の年齢構成についてもカッテンデイケは、「海軍士官養成のために、十四、五歳の少年を派遣するよう、繰り返し勧めたが、依然として年長者だけに止まった(59)」、とファビウス同様の提案をおこなうも、これが認められなかったという。そして、幕府の年長者派遣の意図を知らされていなかった彼は、「私には何を標準に生徒の選抜をするのか、よくは呑み込めなかった(60)」、「生徒の大部分は、ただ江戸に帰ってから、立身出世するための足場として、この海軍教育を選んだに過ぎない(61)」、などとの不満を漏らした。

また、長崎での海軍伝習をオランダ人からの海軍伝習の機会と考える幕府が、伝習生に特定の知識や技術を習得すればよいという方針をたて(62)、これに従って学習する幕府伝習生の態度にもカッテンデイケは苛立ちをみせる。というのも、彼もまたファビウスの意見と同様に、「将来士官に任用せらるべき運命にある人々は、少なくとも何事も大綱だけは、一と通り教わっておくべき筈(63)」、と考えるからであった。それゆえに、「『拙者は運転技術は教わっているが操練はやらない』とか、あるいは『拙者は砲術、造船および馬術を学んでいるのだ』という風で、勝手気儘な考えで勉強している(64)」というような伝習生の学習態度をカッテンデイケは嘆くのであった(65)。

おわりに

以上のようなカッテンデイケの不満の原因は、長崎における海軍伝習の位置づけがオランダ人教師団と幕府との間で大きく相違したことが原因である。前者はこれを海軍についての教育機関として捉え、オランダで自らが受けたのと同様の教育をおこなうことで、海軍士官を数多く輩出しようとする。他方で後者はこれをオランダ人による最新の知識や技術の教育の機会、あくまでも「伝習」として捉え、教育機関は別に設けようと考えていたからであった。

幕府が別に設けようとした教育機関は江戸に開設した講武所（安政三年（一八五六）開設）であり、また築地の軍艦操練所（安政四年（一八五七）開設）である。では、なぜ長崎における海軍伝習は教育機関とはなりえなかったのか。第一の理由は「遠境之儀」(66)、すなわち江戸と長崎との距離であり、幕臣を伝習生として江戸から長崎へ派遣することを非効率的と考えたからである。(67)第二の理由はオランダ人教師団へと支払う高額な手当であり、(68)これを将来的に廃止できるように、幕府は伝習生に体系的な学習ではなく、特定の知識のみの習得を命じ、短期間で日本人による教育へと切り替えようとしたからであった。

以上の二点は費用の問題であるが、第三の理由は「言語の壁」を取り払うことである。日本人の手による海軍教育が開始されれば、オランダ語の事前学習が不要となり、より多くの人材を育てることが可能になる。カッテンデイケは後に聞いたこととして、軍艦操練所で「五、六百名の青年に海軍教育を授けている」(69)、と述べているが、このような大人数に対する教育が可能になったのは教育機関が江戸に設けられたのみならず、日本人による教育が始まったからだと考えることができよう。

「言語の壁」が取り払われたことで海軍教育の門戸は広がる。元治元年（一八六四）五月には勝海舟の建議による海軍操練所が神戸で開校するが、それよりも前から開かれていた勝の私塾には、土佐の脱藩浪士のようにオランダ語の学習経験があったとは言い難い人物も入門し、海軍教育を受けている。彼らの中には望月亀弥太のように討幕運動に身を投じ、命を落とす者もあった。他方で、坂本龍馬、高松太郎、千屋寅之助、安岡金馬、沢村惣之丞、近藤長次郎、新宮馬之助のように、蒸気船で海運を営む亀山社中に参加する者もあった。つまり、長崎での海軍伝習はオランダから海軍の諸知識、諸技術を導入する役割のみを担い、実際の海軍教育はこれらを受容した日本人の手によって行われたのであった。

注

（1）井上琢智（二〇〇六）、四頁。

（2）同上書、一八頁。なお、岩倉使節の派遣よりも以前の「近代文明輸入」の主たる手段は「留学生派遣」であった。

（3）金澤裕之は、「しばしば『長崎海軍伝習所』と呼称されるが、教育機関としての長崎海軍伝習所なる組織は存在したことはなく、幕府の公文書でも『於長崎和蘭人より請候学科伝習』、『於長崎和蘭伝習御用』というように、事業名として扱われている」（金澤裕之（二〇一七）、九三頁）、と指摘する。本稿もこの指摘に従い、書名や引用などを除いて長崎海軍伝習所という用語は使用しないものとする。

（4）井上琢智（二〇〇六）、一四頁。

（5）安達裕之（一九九五）、二七四頁。

（6）オランダ人の姓の表記については第八章の注（2）も参照のこと。また、カタカナ表記については、前章を執筆したRudy Toet先生よりご助言をいただいた。ここに記して感謝の意を表したい。もちろん本章についての責任はすべて筆者にある。

（7）「九月十三日長崎在留の蘭国船将キュルチユス覚書長崎奉行へ差出　帆船蒸気船注文の件」（以下、「九月十三日覚書」と略記）、東京帝国大学編（一九一〇）、四一三頁。

（8）「栄之助より口達為致候覚書」、同上書、四一三－四一四頁。

（9）前掲史料、「九月十三日覚書」、同上書、四一四－四一五頁。なお、ここで言う「星学」とは天文学、「度学」とは測量学のことである。

（10）同上史料、同上書、四一五頁。

（11）同上史料、同上書、四一八－四一九頁。

（12）「下ケ札」（「九月十三日覚書」）、同上書、四一五頁。なお、「下ケ札」とは意見や理由などを書きつけて公文書などに貼りつけたつけがみ、付箋のことである。

（13）「下ケ札」（「九月十三日覚書」）、同上書、四一七頁。

（14）「九月二十日長崎在留の蘭国船将キュルチユス覚書長崎奉行へ差出　帆船蒸気船注文の件」（以下、「九月二十日覚書」と略記）、同上書、四四一－四四二頁。

(15) 同上史料、同上書、四四二頁。
(16) 「下ケ札」(「九月二十日覚書」)、同上書、四四一－四四二頁。
(17) 「下ケ札」(「九月二十日覚書」)、同上書、四四二頁。
(18) 「下ケ札」(「九月十三日覚書」)、同上書、四一九頁。
(19) クルチウスは、オランダ政府が事前に知りたいのは、滞在中の居住地や出島からの外出の可否などで、漂流民同様の待遇では政府は許可しないし、また人数から考えて出島に全員を居住させることは困難である(前掲史料、「九月二十日覚書」、同上書、四四三－四四四頁)、と反論する。
(20) 「下ケ札」(「九月二十日覚書」)、同上書、四四四頁。
(21) 「九月二十二日長崎在留の蘭国船将キュルチユス覚書長崎奉行へ差出　帆船蒸気船注文の件」(以下、「九月二十二日覚書」と略記)、同上書、四五一－四五二頁。
(22) 同上史料、同上書、四五二頁。
(23) 「下ケ札」(「九月二十二日覚書」)、同上書、四五二頁。
(24) 「十月長崎会所調役(?)福田猶之進覚書　蘭人へ蒸気船帆船等注文の件」、東京帝国大学編(一九一一)、三四頁。
(25) 「軍艦、蒸気船持渡り候上取計方の儀伺い奉り候書付」、勝海舟著、勝部真長・松本三之助・大口勇次郎編(一九七九)、三三四頁。
(26) 同上史料、同上書、三三四頁。
(27) 同上史料、同上書、三三五頁。
(28) 同上史料、同上書、三三五頁。
(29) 同上史料、同上書、三三五頁。
(30) 同上史料、同上書、三三五－三三六頁。
(31) 同上史料、同上書、三三六頁。
(32) 同上史料、同上書、三三八頁。
(33) 「大目付・目付の評議」、同上書、三四二頁。
(34) 「嘉永七年寅七月六日　か飛たん申し上げ候横文字和解」、同上書、三四三－三四五頁。実際、スンビン号が嘉永七年七月二八日(一八五四年八月二一日)に初来日したとき、ファビウスは直後の閏七月三日(八月二六日)より「商館長官邸」で「日本当局が指名した数人の伝習生」に対して講義をおこなっている(ファビウス著・フォス美弥子編訳(二〇〇〇)、二九頁)。

(35)「閏七月二日和蘭軍艦スムービング艦長ファビユス意見書　日本海軍創立の件」、東京帝国大学編（一九一五）、一八四－一八九頁。
(36)同上史料、同上書、一九二－一九四頁。
(37)「閏七月十日和蘭軍艦スムービング艦長ファビユス意見書　日本海軍創立の件」、同上書、二〇一頁。
(38)同上史料、同上書、二〇一頁。
(39)同上史料、同上書、二〇二頁。なお、「窮理学」は物理学、「按針学」は航海学のことである。
(40)なお、ファビウスがオランダ語学習の必要を説いた理由については、第八章も参照のこと。
(41)同上史料、同上書、二〇六－二〇七頁。
(42)「閏七月十三日長崎奉行書翰　和蘭甲比丹キュルチユスへ　海軍創立の件」、勝海舟著、勝部真長・松本三之助・大口勇次郎編（一九七九）、三五〇頁。
(43)「閏七月十日和蘭軍艦スムービング艦長ファビユス意見書　日本海軍創立の件」、東京帝国大学編（一九一五）、二五八頁。
(44)「軍艦類持渡りならびに伝授等の儀、かひたんより差出し候横文字翻訳差上げ、取計方伺い奉り候書付」、勝海舟著、勝部真長・松本三之助・大口勇次郎編（一九七九）、三四七－三四九頁。なお、ここで水野忠徳が言う「異国の風習」とはキリスト教を指し、この影響が及ぶことを彼は断固として阻止しようとする。そのため、例えば嘉永七年（一八五四）二月の意見書では、船内にもし「異様の人形等彫刻」があれば、これを削り取るなどするとも述べている（前掲資料「軍艦、蒸気船持渡り候上取計方の儀伺い奉り候書付」、同上書、三三七頁）。
(45)「同年八月大目付・目付評議書」、同上書、三五二頁。
(46)「和蘭蒸気軍艦船将グファビユスより教授方の儀、甲比丹をもって差出で候書翰和解」、勝海舟著、江藤淳・勝部真長編（一九七一）、一〇〇－一〇一頁。
(47)同上史料、同上書、一〇二頁。
(48)同上史料、同上書、一〇三頁。
(49)「船将次官より教授のため士官その外残し置候儀につき加比丹へ差遣わし候横文字和解」、同上書、八五－八六頁。
(50)同上史料、同上書、八五－八六頁。
(51)同上書、一一四頁。
(52)藤井哲博（一九九一）、五六－五七頁。
(53)同上書、一七－三八頁。

(54)荒尾成允は「御目見以上」の伝習生の条件として、「性質剛幹不撓」、「気力充壮」を挙げ、他方でオランダ語の学習経験はあれば申し分はないが、仮にこれがなくとも本人の心がけ次第で伝習は可能であると述べた(「阿蘭陀蒸気船渡来、献上物仕りたき段申し立て候儀、そのほか取計方の儀、伺い奉候書付」、勝海舟著、勝部真長・松本三之助・大口勇次郎編(一九七九)、三五六頁)。

(55)岩瀬弥七郎、荒木熊八、西慶太郎、本木昌造、楢林栄左衛門、西吉十郎、末永猷太郎、横山又之丞、志筑禎之介、三島末太郎、石橋庄次郎、西富太、荒木卯十郎、上村直五郎の一四名が「伝習掛通弁官」に任じられた(勝海舟著、江藤淳・勝部真長編(一九七二)、一二一—一二二頁)。

(56)前掲「阿蘭陀蒸気船渡来、献上物仕りたき段申し立て候儀、そのほか取計方の儀、伺い奉候書付」、勝海舟著、勝部真長・松本三之助・大口勇次郎編(一九七九)、三五六頁。

(57)勝海舟は、伝習生はメモを取ることが禁じられ、暗記を求められた艦上実習の際に、阿蘭陀通詞を介してのコミュニケーションがうまくいかずに、オランダ人教師も伝習生も苦労が多く、昌平坂学問所で「少年才子の誉」、「英敏の聞え」があった矢田堀景造、塚本明毅、永持亨次郎もこの暗記には苦労した(勝海舟著、江藤淳・勝部真長編(一九七二)、一二六頁)、と回顧している。

(58)カッテンデイケ著・水田信利訳(一九六四)、七三頁。

(59)同上書、五四頁。

(60)同上書、五四頁。

(61)同上書、五四頁。

(62)藤井哲博によれば、伝習生に特定の知識や技術を習得させようとする方針は海軍伝習が開始された直後に決定しており、第一期の幕府伝習生には重点的に習得すべき内容と受講すべき科目を提示している。ただし、この方針にはレイケンが疑問を抱いて、時間節約のために重点的に修学すべき内容を決定しているとの永井の説明を承諾しつつも、受講科目制約については反対し、教育の主導権はオランダ人教師団が持つことを確認している(藤井哲博(一九九一)、五八—五九頁)。

(63)カッテンデイケ著・水田信利訳(一九六四)、五四頁。

(64)同上書、五四頁。

(65)もちろん、カッテンデイケは伝習生たちに不満ばかりを抱いていたわけではない。例えば、「皆々名家の子弟であるにかかわらず、彼等は常に賤しい水夫のごとく立ち働」く、「榎本釜次郎氏(武揚)のごとき、その先祖は江戸において重い役割を演じていたような家柄の人が、二年来一介の火夫、鍛冶工および機関部員として働いている」、「機関将校の肥田浜五郎氏も……オランダや他のヨーロッパ諸国では、とても望まれないようなこと、すなわち機関将校がまた甲板士官でもあって、甲板士官の代役を勤め得るというようなことが、日本では普通に行われる」、などと伝習生の熱心な学習態度にしばしば感心することもあった(同上書、八五頁）。

(66)「正月十三日老中達書（各通）　長崎在勤目付長崎奉行並軍艦操練掛へ　蒸気船運用其外諸術伝習差止の件」、東京帝国大学編（一九三九）、四九頁。

(67)例えば、観光丸による長崎と江戸の航海には二三日の日数を要した（カッテンデイケ著・水田信利訳（一九六四）、七六頁）。

(68)レイケン率いる二二名の第一次オランダ人教師団には年間銀一九七貫二五〇目（勝海舟著、江藤淳・勝部真長編（一九七一）、一一九頁）、カッテンデイケ率いる三六名の第二次オランダ教師団には年間銀四四七貫目の手当を幕府は支払っている（同上書、一六五頁）。

(69)カッテンデイケ著・水田信利訳（一九六四）、五八頁。

参考文献

翻刻史料

「九月十三日長崎在留の蘭国船将キュルチユス覚書長崎奉行へ差出　帆船蒸気船注文の件」、東京帝国大学編『大日本古文書　幕末外国関係文書』二、東京帝国大学、一九一〇、所収

「栄之助より口達為致候覚書」、同上史料所収

「下ケ札」、同上史料所収

「九月二十日長崎在留の蘭国船将キュルチユス覚書長崎奉行へ差出　帆船蒸気船注文の件」、前掲『大日本古文書　幕末外国関係文書』二、所収

「下ケ札」、同上史料所収

「九月二十二日長崎在留の蘭国船将キュルチユス覚書長崎奉行へ差出　帆船蒸気船注文の件」、前掲『大日本古文書　幕末外国関係文書』二、所収

「下ケ札」、同上史料所収

「十月長崎会所調役（？）福田猶之進覚書　蘭人へ蒸気船帆船等注文の件」、東京帝国大学編『大日本古文書　幕末外国関係文書』三、東京帝国大学、一九一一、所収

「軍艦、蒸気船持渡り候上取計方の儀伺い奉り候書付」、勝海舟著、勝部真長・松本三之助・大口勇次郎編『開国起源』Ⅱ、勁草書房、一九七九、所収

「嘉永七年寅七月六日　か飛たん申し上げ候横文字和解」、同上書、所収

「閏七月二日和蘭軍艦スムービング艦長ファビユス意見書　日本海軍創立の件」東京帝国大学編『大日本古文書　幕末外国関係文書』七、東京帝国大学、一九一五、所収
「閏七月十日和蘭軍艦スムービング艦長ファビユス意見書　日本海軍創立の件」、同上書、所収
「閏七月十三日長崎奉行書翰　和蘭甲比丹キュルチユスへ　海軍創立の件」、前掲『開国起源』Ⅱ、所収
「同年八月大目付・目付評議書」、同上書、所収
「和蘭蒸気軍艦船将グファビユスより教授方の儀、甲比丹をもって差出で候書翰和解」、勝海舟著、江藤淳・勝部真長編『海軍歴史』Ⅰ、勁草書房、一九七一、所収
「船将次官より教授のため士官その外残し置候儀につき加比丹へ差遣わし候横文字和解」、同上書、所収
「阿蘭陀蒸気船渡来、献上物仕りたき段申し立て候儀、そのほか取計方の儀、伺い奉候書付」、前掲『開国起源』Ⅱ、所収
「正月十三日老中達書（各通）　長崎在勤目付長崎奉行並軍艦操練掛へ　蒸気船運用其外諸術伝習差止の件」、東京帝国大学編『大日本古文書　幕末外国関係文書』二二、東京帝国大学、一九三九、所収

公刊物
安達裕之『異様の船——洋式船導入と鎖国体制——』平凡社、一九九五
井上琢智『黎明期日本の経済思想——イギリス留学生・お雇い外国人・経済学の制度化』日本評論社、二〇〇六
勝海舟著、江藤淳・勝部真長編『海軍歴史』Ⅰ、勁草書房、一九七一
カッテンデイケ著・水田信利訳『長崎海軍伝習所の日々』平凡社、一九六四
金澤裕之『幕府海軍の興亡——幕末期における日本海軍の創設——』慶應義塾大学出版会、二〇一七
ファビウス著・フォス美弥子編訳『海国日本の夜明け——オランダ海軍ファビウス駐留日誌——』思文閣出版、二〇〇〇
藤井哲博『長崎海軍伝習所——十九世紀東西文化の接点——』中央公論社、一九九一

筆者撮影

史跡紹介

旧長崎県庁舎跡地　長崎市江戸町二－一三

長崎県庁は明治七年（一八七四）から平成三〇年（二〇一八）まで長崎市江戸町にあったが、江戸時代にはここに長崎奉行所西役所があった。それゆえに、同地は長崎の政治の中心地であったという一面を有する。海軍伝習はこの西役所内でおこなわれていた。なお、江戸時代以前にはイエズス会本部があり、同地は異文化を受容する窓口であったというもうひとつの顔がある。

第一〇章　幕末期における長崎のグラバー商会と志士たち

――長州藩・薩摩藩のイギリス留学――

田口由香

図１　ウェストミンスター（イギリス ロンドン）
筆者撮影

はじめに

文久三年（一八六三）、幕府によって海外渡航が禁止されるなか、五人の長州藩士が横浜からイギリスに向け密航留学を挙行した。近年、その五人は「長州ファイブ」とも呼ばれる。また、慶応元年（一八六五）には、薩摩藩士一九人が鹿児島の羽島から、同じくイギリスに向けて出航した。その一九人は、近年、「薩摩スチューデント」とも呼ばれている。

長州藩と薩摩藩の留学生は、ロンドンのユニヴァーシティ・カレッジ・ロンドン（University College London, UCL）で学んだ。現在、その中庭には両藩の留学生の顕彰碑が建てられている。

本章では、「幕末期における長崎のグラバー商会と志士たち」として、長崎の外国人居留地にあったトーマス・グラバーによるグラバー商会と長州藩と薩摩藩のイギリス留学生の関わりについて取り挙げる。ここではまず、本論に入る前に次の三点について考えてみたい。

図２　留学生顕彰碑（ユニヴァーシティ・カレッジ・ロンドン、イギリス ロンドン）
筆者撮影

（１）明治維新とは何か

平成三〇年（二〇一八）は、明治維新から一五〇年を迎え、各地で様々なシンポジウムや講演会、イベントが開催された。ＮＨＫ大河ドラマでも「西郷《せ》《ご》どん」が一年を通して放送され、西郷隆盛に関心を集めるとともに、薩摩藩、現在の鹿児島県に足を運ぶ人々も多かった。このように、二〇一八年は多くの人々が明治維新に関心を寄せる年になったが、その大多数は西郷隆盛、坂本龍馬など維新の志士に対するもので、明治維新とは何だったのだろうか、なぜ一五〇年前に明治維新が起こったのだろうか、と疑問をもつことは少なかったのではないだろうか。

まず「明治維新とは何か」。「明治維新」とは、正確には「維新」、すべてが改まる変革を意味するため、明治政府による諸改革が行われた明治一〇年（一八七七）頃までの期間を含むとする考え方もある。そのため、二〇一八年には、山口県のように、一八六八年に慶応から明治に元号が改まったことを指して「明治改元一五〇年」とした地域もあった。「維新」に対する見解として英訳を見てみると、その多くは“Meiji Restoration”、つまり王政復古を意味する訳になっているが、二〇一七年に『Oxford Research Encyclopedia of Asian History』の「明治維新」の解説を行った三谷博氏は、“Meiji Revolution”、つまり革命を意味する訳をあてている（Published online April 2017, http://

oxfordindex.oup.com/〉。三谷氏は、維新全体は「王政復古」を「はるかに上回る規模の政体と社会の大変革だった」と、明治維新を革命“Revolution”として評価しているのである（三谷 二〇一二）。このように、明治維新を王政復古ではなく、日本の歴史上の革命と位置づける動きもあるのである。

（２）なぜ一五〇年前に明治維新が起こったのか

次に「なぜ一五〇年前に明治維新が起こったのか」。日本における明治維新の背景には、一八世紀にイギリスで産業革命が起こって以降、欧米諸国が進めた市場開拓のためのアジア進出がある。「世界のなかで日本はどこにあるのか」とあらためて考えてみると、ヨーロッパから見て日本は東側、アジアのなかでも東アジア、いわゆる「極東」と呼ばれるように東アジアの極めて東に位置している。

欧米諸国から見て「極東」に位置する日本では、欧米諸国のアジア進出を対外的危機と捉えて、国家の独立を守るために対等な立場での外交関係を確立しようとした。明治維新とは、欧米諸国のアジア進出に対抗するために必要な国家体制を模索するなかで進められた。このように、一五〇年前に明治維新が起こったのは偶然ではなく必然だったと言えるのである。

（３）イギリスがどのような外交方針をとっていたのか

一九世紀、イギリスがとっていた外交方針は「自由貿易帝国主義」だった。一九五〇年代、イギリスの歴史家ギャラハーとロビンソンは、「もっとも一般的なイギリス拡大の政治的方法は、自由貿易と友好の条約を弱体国と締結または強要することだった。“But perhaps the most common political technique of British expansion was the treaty of free trade and friendship made with or imposed upon a weaker state.”」（John Gallagher & Ronald Robinson, “The Imperialism of Free Trade” The Economic History Review, New Series, Vol. 6, 1953）として、日本の修好通商条約を挙げ

ている。そして、「これらすべての条約は、イギリス政府がこれらの地域との貿易を進展させることができるようにした。"… all these treaties enabled the British government to carry forward trade with these regions."」（同）とした。つまり、イギリスはアジア諸国など発展途上の国とは、不平等条約のもとでイギリス側が優位に立って利益を得る貿易をしようとしたのである。このような外交方針をとるイギリスなど欧米諸国のアジア進出は、幕末期の日本にとって脅威となっていた。

本章では、以上のような欧米諸国のアジア進出のなか、なぜ長州藩と薩摩藩がイギリスに留学生を派遣したのかを視点として、「幕末期における長崎のグラバー商会と志士たち」についてみていきたい。

第一節　長州藩留学生

（1）なぜ長州藩は攘夷をしながら留学させたのか

文久三年五月一〇日（一八六三年六月二五日）、長州藩は関門海峡を通航する外国船の砲撃を始めた。攘夷実行である。攘夷方針は、前年の文久二年九月二〇日（一八六二年一一月一一日）に朝廷が決定し、幕府にも督促したことで文久三年四月二〇日（一八六三年六月六日）に幕府（一四代将軍徳川家茂）が五月一〇日を攘夷の期限に確定した。このように、関門海峡での長州藩による攘夷実行は単独で行ったのではなく、背景には長州藩の周旋活動があったものの、朝廷・幕府による攘夷方針の決定と諸藩への命令に対応して行ったものである。長州藩は攘夷期限当日の五月一〇日深夜、関門海峡に蒸気を落として停泊していたアメリカ商船ペンブローク号を砲撃、さらに、同月二三日にフランス軍艦キャンシャン号、二六日にはオランダ軍艦メデューサ号を砲撃した。

このように攘夷を実行するなかで、五月一二日（六月二七日）に五人の留学生がイギリスに向けて横浜を出航したのである。長州藩が派遣した留学生とは、井上馨（二九歳）・遠藤謹助（二八歳）・山尾庸三（二七歳）・伊藤博文（二三歳）・井上勝（二一歳）である。この五人は帰国後、明治期に伊藤博文が初代総理大臣となり、伊藤内閣のもと初代外務大臣に井上馨、法制局長官には山尾庸三が就任して政府の重職を担った。また、山尾庸三は帰国後に工部省の設立に努め、現在の東京大学工学部の前身となる工部大学校の創設にも尽力し、遠藤謹助は初代大阪造幣局長となって洋式新貨幣を鋳造、井上勝は鉄道庁長官となって蒸気機関車の国産に尽力した。留学した五人は帰国後に近代国家確立のため、政治と産業の分野でそれぞれ貢献することになる。

このような長州藩による攘夷の決行と留学生の派遣とは矛盾するように見えるが、なぜ長州藩は攘夷をしながら留学させたのだろうか。長州藩では、次のような方針をとっていた。

図３　長州砲レプリカ（下関市・みもすそ川公園）
筆者撮影

文久三年（一八六三）四月、長州藩政府員の周布政之助は大坂の大黒屋に留学の資金を借りる際、その目的を手代の佐藤貞次郎に「長州に於て、一つの器械を求度思ふなり、その器械と云ふは、人の器械なり」（『周布政之助傳』下）と、派遣する藩士を「人の器械」と表現して武器や軍艦を購入するのと同じと話した。では、なぜ攘夷をするのだろうか。周布は続けて、「一旦日本の武を彼に示すのみ、後必す各国交通の日至るへし」（同）と、攘夷は欧米諸国に日本の武威を示すだけであり、その後必ず外交関係を持つ日が来るとした。そして、「其時に当て、西洋の事情を熟知せすんは、我国一大之不利益なり」（同）と、開国した時に西洋の状況などを知らなければ不利になると話している。

このような周布の説明にもみられるように、長州藩では、幕府が受け身的に諸外国と締結した不平等な条約のもとでの外交関係に植民地化の危機を感じており、一旦は攘夷を行うことでその関係をゼロに戻し、あらためて主体的に外交関係をもつことで諸外国と対等な関係を築こうとしていた。そのため、無謀に見える攘夷の実行は、長州藩士の久坂玄瑞が木戸孝允に宛てた手紙のなかで、「攘夷之儀に付而は、始より成算のある事にては無之、国体之立不立、大義之欠不闕とにこそあれは、今更一点も動揺ありては不相叶候は勿論に候」（元治元年（一八六四）四月一六日ヵ木戸孝允宛久坂玄瑞書簡『木戸孝允関係文書』三）と述べているように、攘夷は勝敗にかかわらず「国体」を立てる、つまり国家の独立を保つために必要と考えられていた。以上のように、長州藩では、一旦は攘夷、後に主体的な開国という方針のため、攘夷と平行して人材を育成する必要から五人の藩士をイギリスに派遣したのであり、攘夷実行と留学生派遣とは矛盾しないのである。

攘夷実行の動きのなかでイギリスに向かうことになった五人の藩士においても、出航する前日に「生た器械を買候様被思召、御緩容奉願上候」（文久三年五月一一日長州藩政府宛書簡『伊藤博文傳』上）と、周布が表現したように「生た器械」になるために留学の資金が必要と説明した。また、一二日の出航直前に詠んだ詩では、「ますらを（丈夫）のはじをしのびてゆくたびは すめらみくに（皇御国）のためとこそしれ」（同）と、髪《まげ》を切り、洋服を着るという当時の武士としての恥を忍んでまでしてイギリスに向かうのは日本の将来の役に立つと思うからだと、留学の決意を示すとともにその心情を認めている。

（2）長州藩留学生の動向

文久三年五月一二日、長州藩留学生五人はジャーディン・マセソン商会のチェルスウィック号に乗船して横浜を出航した。上海に入港して、山尾・遠藤・井上勝の三人はホワイト・アッダー号、井上馨・伊藤はペガサス号に乗り込んでそれぞれイギリスのロンドンに向かった。ホワイト・アッダー号に続き、九月二三日（一一月四日）にペガサス号がロンドンに入港すると、井上馨・山尾はガワー街のクーパー邸、伊藤・井上勝・遠藤はプロヴォスト街のウィリアムソン博士のもとに滞在し、ユニヴァーシティ・カレッジ・ロンドン法文学部の聴講生として分析化学など受講した。

滞在中、新聞で長州藩による外国船砲撃の記事などを見ると、井上馨は「自分の国が亡びた時には、どこでその海軍の学術を実際に応用することができようか、欧羅巴の形勢事情を説いて攘夷の方針を変じて、尊王開国の方針を執らせるようにしよう」(「旧懐談」『防長史談會雑誌 第一七号』)と、ロンドンの進んだ技術を目にしたことで、長州藩の方針である一旦攘夷の危険性を悟った。そして、開国に早く移行するように説得するため、井上馨と伊藤の二人は三月中旬にロンドンを出航することとなった。山尾・遠藤・井上勝の三人は残り、それぞれ西洋技術の習得に努めた。

図4 ユニヴァーシティ・カレッジ・ロンドン〔UCL〕(イギリス ロンドン)
筆者撮影

第二節 薩摩藩留学生

(1) なぜ薩摩藩は留学させたのか

慶応元年三月二二日(一八六五年四月一七日)、イギリスに向けて薩摩藩士一九人が羽島(現鹿児島県いちき串木野市羽島)を出航した。薩摩藩の場合は、西洋知識の習得を目的とした留学生一五名と武器などの購入を目的とした使節四人が同行しており、藩士のイギリス派遣は二つの目的をもっていた。使節は新納《にいろ》久脩・寺島宗則・五代友厚・堀孝之の四人、留学生は町田久成・畠山義成・名越時成・村橋久成・朝倉盛明・鮫島尚信・松村淳蔵・森有礼・高見弥一・東郷愛之進・吉田清成・長沢鼎・町田申四郎・町田清蔵・中村博愛の一五人である。帰

図５　薩摩藩留学生像（鹿児島中央駅前）
筆者撮影

国した薩摩藩の一九人も長州藩の五人と同じく、森有礼が伊藤博文内閣の初代文部大臣に就くなど、それぞれ政治と産業の分野で近代国家の確立に貢献することになる。

なぜ薩摩藩は藩士を留学させたのだろうか。羽島を出航する前年の元治元年（一八六四）五月（または六月）頃、使節の一人であり、明治期に大阪商法会議所の初代会頭として大阪経済界を支えた五代友厚は、薩摩藩政府に上申書を提出している。五代は、「我国ノ貿易ハ勿論、上海・広東・天津迄モ御運送盛大ニ御手術相伸候ハ、（中略）広大ノ御国益罷成」、「天下ノ形勢開国ニ帰シ、普ク富国強兵ノ世体罷成」（「六二七　五代才助上申書」『鹿児島県史料　忠義公史料』第二巻）と、上海などとの貿易によって藩内産物である昆布・海鼠・干鮑などを輸出して利益を得ることは藩の利益になるとして、開国することで貿易利益によって富国強兵の体制が整うとする。そして、「英仏両国へ遊学人数十六人、（中略）右人数ハ英仏ノ軍務、地理、風俗、巨細ニ見分イタシ罷帰リ候様」と、イギリスとフランス両国に留学生一六人を派遣し、軍事・地理・風俗を調査させるとした。五代は、開国を前提として、対外貿易による利益と留学生派遣による西洋技術と情報を獲得することを提案したのである。

（2）どのようにして薩摩藩は留学生派遣と武器購入を行ったのか

慶応元年（一八六五）五月二八日、ロンドンに到着した留学生一五名は、ウィリアムソン博士のもとで長州藩留学生と同じユニヴァーシティ・カレッジ・ロンドンで学んだ。また、使節として派遣された四名は、イギリス商社のジャーディン・マセソン商会から武器などを購入する。薩摩藩は、どのようにしてイギリスへの留学生派遣とイギリス商社からの武器購入を行ったのだろうか。

一九人の薩摩藩士には、ライル・ホーム（Ryle Holme）が同行していた。ライル・ホームは、グラバー商会の番頭を務めるイギリス人であり、従来からグラバー商会と薩摩藩の連絡役を担当していたことから、薩摩藩が留学生をロンドンに派遣する際に「一行の渡航中一切の世話をするため」にグラバーが選んだ人物である（犬塚 一九七四）。また、ライル・ホームは直接ジャーディン・マセソン商会から薩摩藩に代行して武器を購入する役割も担った。慶応二年三月二六日（一八六六年五月一〇日）にジャーディン・マセソン商会が発行した覚書には、「Memo: of 166 packages Fire Arms etc purchased by Mr R. Holme under credit on account of Prince Satsuma and shipped by sundry vessels to Shanghai」、薩摩藩主の代理としてライル・ホーム氏が貸付によって購入し、上海に数隻の船で輸送された一六六箱の銃器などの覚書とあり、ライル・ホームが薩摩藩主に代行して武器の購入を行ったことが記載されている（慶応二年三月二六日（一八六六年五月一〇日）付ロンドンからの覚書と明細書（“Memoranda and accounts from London” JM/A8/126/1/4. Jardine Matheson Archive, ケンブリッジ大学図書館寄託）。このように、薩摩藩はグラバー商会の支援を受けることで、イギリスへの留学生派遣と武器購入を実行することができた。

おわりに

本章では、「幕末期における長崎のグラバー商会と志士たち」として、グラバー商会と長州藩と薩摩藩のイギリス留学生の関わりをみてきた。グラバー商会による武器購入の支援が、慶応三年一二月九日（一八六八年一月三日）の王政復古による幕府廃止につながり、日本が近代国家の確立に着手する突破口を開き、西欧の政治制度や技術を学んだ留学生によって、明治期の日本の近代化が進められたのである。

参考文献

犬塚孝明『薩摩藩英国留学生』中央公論社、一九七四
――『密航留学生たちの明治維新―井上馨と幕末藩士』日本放送出版協会、二〇〇一
金井圓『描かれた幕末明治』イラストレイテッド・ロンドン・ニュース日本通信 1853 ~ 1902、雄松堂書店、一九七三
田口由香「イギリス史料からみた幕末薩摩藩とイギリスとの関係」(平成二九年度)『平成二八年度~平成三〇年度 明治維新一五〇年若手研究者育成事業研究成果報告書』鹿児島県、二〇一九年三月、https://www.pref.kagoshima.jp/af23/wakatehoukoku.html
――「慶応期薩摩藩とイギリス政府・イギリス貿易商社との関係」(平成三〇年度)(同右)
――『海外から見た幕末長州藩―イギリスから見た下関戦争―』萩ものがたり六〇、二〇一八
町田明広『グローバル幕末史 幕末日本人は世界をどう見ていたか』草思社、二〇一五
道迫真吾『長州ファイブ物語―工業化に挑んだサムライたち―』萩ものがたり二八、二〇一〇
三谷博『明治維新を考える』岩波書店、二〇一二
宮地ゆう『密航留学生「長州ファイブ」を追って』萩ものがたり六、二〇〇五

参考史料

『伊藤博文傳』上巻、春畝公追頌會、一九四〇
『鹿児島県史料 忠義公史料』第二巻、鹿児島県、一九七五
『木戸孝允関係文書』第三巻、東京大学出版会、二〇〇八
『世外井上公傳』第一巻、原書房、一九六八
『周布政之助傳』下巻、東京大学出版会、一九七七
『修訂防長回天史』四、マツノ書店、一九九一
『防長史談會雑誌』第二巻、国書刊行会、一九七六

筆者撮影

コラム　薩摩藩蔵屋敷跡（長崎市銅座町）

本文中で言及した、薩摩藩の留学生に同行したグラバー商会のライル・ホームは、ロンドンで薩摩藩主に代行してジャーディン・マセソン商会から一六六箱もの銃器などを購入したが、その荷物は同商会の上海支店に船便で送られることになっていた。慶応二年三月（一八六六年四月）中旬頃、留学生よりも先に帰国したライル・ホームは、三月一九日（五月三日）長崎からジャーディン・マセソン商会の上海支店に書簡を出している（下線は引用者による）。

Messrs Jardine Matheson & Co. Shanghai
Dear Sirs

We beg to advise having shipped by the bearer to your consignment 1344 Bales Long seaweed received from the Satzuma Agent here for realization in Shanghai proceeds to be placed against the loan of $60000 advanced him for trading purposes…

("Business letters Nagasaki" JM/B10/4, Jardine

Matheson Archive, ケンブリッジ大学図書館寄託）

ライル・ホームは、長崎の薩摩藩蔵屋敷から上海支店に輸送した昆布などの海藻をロンドンで購入した武器代金と薩摩藩がジャーディン・マセソン商会に借りているローン（貸付金）の支払いに充てようと、良いレートで販売するためのアドバイスを上海支店の担当者に依頼したようである。

文中の下線部“the Satzuma Agent here”は薩摩藩の長崎代理店、つまり長崎におかれた薩摩藩蔵屋敷を指すと思われる。その場所は現在の長崎市銅座町にあたり、「薩摩藩蔵屋敷跡」として史跡紹介されている。その他にも現在の興善町には長州藩や小倉藩の蔵屋敷があったが、江戸時代、長崎市内には西国一四藩の蔵屋敷が置かれており、各藩の聞役が長崎奉行と諸藩との連絡や情報収集などを行っていた。

また、書簡は現在、「ジャーディン・マセソン商会文書（Jardine Matheson Archive）」としてケンブリッジ大学図書館（Cambridge University Library）に寄託されている。このように数か国の海外所蔵史料などを用いる研究方法は、マルチ・アーカイヴァル・アプローチ（multi-archival approach）と呼ばれる。ひとつの事象を多角的な視点からみることで、より客観的で具体的な歴史像が明らかになってくるのである。

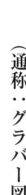

第一一章　倉場富三郎が遺した日本西部及南部魚類図譜（通称：グラバー図譜）

山口敦子

図１　グラバー図譜よりカガミダイ／長谷川雪香 画
本物そっくりに描かれている。なお、原図は現在、長崎大学附属図書館・貴重資料室に所蔵されている。

はじめに

今から遡ること約百有余年、一九一二年から、長崎に水揚げされた魚類を中心に製作が始まった「グラバー図譜」こと日本西部及南部魚類図譜の存在はどのくらいの人に知られているだろうか。イギリスから長崎にやってきた貿易商人トーマス・ブレーク・グラバーは幕末から明治にかけて華々しく活躍した。では、その息子トーマス・アルバート・グラバー（倉場富三郎、以下富三郎）の功績を知る人はどのくらいいるだろうか。彼が遺した功績に対し、今日まで知られていることはあまりに少ない。

筆者は、魚類学や水産資源学を主な専門とする研究者である。二〇〇〇年の暮れに長崎大学に赴任して間もない頃、定年退職を迎える教授の研究室の整理を手伝った際に、長崎大学水産学部が一九七三年から五年を費やして学名を再検討した上で全五巻にまとめて出版したグラバー図譜を初めて見た。ページをめくってみると図譜の美しさと精緻さ、描かれた種数の多さに驚いた。その後、しばらく長崎大学で過ごすうちに、どんな経緯があって図譜が作られ、長崎大学に保管されているのか、という疑問とともに、図の作風や出来栄えにそれぞれ優劣や個性があることも通常の図鑑にない面白さが感じられ、図譜や作者、そしてその時代背景に興味を持つようになった。

グラバー図譜に先行して、オランダ商館の医師として最初に長崎にやってきたツュンベリー（C. P. Thunberg）、続いてシーボルト（P. F. B. von Siebold）、さらにその後任のビュルガー（H. Bürger）らが長崎滞在中に集めた魚類標本と、長崎の絵師・川原慶賀の描いた下絵をもとに、ライデン博物館の研究者であるテミンク（C. J. Temminck）やシュレーゲル（H. Schlegel）らが中心となり一八三三〜一八五〇年にかけて出版した日本動物誌（Fauna Japonica：鳥類、魚類、甲殻類、哺乳類、爬虫類の合計四三分冊）の存在がある。スウェーデン出身の生物学者・リンネが確立した新しい分類体系に基づく、日本産では初の専門書である。なお、ツュンベリーはリンネ（C. von Linné）の直弟子であり、リンネが日本に調査に行くよう指南したのだという。最多の一六分冊からなる魚類篇についても、日本産（多くが長崎産）の標本に基づき、その形態等の記載とともに学名が命名されており、今日に至るまで学術上極めて重要なものとなっている。その存在を考えても、富三郎が単独で私財を投じてまで、同じ長崎産の魚類図譜を作ろうと思い立ったのはなぜだったのだろうか。

筆者は、長崎大学から各季節刊行されている広報誌「Choho《チョーホー》」で二〇一〇年以降、グラバー図譜に掲載された生物を毎回一種ずつ取り上げて解説している。筆者自身、長崎大学に職を得て初めて長崎に住むことになったため、それ以前にグラバー図譜について詳しく知る機会はなかった。しかし、専門の魚類やその生態系研究を通じて、かつての経験にないほど、長崎周辺の環境の多様性と魚類相の豊かさに驚き、その一方で、水産資源の減少要因を探り、生態系と生物多様性の保全を講じるにはあまりに基礎的な魚類相に関する調査研究が乏しいことにも気づいた。こうした背景からその必要性にかられ、生態研究の傍らでコツコツと魚類標本の採集、形態の計測、学名の決定、標本の作製と標本写真の撮影をはじめ、早二〇年近くが経過している。こうして標本を保存し、維持管理することで、分類や生態情報の把握などに役立てられる貴重なコレクションが整いつつある。しかし、三メートルも超えるような大きなサメ・エイ類ともなれば、一尾を運ぶことすらままならない。種名の同定や測定の後、鮮度の良いうちに標本撮影を終える必要があり、早朝の調査から研究室での研究、そして夜を超えての標本作成などは膨大な仕事量で、専門的な技術と知識を要する上に、直ぐに大きな成果が得られるわけでもない。実際に経験した人なら誰しも、簡単なことではないと身に染みるはずである。それでも突き動かすものは何だったのか。富三郎の魚類に対する強い興味と、図譜作成に賭けた思いが並々ならぬものであったことまでは容易に想像できる。しかし、先人により解釈されてきたように「日本にトロール漁業を初めて導入し、様々な魚が水揚げされるようになると、生物学を学んでいた富三郎がそれを図譜に残そうと思い立ったのは想像に難くない」というような単純なものではなかったと思えてならない。一枚一枚の図譜に当時の長崎の魚や海、漁業、そして歴史を振り返りつつ、あらためて調べ直し、魚類や水産業に関わる研究者としての視点で本稿をまとめることで、グラバーが図譜を遺した意義とそれにまつわる真実を紐解く足がかりとしたい。

なお、富三郎の経歴や当時のエピソードについては、『グラバー家の最期』、『グラバー家の人々』、『トーマス・グラバーと倉場富三郎』などを参考にした。

第一節　日本西部及南部魚類図譜（通称：グラバー図譜）とは

この図譜は明治末から昭和初期にかけての約二五年間に、倉場富三郎（Thomas A. Glover：1870–1945）により長崎

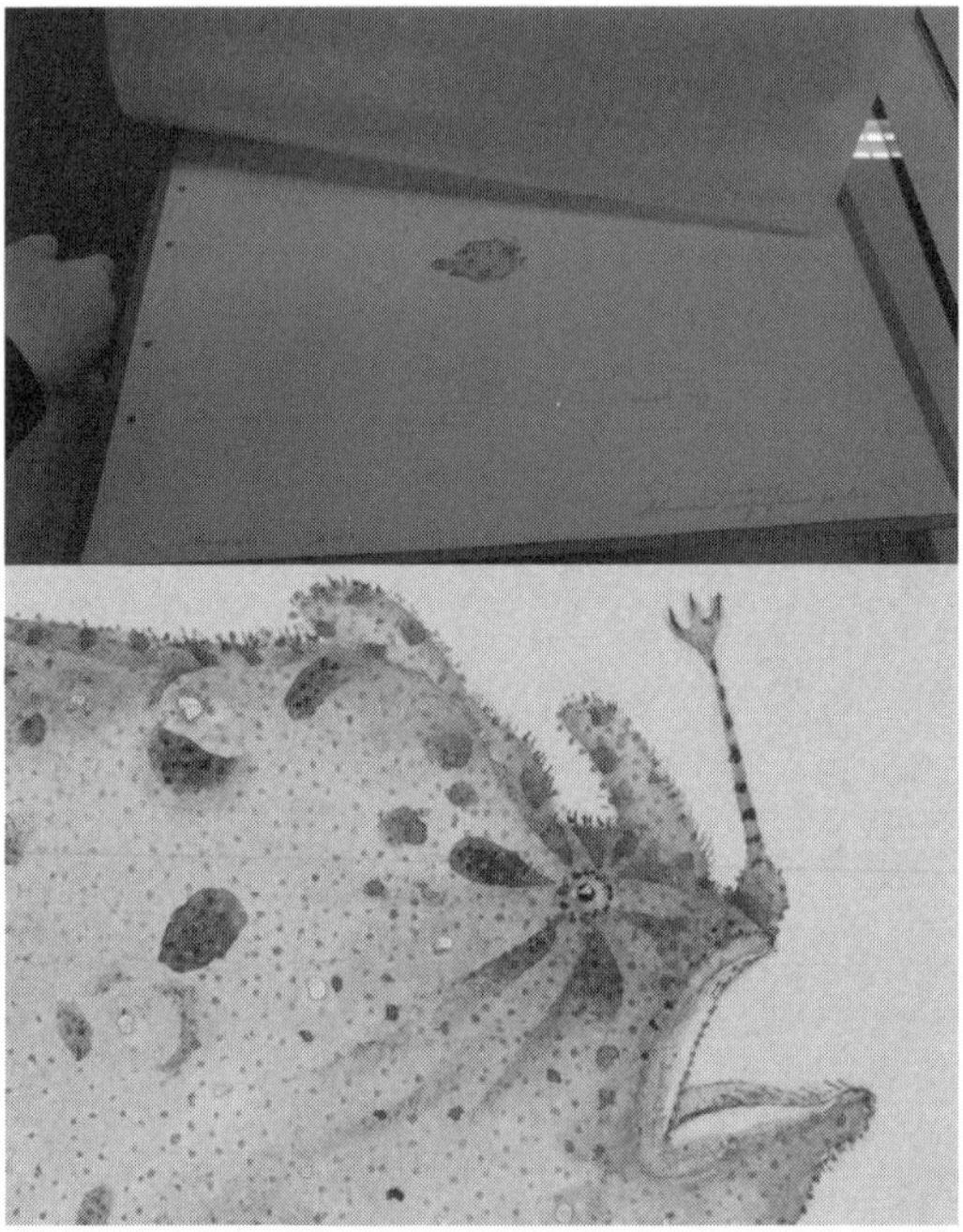

図２　原寸大で描かれたカエルアンコウ／萩原魚仙 画
上：全長５センチほどの小さな魚図、下：頭部を拡大してみると、いかに細やかに描かれているかがわかる。

で作成・編纂された図鑑である。全三二集（八〇六図）に及ぶ図譜には約六〇〇種の魚類が描かれたほか、魚類に比べて圧倒的に数は少ないものの、甲殻類や貝類、頭足類、鯨類なども描かれている。富三郎は、長崎在住の五人の画家（小田紫星、長谷川雪香、中村三郎、萩原魚仙、井上寿一）を雇い、画家たちに生物画の描き方を説き、形態や色彩から、鱗数や棘軟条数に至るまで正確に描写させた。なお、長崎大学水産学部は、一九七三年から約五年を費やして文部省から得た特別事業費をもとに図版の出版事業に取り組み、『グラバー図譜：日本西部及南部魚類図譜』全五巻（非売品）を出版している。

富三郎は、早朝自ら魚市場に出かけ、図譜に取り上げる種を見つけては購入し、鮮度の良いうちに自家用車で画家の家に運び、スケッチをさせた。魚の種類や特徴を説明し、どのように描けば一番魚を生かせるか、アドバイスもした。魚の場合は生きている時の色彩の保存が出来ないため、時には水槽中に活かしながら最も鮮度の良いうちに画家に図譜を描かせたという。各図譜に鉛筆で記された種の学名は富三郎が文献で調べた上で決定したもので、長崎での魚の呼び名（地方名）もあわせて記載している。図譜のモデルとなった標本の採集年月日、採集場所の記録も残され

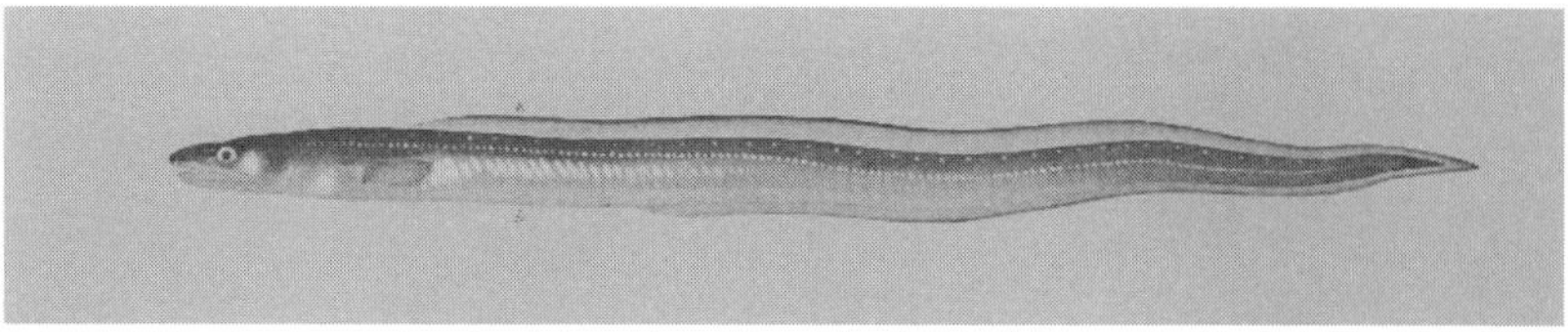

図3　マアナゴ／小田紫星 画

採集日は1912年4月3日。小田による図譜で最も古い日付のもの。最初に描かれたのはイッテンアカタチではなかった？

ている。画紙には、縦三六ｃｍ、横四九ｃｍの英国製ケント紙が使われており、ケント紙に収まる大きさであれば原寸大で、サメのように大きな魚の場合は、縮尺して描かれたとみられる。

図譜には、今では長崎で見られなくなった魚も描かれており、当時の長崎に水揚げされていた魚の種類や長崎での呼び名を知ることもできる歴史・文化的な価値も高い資料である。

第二節　図譜を描いた画家たち

(1) 図譜の製作過程と五人の画家

図譜の製作は一九一二年に始まったものとみられる。画料は一枚一円。図譜の作成を始めた当初に雇った画家は、長崎出身で東京美術学校出身の洋画家・小田紫星（当時三四歳）であった。本格的な技法を身につけた画家であっても、学術的な図譜となればそう簡単ではなかったに違いない。外部形態、鱗数や各鰭の棘数、色彩、斑紋など細部まで正確に書くことが要求される。小田はひと月に多い時には二九枚もの図譜を書き、一九一三年の六月までに約一四〇枚を書き上げたという。最後の図を描いてから一一日後に、小田は急逝した。もともと体が弱かった上に、図譜の作成に根を詰めすぎたのではないかと指摘するものもいる。富三郎は、新たな画家を探すこととなり、ともに三〇代の日本画家、狩野派の女流画家・長谷川雪香と四条流系・萩原魚仙が加わった。さらにそのしばらく後の一九一六年には中村三郎と井上寿一が加わっている。ただし、小田の存命中に長谷川雪香が加わったと記すものもあり、いつどのような経緯で彼らが加わることになったのかを正確に把握することは難しい。さらに、最も古い魚図〝イッテンアカタチ〟の標本採集日が一九一二年一月五日となっていることを根拠に、図譜の作成が一九一二年一月から始まったと考えられている。筆者がその図にあるサインを確認したところ、明らかに萩原のものでH五五の文字がある。つまり、五五番目に書かれた図である。次に採集日が古い魚譜は三か月後の一九一二年四月三日に採集されたマアナゴで、同じ四月にはイトヨリなど数点、五月以降も連続して描かれているところからすると、一九一二年四月から図譜の作成が始まったと考えるのが妥当であろう。東京にいた富三郎の父グラバーが、一九一一年一二月一六日、食事中に倒れ急死しており、それを機に図譜の作成を始めたとする説もあるが、長崎から汽車で東京まで出かけ、葬儀を終えて長崎に戻り、全ての手はずを整えて、一月五日に製作を始めたというのもあまりに急すぎる。一九一二年一月五日の日付が間違いであったとしたら、合点がいく。

図譜には画家それぞれの頭文字がサインされている。萩原魚仙と長谷川雪香のサインはいずれもHである。長崎大学水産学部で図譜の出版事業を行った際に、サインの書き方とともに、画法や筆運び、絵の具の使い方などの特徴の相違点を含め、長崎在住の画家・甲斐宗平に依頼して数回原図を精査し、特定されたようである。富三郎は、描く対象により、画風の異なる長谷川と萩原を使い分けたというが、〝シマフグ〟の魚譜などのように、二人共のサインが記入されたものも数枚あり、二人の図には大変よく似たものもある。必要な時には共同作業がなされ、作業を通じてお互いに影響を受けたことが推測できるが、詳細は不明である。一九七〇年代の長崎大学水産学部の調査によれば、一九一二〜一九一八年までの間に大半の図が描かれており、小田は約一四〇枚、長谷川は約一六〇枚、萩原は約一八〇〇枚、中村は約二八〇枚で、一九一九〜一九三三年までの一四年間では主として中村が十数枚書いているに過ぎないという。しかし、最後まで描いていたのは萩原であり、中村は一九二一年に三二歳という若さで亡くなっているため、これも正確ではなさそうだ。なお、井上寿一は中村三郎名で十数枚を描いたと伝えられている。富三郎は画料を

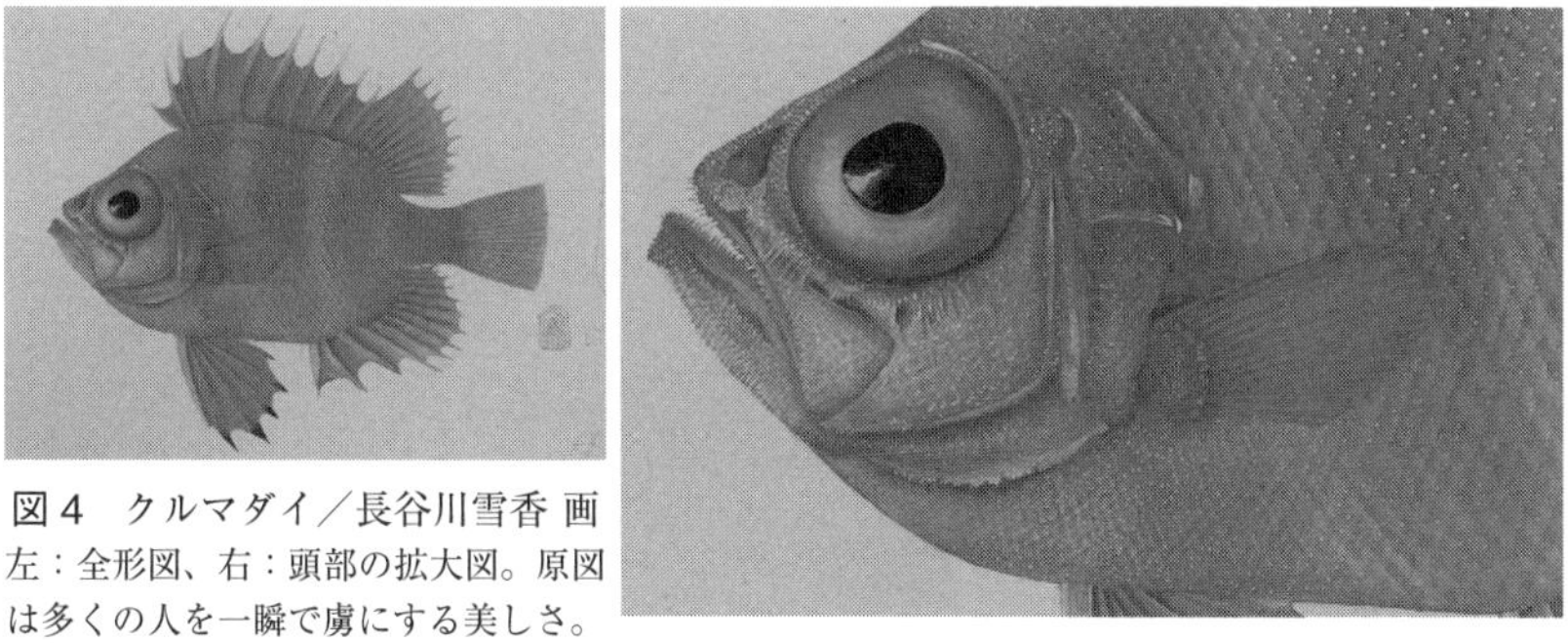

図４　クルマダイ／長谷川雪香 画
左：全形図、右：頭部の拡大図。原図は多くの人を一瞬で虜にする美しさ。

徐々に上げ、長谷川らには一枚一円五〇銭とし、後には三円まで値上げしたとのこと。この頃は、月二〇～三〇円で生活できた時代であった。

富三郎が二〇年以上の歳月と労力をかけ、莫大な私財を投じた末、ようやく図譜が完成したのは一九三六年（六五歳）のことである。先述の日付の不一致のことなども含めつじつまが合わない点も少なくないことから、原図や原本、文献を精査し、再調査することが望まれる。

（2）女流画家・長谷川雪香のクルマダイ魚図は素晴らしい傑作

図譜の学術・美術的な価値が高いのは言うまでもなく、中でも唯一の女流画家であった長谷川雪香の図は大胆かつ精緻でため息が出るほど素晴らしいものである。「あるとき小糸源太郎画伯に見せたところ殊に長谷川氏の筆に感心されていた」と、渋沢敬三（後述）も綴っている。美術画としての価値は、〝クルマダイ〟の図を見ていただければ一目瞭然であろう。細部まで極めて正確に描写している生物画としての完成度の高さに加え、新鮮さや躍動感、品格までをも表現し、感動すら与えてくれる。赤色の上に、よく見ると黄色の絵の具がいかにも繊細に重ねられていることで輝くような色彩を与えていることに気づく。この原画を見れば、誰もが図譜に描かれた魚の世界へと引き込まれるに違いない。

グラバー図譜を美術的な見地から研究した嘉松（二〇一七）は、図譜を描くのに使用されたケント紙の厚さが図ごとにまちまちであったことに着目し、絵の具を重ねて長時間かけて描く場合に厚い紙を使っていたと考察するなど、各画家の技法や画材の特徴を比較した興味深い研究成果をまとめている。中でもクルマダイ魚図には、長谷川の究極の技術を見ることができるという。一部を引用する。

「鉛筆の下書きを見つけることはできず、自身が見ている対象を淡々と絵の具で再現している。小田紫星のように省略や強調による抑揚、骨格や鮮度を感じさせようとはしておらず、それは究極の装飾的描写である。鱗の黄色いハイライトは面相筆の先端を使い、粒状の極少量の絵の具を一定の筆圧で載せるように置いている。それ故に絵の具の発色が保たれ、蛍光色のような色彩を持った魚図となっている」

他の画家が生時の色彩や形を再現するためにほぼ一日で魚図を描いたのに、長谷川はニシキエビを八日間で書いたと伝えられており、クルマダイも一日で描くことのできる描画密度ではないという。長谷川が遺したのが一六〇図と他の画家に比べて少なかったのも、そのためだったのかもしれない。

（3）中村三郎は九州を代表する歌人

画家の中では最後に加わり、図譜を最も多く描いた中村三郎は、実は若山牧水にも認められた歌人でもあった。一八九一年に長崎市麹町で生まれ、一九二二年に三二歳で亡くなるまで、度々上京するも長崎で暮らした。一四歳で高等小学校卒業後は貧困により進学できず、英字新聞「ナガサキ・プレス」の解版工や長崎新聞社の記者として働き、独学で学びながら、一九歳で雑誌「スバル」に短歌を投稿し掲載され、その後同誌に三年間で一一八首を発表している。富三郎の依頼により一九一六年に二五歳で魚譜の制作を始めたほか、長崎図書館等による依頼で郷土美術模写の製作に従事した。一九一七年、二六歳のとき若山牧水主宰の「創作」に加わり、牧水の心を捉えたことで歌人として注目される。中村三郎の生涯を紹介した現代短歌（二〇一三）の解説の中に、中村が一九一八年に大分県日田で夏を

図５　中村三郎の歌碑（長崎市立山一丁目）
1917年に「創作」誌上で病床雑詠との題名の下に発表された一首：川端に牛と馬とがつながれて牛と馬とが風に吹かるる

図６　ホシセミホウボウ／小田紫星 画（左）、中村三郎 画（右）

過ごした下りの記述がある。グラバー図譜の中に一枚だけ、なぜだか大分県大山で採集したという〃アユ〃の図があったことの謎が解けた。採集日は一九一八年九月とあり、矛盾はない。一九一九年以降は肺結核のため病床にあったが、短歌と絵画の創作を続け、一九二二年に三二歳という若さでこの世を去る。現在、長崎市にある中村の歌碑には、グラバー図譜の制作に参加した年に詠んだ歌が刻まれている（図５）。死後、中村の弟子や後輩らの熱意で「中村三郎全歌集」などが出版されており、今なお九州を代表する歌人の一人として知られる。

　中村は、絵が上手かったとはいえ、グラバー図譜に携わった他の画家らとは違い独学であった。先に仕上げられていた小田、長谷川、萩原の図譜から多くを学び、吸収した。非常に特徴的な外部形態を持つ〃ホシセミホウボウ〃の図（図

6）を見比べると、小田の図譜に構図はそっくりで、小田の図を模写したようにも見える。洋画家から始まり、二人の日本画家が、いずれも全く趣旨の異なる学術図を描くのにあたり、それぞれの個性や作風を生かしつつもお互いに影響を与え、最後の中村は彼らの作品から更に多くを学び、短期間で最も多くの図譜を完成させた。文芸評論家の山本健吉は、中村三郎の短歌から「山川草木鳥獣虫魚の中にすべて命のかがやき、命のさびしさを見通す眼」を感じ取ったと評している。そうした鋭い心の目をもって数々の魚をその命の輝きとともに描いたのだろう。

図らずも複数の画家により図譜を完成させることになったものと推測するが、それが功を奏し、唯一無二の素晴らしい図譜になったと考えると一層感慨深い。

第三節　倉場富三郎（トーマス・A・グラバー）の生い立ちと真の功績

（1）富三郎と水産業

富三郎は、明治三年（一八七一）に長崎市に生まれた。父はスコットランド出身の貿易商トーマス・グラバー、母は淡路屋ツルである。なお、実母は加賀マキであり、ツルは継母との説もある。加伯利英和学校（一九〇六年私立鎮西学院に改称）から一八八四年に東京の学習院へ進学し、在学中は三菱社長の岩崎弥之助の私邸に下宿した。トミーまたは富さんの愛称で親しまれた。一八八八年に、陸奥宗光（米国公使）に随伴して渡米すると、オハイオのウェスレヤン大学で語学を学んだ後、ペンシルベニア大学に入り、二年間生物学を学んだ。そこでは、先に同大学のウォートン経営学部に入っていた弥之助の甥岩崎久弥と一年間は重なっていたようで、三菱とは非常に近い関係にあったことがうかがえる。一八九二年に帰国すると、東京での三菱入社の道ではなく、生まれ故郷の長崎に戻り生活する道を選び、ホーム・リンガー商会の社員となった。一八九九年、母ツル死後間もなく、富三郎と同様にイギリス人商人の父と日本人の母をもち既に父トーマス・グラバーの養女となっていた中野ワカと、生前のツルの勧めに従い結婚した。子供はいない。この年、長崎県の外国人社会と日本人社会が交遊、親睦を図るための初の社交クラブ「内外倶楽部」の結成に尽力し、事実上の発起人として出島にオランダ商館風の倶楽部ハウスを新築した。温和で細やかな心配りができる富三郎が倶楽部をうまくまとめていたといい、明治から昭和にまたがる約五〇年間に長崎の商工業会の発展や文化に寄与した功績は計り知れない。

ホーム・リンガー商会が一九〇七年に長崎汽船漁業会社を設立すると、専務取締役となった富三郎は父の故郷スコットランドのアバディーンへ出張する。蒸気トロール船の手配のためである。一九〇八年に購入したイギリス製蒸気トロール漁船（一六九t）が長崎に届くと、富三郎は長崎港が深江浦と呼ばれていたことにちなみ、深江丸と名付けた。そして、日本で最初のトロール漁船による五島沖での操業に成功する。ところが、あまりにもたくさん獲れるので、沿岸の漁業者たちから猛反発に合う。当時の新聞記事にまでも中傷らしき文章が見られる。他の漁業者らとの衝突を避けるため、沿岸で漁業をしないことを約束し、政府から正式な操業許可を得たものの、政府は一九〇九年に「トロール漁業取締規則」を公布し、更に沿岸から四八km以内での漁業も禁止された。そのため朝鮮海や中国沿岸まで出かけ操業することになるが、これが爆発的な漁獲をもたらすこととなり、大成功を収めた。富三郎は更に三隻のトロール船を購入した。そのうちの二隻は日本の三菱造船に発注し、合計四隻のトロール船で大量の魚を水揚げした。それまでは魚類を関西に送る場合にも船を使

図７　グラバー一家の写真
倉場富三郎（左上）、ワカ（右上）、トーマス・ブレーク・グラバー（右下）

図8　今も残る魚市橋
長崎市魚の町にて、筆者撮影

うしかなく、時間がかかるために鮮魚を送ることは難しかった。富三郎は一九一二年、販路拡大を目指し、初めて大阪への鮮魚の鉄道輸送に成功する。富三郎のグラバー図譜の製作が始まったのは、同年のことである。それまで長崎市の漁業は極めて小規模で漁業者の数も僅かであった。しかし、トロール漁業の成功により、一九一三年には長崎は下関を抜いて日本一位の漁獲量を誇るようになった。

　長崎市の中心部に流れる中島川には一六三四年、日本で最初に作られたアーチ形の石橋「眼鏡橋」をはじめいくつもの石橋がかかっており、その中の一つに「魚市橋」がある（図8）。一六四八〜一六五二年頃にその付近一帯にあった小規模な魚類集散場（魚市場）の名残である。魚市場は、一八三〇年には今の万屋町や賑町に移るが、富三郎がもたらした驚異的な漁獲物を、そのような規模の市場で対処することはできなくなっていた。加えて、鮮魚運搬のために中島川を大型船が航行するのは困難であった。尾上町付近（現在の長崎駅付近）の長崎港でいったん陸揚げしたものをわざわざ市場まで運ぶのは時間的にもロスが多いことから、水揚げと輸送を直結する新漁港を切望する声が高まり、長崎市議会は一九一二年七月、尾上町に長崎市営魚類集散場の建設を決定する。一九一三年に尾上町に大きな魚市場が完成すると、魚問屋などもそちらに移転した。こうして、目前に長崎港と長崎駅を擁する広大な敷地に、理想的な魚市場が完成したのである。

　富三郎は、汽船トロール漁業を初めて日本に導入し、長崎市の漁業を驚異的に発展させ、初の鉄道輸送による販路拡大とともに長崎県の水揚げ量を日本一に持ち上げただけでなく、現在の基礎となる魚市場の完成に至らせたことなど、まさに現在の「水産県長崎」の礎を作った。

しかし、富三郎によるトロール漁業の隆盛は長くは続かなかった。一九〇八年以降、多くの企業が富三郎に追随し、六隻だった汽船トロール船は一九一一年には六八隻、一九一二年には一三七隻まで急増し、政府は漁場を東シナ海に限定するようになる。漁場は遠く、航海日数が増えたため経費はかさみ、乱獲の影響が表れて魚種組成も変化した。魚の価格が暴落し、多くの企業が倒産に追い込まれた。第一次世界大戦の勃発で、政府が軍事利用のためにトロール船を高い値段で買い始めると、一九一七年にはトロール船は七隻となってしまった。ついに富三郎の汽船漁業も解散し、富三郎は引退する。なお、富三郎の片腕としてトロール漁業を推進していた山田吉太郎は一九〇五年から弟とともに魚問屋を設立しており、後の大正年間に「山田商店」を設立した。一九二三年には二艘による底曳網漁に乗り出し、富三郎がもたらしたイギリス式のトロール漁業にとって変わっていった。山田は長崎商工会議所の議員にも選ばれ活躍するが、富三郎が議員に選ばれたことは一度もなかった。山田商店は現・山田水産株式会社、すなわち日本で唯一の二艘曳きの以西底曳網漁業の専業会社の前身である。

富三郎はその後、新規の事業に乗り出すことはなく、長崎の発展と外国人と日本人との親交などに様々な形で尽力し、社会奉仕的活動を続けた。事実上の事務局長を務めていたという「長崎内外倶楽部」での活動、発起人として日本人と外国人および役人の仲介から資金調達、建設計画、まとめ役までを取り仕切って雲仙に日本で最初の大衆ゴルフ場となる「雲仙ゴルフ場」を建設した。賓客があればいつも富三郎が対応したという。また、くんち祭りの主舞台となる諏訪神社の氏子でもあり、資金力のある氏子で構成される「長崎人会」のメンバーにも選ばれ、会の幹事も何度も務めたという。全員が長崎生まれ長崎育ちという長崎経済界の著名人で構成される長崎人会は、諏訪神社のあらゆる神事を取り仕切っており、外国人の血をひく富三郎が長崎人会のメンバーに選ばれたことは、長崎人として認められた証であった。富三郎の人柄について触れた文献をみればいずれも、長身で立派な風貌、人当たりが良く気配りの人、温厚でまれにみる君子人、名誉欲などは窺えない、などと表現されている。彼の活動や業績からも同意できる。

グラバー図譜があぶりだしてくれるのは、当時の長崎の魚だけではない。当時の長崎の人々とその暮らしや文化、産業そのものを、さらにはツュンベリーやシーボルトの時代から現在に至るまでの長崎の歴史をもつないでくれる貴重な財産の一つである。

（2）富三郎の死と長崎に落とされた原爆

時代は徐々に暗い影を落とすようになり、昭和に入ると長い戦争の時代に入る。一九三八年に三菱造船所で秘密裡に戦艦武蔵や大和の建造が始まると、造船所が見下ろせる場所にあるグラバー邸など南山手一帯は憲兵などに四六時中監視されることとなり、日本国籍を持つにも関わらず、外国人の血が流れる富三郎は、監視の目におびえて過ごさなければならなかった。一九三九年、富三郎六八歳の時、やってきた市役所の職員から、グラバー邸を三菱に譲るように頼まれる。当時の三菱の社長は四代目の岩崎小弥太で、富三郎よりも年下ながら学習院時代からの旧知の仲であり、複雑な感情もあったに違いないが、富三郎は買収の話に応じ、大浦・下り松の古い洋館・九番館へと移った。戦艦の進水式の際には、親しかった社長の岩崎が東京からやってきたとの噂を耳にするも、富三郎には連絡がなかったという。その後もスパイ容疑を招かないように富三郎夫妻は努力をするが、厳重な監視対象となっていた二人から友人や知人は足が遠のき、親しかった外国人たちも次々に日本を去った。そんな中、一九四三年に妻のワカが六七歳で急死、富三郎をますます孤独にさせた。そして、一九四五年八月九日、長崎に原爆が落とされる。爆心地から少し離れていたグラバー邸も九番館も焼失は免れた。その六日後の八月一五日に終戦を迎えるが、富三郎はかえって暗く沈み込んでいたと伝えられている。机上にメモを残し、八月二六日の早朝に自殺した姿で発見された。享年七四歳であった。

富三郎の遺言に従い、グラバー図譜は長崎市でも三菱でもなく、東京にいた渋沢敬三に寄贈されたのである。

（3）渋沢敬三に渡った図譜が長崎大学へ寄贈された経緯

東京で図譜の存在を伝え聞いていた渋沢敬三（当時は第一銀行副頭取）は、図譜を是非とも見たいと一九四一年にグラバー宅を訪れている。当時、住まいを九番館に移し、監視の目に悩まされながら寂しい生活を送っていた富三郎にとっては、嬉しい訪問だったに違いない。渋沢は長時間にわたりこの図譜を一枚一枚手にとって丁寧に観察した。渋沢は日本銀行総裁、大蔵大臣をつとめた一方で、民俗学や漁業史などにも造詣が深く、日本魚名集覧（一九四二年）や日本魚名研究（一九五九年）など、多くの著作物を遺している。後に「地方の魚方言もかなりの数量が刻明に記されていたことは殊に嬉しかった」と記している。ただ一度の訪問と交流にも関わらず、富三郎の死後、遺言によってグラバー図譜は東京にいた渋沢に託されることになった。渋沢はいったん受け取った後「価値を認め大切にしてくれるところに残しておきたい」と富三郎がこの図譜を遺贈したのだろうと思案した末に、これを長崎市に戻すことを決心したという。長崎市の教育庁を訪れた際にたまたま居合わせた長崎大学長が、出来たばかりの水産学部に寄贈してもらえないかと持ちかけたところ、渋沢もそれは名案と同意したことで長崎大学へ寄贈されることとなり、一九五〇年に再び長崎に戻ってきたのである。

長崎で生まれ、長崎のために多くの貢献を重ねてきた富三郎がなぜ、心血を注いだ大切な図譜をわざわざ東京の渋沢に託すことになったのだろうか。長崎にはその価値をわかって認めてくれる人がいなかったのかもしれない。あるいは、晩年に長崎で受けたつらい仕打ちがそうさせたのだろうか。いずれにしろ、富三郎への敬意とともにこの図譜の価値を認めてくれる人に図譜を渡したかったのだと思う。受け取った渋沢の英断で図譜は再び長崎に戻ってくることが出来た。

図譜は現在、長崎大学附属図書館本館（長崎市文教町）の貴重資料室で大切に保存されている。

第四節　グラバー図譜の真の価値とは？

（1）日本四大図譜とうたわれた富三郎の図譜

先の渋沢敬三は、グラバー図譜を、オランダ・ライデンに持ち帰った標本に基づき作製された「Fauna Japonica（日本動物誌）」などとともに日本四大魚類図譜のひとつにあげた。グラバー図譜を除いた三図譜について古い順に下記に記す。

①栗氏魚譜…栗本丹洲（一七八六年～一八三四年）の衆鱗図（高松藩主・松平頼恭）を転写したもの。栗本は、一八二三年にシーボルトに会った際に『蟹蝦類写真』『魚類写真』を寄贈しており、「日本動物誌」甲殻類編に記載した内三一種は『蟹蝦類写真』に基づくものである。

②日本動物誌（ファウナヤポニカ）…シーボルトが長崎に滞在した一八二三年～一八二九年に採集した動物標本や、川原慶賀などの日本人絵師が描いた下絵をもとに、後にライデン博物館の研究者によって作成されたもの。日本の動物について欧文で記載された最初の資料であり、ここで多くの種の学名が決定されている。一八三三年～一八五〇年に五部篇（鳥類、魚類、甲殻類、ほ乳類、爬虫類）が発行。

③日本水産魚譜（熊田魚譜）…熊田頭四郎が昭和初期から戦後（一九三〇年頃～一九五〇年頃）までの間に漁獲された天然の魚を微細に観察して、一、〇〇〇点を超える「魚譜」を描いたもの。

富三郎の図譜についての美術・文化的な視点での評価は非常に高いが、学術的な評価は実のところ分かれている。日本動物誌は、採集から分類学的研究、本の出版までが組織的に行われたものである。また、精緻な図だけではなく、各種の形態学的な記載とともに学名が命名され、また標本も番号を付してライデン自然史博物館に登録、保管されている。それと単純に比較すれば、グラバー図譜には標本がなく、形態の記載もない。しかし、グラバー図譜の方が掲載している魚図の種類は多く、遠洋漁業を発展させたことにより、シーボルトらが採集できなかった魚種も採集している。現存している川原慶賀の魚図は二五九図なので（平岡 二〇〇七）、富三郎は、それよりもはるかに多くの図を掲載しているのである。また、出島オランダ商館の医師として滞在中に集めた日本産魚類を、一七七六年の帰国時に初めてヨーロッパに持ち帰ることに成功したのは、シーボルトの前任者であるツュンベリーである。彼は、日本動物誌に先行して多くの新種を記載している。一方、川原慶賀の魚類絵図の制作は、実はシーボルト帰国後の一八三〇年代と推定されている（平岡 二〇〇七）。そのため、原記載に用いられたタイプ標本（学名を担っている重要な標本）と魚図のモデルとなった魚は別個体の場合もあり、必ずしも一致しない。筆者の研究の範囲でも、記載文と魚図の特徴が一致しなかったり、外部形態が酷似した別種が描かれたケースもあり、場合によっては混乱を招く恐れがある。その場合、川原慶賀の図は学術的には意味を持たないのである。何より、日本動物誌は川原慶賀の下絵が彩を与えてはいるものの、記載についてはヨーロッパの研究者らにより作られたものである。そう考えると、長崎で生まれ長崎のために尽くしてきた富三郎は、長崎の人の手による美しい図譜を作りたかったのではないか。そうすることで、真の日本人として受け入れられたかったのではなかろうか。トロールがもたらした多種多様な魚類の中には初めて見る種も少なくなかっただろう。それらの種名を調べ、標本図とともに記録せずにはいられなかったのかもしれない。

富三郎はアメリカで生物学的なスケッチの仕方を二年間習ったとはいえ、分類学の勉強を専門的にした研究者ではない。形態学的な記載までも求めるのは酷なことであろう。私財をなげうち、個人レベルでこれだけの図譜を完成させただけでも、誰にもまねできない偉業である。

富三郎以前に、栗本丹洲の魚図がある。栗本の図も確かに素晴らしく、種の特徴をよく捉えている。しかしながら、その時代は科学的に精緻に描く生物画の技法はまだ日本に広くもたらされていなかった。富三郎は、米国で習った標本図の基礎と川原慶賀の魚図を参考に、現在の分類学の基礎を築いたリンネの弟子・ツュンベリーからシーボルト、ビュルゲルへともたらされた西洋の科学を取り入れ、二語名法（属名と種小名の組み合わせで、その種の学名を表す。例えば、アオハタの学名は *Epinephelus awoara*（属名＋種小名）という）に基づく学名を決定するとともに地方名を書き記し、圧倒的多数の精緻に描かれた図譜に添えた。紛れもなく学術的意義を持つ図譜である。

（2）図譜に見る長崎の魚

さて、グラバー図譜の内訳を見てみたい。ナメクジウオ（一図）、メクラウナギ（一図）、魚類（六八二図）、イカ・タコ類（一四図）、エビ・カニ類（一〇四図）、カブトガニ（一図）、爬虫類（一図）、イルカ（一図）となっており、魚類が圧倒的に多く約八五％を占めている。図を描いた順番ではなく、富三郎が文献等を参考に分類した上で学術的に整理し、全三二巻にまとめたものである。なお、第一集のサメ類の前に、第一図に〝ナメクジウオ（ナメクジウオ科の一種）〟、第二図に〝メクラウナギ（現ヌタウナギ）〟を置いている。生きた化石ともいわれるナメクジウオは、魚類等の脊椎動物門の祖先とみられていたこともあった脊索動物門に属する原始的な生物で、有明海で採集されたものであった。また、ヌタウナギは無顎類（顎を持たない脊椎動物で、厳密には魚類の仲間ではない）に分類され、強烈な粘液を出し、網や漁獲物に絡みつくため、トロールなどの網漁業者には嫌われることが多い。当時の長崎で食用となっていたのかどうかを知る資料が見当たらないが、現在では、一部地域で食べられる以外は、圧倒的な消費国である韓国に輸出している。

魚類六八二図の内訳は、軟骨魚類（サメ・エイ類等）が七四図、硬骨魚類が六〇八図だが、同じ標本の解剖図や裏面の図などが加えられたものや、異なる画家により複数の個体が描かれたものがあるため、種数では五二五種である（今回筆者が再検討した）。中には、同種だと気付かずに、または別種の可能性があると考えて描いたものもあるが、色彩や形態の個体変異あるいは成長変異、また性差などを考慮に入れて複数を描かせたものもある。グラバー図譜の学術的側面の特徴の一つである。

魚類のなかでは、スズキ目が圧倒的に多く、四〇四図（三一〇種）である。分類が大きく変更され、スズキ目に入る魚類がさらに増えたことも背景にはあるが、スズキ目には食用魚として重要なものが多いことが最大の理由である。

おそらく、沿岸を離れた海域でのトロール漁業の成功は、それまで長崎市の中心部を流れる中島川の川辺にあった魚類集積所で見られた魚種に比べて圧倒的に豊富な魚種をもたらしたのだろう。図譜に描かれた魚を見ると、深海のものや沖合のもの、サメ・エイ類のような大型のものも少なくない。富三郎が記した採集場所の記録を見ると、ほとんどが「長崎魚市場」または「長崎港にてトロール船より入手」のどちらかである。特にサメ・エイ類などの大型のものは長崎港で船から直接受け取ったものが多いようだが、それも、一九一二年から一九一三年の前半にはまだ尾上町の長崎魚市場が完成していなかったためかもしれない。

図９　中村三郎が描いた３枚のアユ図譜
1917 年 10 月：長崎県北高来郡湯江、1918 年 8 月：熊本県球磨川、1918 年 9 月：大分県大山川

同じ画家が同種を複数書いた例は珍しい。一九一七年から一九一八年にかけて、中村が描いたアユが四図（三枚）残されている（図

9）。採集日を見ると最初のアユは、北高来郡湯江で採集されたものである。長崎に分布するが、自社のトロール漁獲物には見られない種を購入して追加したのでは？と考えた。翌年一九一八年に描かれたアユは、それぞれ球磨川、大分県大山川で採集されたもので、アユの背鰭の形態や鰭の色彩などの多様性に気づいた富三郎が描かせたのだろうと推測した。ところが、それは見事に外れた。中村の足取りを追ってみると、全く違う側面を読み取ることができた。中村に関する資料を調べていたところ、現代短歌（二〇一三）で取り上げられた「九州の歌人たち」に中村の特集を見つけた。そこには先述の通り「岡山や長崎で頒布会を行うため、一九一八年に大分県日田で夏を過ごして絵画制作に没頭した」ことが言及されていた。グラバー図譜にある三枚目のアユの採集地・大分県大山川は日田市に流れる。採集日は九月とある。つまり、中村が日田を訪れた際にアユを採集した可能性が高く、富三郎の指示ではなく中村自身の考えで採集し、図を描いたと考えるのが自然である。日田でも絵画や図譜の制作とともに短歌を詠んで発表をしている。中村が一九一七年に詠んだ短歌の中に、アユに関するものを見つけ嬉しくなった。

遠つ背の音をさやけみ下り鮎
い群れて下るけふのよき日に

若山牧水は、「創作」誌上で「いかにその一句、その一音が、かなしく澄んでゐることか」と評し、「そうした光景はとりもなほさず作者の心の反映ではないか」と付言しているという。アユの寿命は一年。秋に群れて川を下り、川の下流で産卵するとその一生を終える。採集日から推定して、上記の歌を詠んだのは、一九一七年一〇月に長崎で最初のアユを描いたときだろう。中村がアユを静物として描いていたのではなく、美しいアユの群れが産卵という最初で最後の大仕事に向かうため川を下り、まもなく最期を迎えようとしているその瞬間の「命の輝き」をまるで歌を詠むように描いたのだと確信する。技法の面では他の画家に引けを取るかもしれないが、魚に魅入られ、その命一つ一つに心を動かされたことが中村の背中を押したのかもしれない。そうして中村にしかない美と彩が独特の世界を作り出した。それぞれの画家たちの人生、当時の人々との交流まで詳らかにしてしまうのも、富三郎の図譜の魅力の一つである。

さて、当時の長崎魚市場に水揚げされた食用魚は海水魚が中心であったことは、淡水魚が全期間を通じて四種（ドジョウ、ヤマトシマドジョウ、ギギ、タウナギ）しか描かれていないことからも明らかである。先述の日本人絵師・川原慶賀がシーボルトやビュルゲルに依頼され描いた魚類のうち淡水魚にはコイやメダカ、ギンブナなどがあったが、グラバー図譜にはそれらは一切描かれていない。

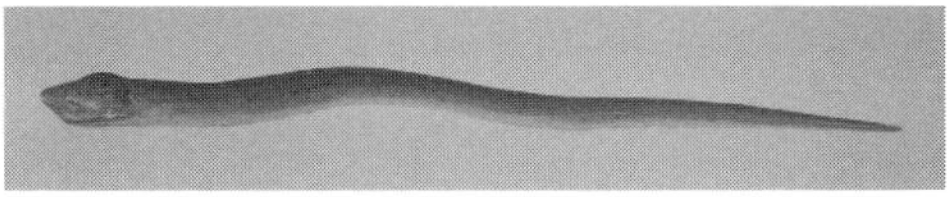

図10　タウナギ／中村三郎 画
中国上海で採集。タウナギは外来種。

図譜の中には、例外的に採集地が外国のものもあった。タウナギは中国上海、ニシンは釜山と記録されている。このうちタウナギは、体形こそ似ているものの、分類学的にウナギとは異なり、タウナギ目タウナギ科の一種である。日本に分布する（琉球列島を除く）タウナギは、中国大陸から持ち込まれた外来種であり、繁殖力が強く、穴を掘る習性があることから、各地の田んぼが被害を受けている。タウナギは一九〇〇年頃に中国より誰かの手で持ち込まれたとの記録が残っている。富三郎の記録は、タウナギが一九一二年には既に上海から長崎に持ち込まれていたことを示している。

採集地が有明海、と書かれた種にはナメクジウオのほか、アリアケシラウオ、ヌタウナギ、メナダがある。ちなみに、筆者も同じくナメクジウオを有明海で採集したことがある。また、アリアケシラウオは日本で有明海のみに分布するものであり、メナダは内湾の汽水域に分布するため、いずれもトロールでは漁獲されない。別途採集したものと思われる。こうした事実は、単に汽船トロールで漁獲される色とりどりの魚類図譜を作ろうとしたのではなく、学術的な観点で多くの魚種を収録しようと努めた富三郎の姿勢を物語る。

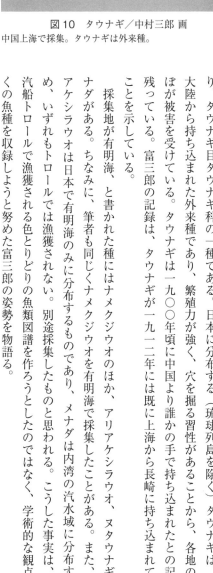

図11　ノトイスズミ／萩原魚仙 画（左）、標本写真（右）
富三郎は当時、テンジクイサギと同定。形態学的特徴に基づく著者の再同定の結果はノトイスズミ。筆者が採集したノトイスズミの標本写真と見比べてみれば、図譜がいかに精緻に描かれているかがわかる。

図12　シロワニとツマグロエイラクブカ／中村三郎 画

日本産のサメ・エイ類は現在約二〇〇種が知られている。図譜に描かれた長崎産サメ・エイ類はその四分の一にあたる四九種であり、多様性の高さを示している。描かれたサメ・エイ類の中で最も多く描かれているのはメジロザメ目で一四種二二図、次いでトビエイ目九種一三図である。メジロザメ目のイタチザメやシロシュモクザメ、ネズミザメ目のシロワニやアオザメなど、全長四〜五mにも達する大型のサメも描かれているが、外部形態の特徴や雄の腹ビレに備わる交尾器の長さや形状から判断するに、ほとんどの場合、幼魚か未成魚である。大きな個体を運搬するのも描くのも容易ではないため、小型のものを材料に選んだのだと推測する。

図譜に記録された地方名は、のちに渋沢敬三の日本魚名集覧などに利用可能な資料となっただろうし、シーボルトやビュルゲルが記録した江戸時代の長崎地方名と富三郎による明治終わり～昭和初期の地方名、そして平成～令和の地方名の変遷を知る歴史・民俗学的な資料としても高く貢献するだろう。

当時、富三郎は文献を見ながら魚類を同定し、種の学名を図譜に書き込んだものとみられるが、名前を付けられなかったものも相当数ある。標本が残っていないことが残念だが、種によっては分類の基準となる形態形質が図に精緻に描かれているので、図からでも同定が可能である。例えば、当時はテンジクイサギと同定された魚は、筆者の分類学的再検討により背鰭の軟条数などの基準にもとづきノトイスズミと同定できた（図11）。

図13　ムラソイ／中村三郎 画
富三郎はメバル？と同定した。しかし、筆者による再同定の結果はムラソイである。

また、図譜には今では見られない種も含まれている（図12）。シロワニ（図12の上図）は、長崎魚市場に普通に水揚げされていたようだが、現在の日本での分布域は小笠原諸島周辺に限定されている。東シナ海のシロワニ個体群は消滅したものと考えられており、絶滅の恐れが高まっていることから、日本の海洋生物の絶滅の恐れの評価では、全魚類の中で最もランクの高い「絶滅危惧ⅠB類（近い将来における野生での絶滅の危険性が高いもの）」とされた（環境省 二〇一七）。グラバー図譜は、東シナ海にかつて確かにシロワニが生息していたことの証となる。また、富三郎が学名を決定できなかった第一集図版四三（図12の下図）は、一九七〇年代の長崎大学出版事業の際、専門家の方々に依頼してホソイバラザメと同定されている。しかし、本種は明らかにホソイバラザメではない。筆者が図譜をもとに再同定したところ、ツマグロエイラクブカであることがわかった。ツマ

図14　オニカサゴ／長谷川雪香 画
右下に鉛筆書きで学名、方言が書かれている。

グロエイラクブカは日本ではほとんど出現記録がなく、長崎からも記録はないため、もともと少ないのかいなくなってしまったのかは判断できないが、過去に生息していたことの証にはなるだろう。

中村三郎が一九一七年に描いた図の中にメバルがある。当時、富三郎は〝メバル？〟と同定しており、別の種であることも想定しつつも明確にはできなかったのだろう。本種は長崎大学水産学部の出版事業の際に、〝キツネメバル〟と同定された。しかし、筆者は胸部に暗色斑がない点でキツネメバルではなく、涙骨の棘や尾鰭後縁の形状などから同じメバル属の〝ムラソイ〟の可能性が高いと判断する（図13）。

『グラバー家の最期（多田茂治著）』では、中村三郎が残した歌を紹介している。

描きおればめばるの眼大いなり
せい一ぱいに瞠りて悲しも

図15　マツカサウオ／萩原魚仙 画（左）、小田紫星 画（右）

中村が常に命を見つめていたことが読み取れる歌である。新聞記者、文化財の模写、歌人としての活動、雑誌の立ち上げ、そしてグラバー図譜の作成と、すべてが独学だったにもかかわらず多才だった中村が三二歳の若さでこの世を去った後、若山牧水が法要のために何度か長崎を訪れたのは、歌人としての才能を惜しんだだけだろうか。

オニカサゴ（図14）は、スズキ目カサゴ亜目フサカサゴ科に属する魚である。長崎でアラカブと呼ばれるメバル科カサゴ属に属するカサゴとは区別されない場合が多いが、分類学的にはそれほど近くはない。図譜の右下に書かれた学名 *Scorpaenopsis cirrhosa*（Thunberg 1793）の命名者は、最初のオランダ商館付き医師として出島に赴任してきたツュンベリーである。植物学者としても知られる。帰国後に出版した著書 Flora *Japonica* は、シーボルトにより日本に紹介され、一八二九年に尾張出身の博物学者・伊藤圭介が翻訳、出版したことで、リンネによる分類体系が日本にもたらされ、その後の日本の植物分類学の発展に大きく寄与した。しかし、グラバー図譜にも描かれているマハタやイサキ、コロダイなど、ツュンベリーが日本から持ち出し、新種として発表した魚類も少なくないのである。

さて、オニカサゴの図の右下に方言として〝ブシモブシ〟との記載がある。オニカサゴの立派な頭部を武士の甲冑に見立てて、端午の節句をお祝いすることから、これは武士の中の武士、の意ではないだろうか。他にカブトカサゴの地方名もある。

マツカサウオはまるで松かさ（松ぼっくり）のように、ごつごつした鎧をまとったような外見が特徴的な全長一五ｃｍほどのキンメダイ目マツカサウオ科の魚である（図15）。英名をパイナップル・フィッシュという。下顎に発光腺をもち、そこで増殖したバクテリアにより発光する。さほど多く獲れるわけではなく、現在は普通に食べられることはないので、一般にはあまり知られていないが、実際には肉質が良く、甘味のある白身の魚でかなり美味である。富三郎は、マツカサウオを二人の画家（小田紫星と萩原魚仙）にそれぞれ描かせており、当時、魚市場に普通に水揚げされ、食用とされていたものとみられる。古くは、江戸時代に、長崎ではマツカサウオを湯引いてからごつごつした鱗を剝いて食すこと、美味であることが書き残されているし（長崎見聞録・広川獬著）、ほかにも江戸時代に長崎で食べられていた魚としてマツカサウオを挙げた記録があることから、本種は長崎の食卓を飾る大衆魚だったのだろう。今もマツカサウオは普通に分布しているが、一般には食用としない。この一〇〇年の間にいつからか、魚市場から消えてしまったのかもしれない。

おわりに

画家たちが描き、グラバーが調べ上げ、長崎の人々の生活とともにあった多種多様な魚は、今も私たちの生活の中にある。

遡れば一五七一年の長崎開港、江戸時代に出島にやってきた外国人学者らにもたらされた西洋の科学や文化。鎖国の間に培った学問が下地となり、幕末から明治にかけての急速な近代化と産業革命に成功した。明治末から昭和初期にかけて富三郎らがもたらした水産業の発展と学問の融合は、現代の水産県長崎、水産国日本へと躍進させた。歴史から今を学び、今を生きる人々が未来を創造することを知る。ここでは、枠にとらわれることなく過去の史実を調べ、魚類学を研究する者として、新たな視点から倉場富三郎の生涯とグラバー図譜を読み解いてみた。長崎で生まれた富三郎は広い視野を持ち、世界的（グローバル）な規模で物事をとらえながらも、長崎という地域（ローカル）の特色を生かし地域に根付いて活動した。しかし、その実績は決してローカルにとどまるものではなく、長崎あるいは日本をグローバルに押し上げるものであった。まさに現代求められるようになった〝グローカル化（グローバルとローカルを組み合わせた造語）〟を、富三郎は約一〇〇年も前にとっくに実践していたのだ。

参考文献

嘉松聡『「日本西部及び南部魚類図譜」（通称：グラバー図譜）および図譜描画に関する一考察』文化学園大学・文化学園大学短期大学部紀要　第四八集、文化学園大学、二〇一七、六一－六八頁
片岡千賀之『西海漁業史と長崎県』長崎文献社、二〇一五、三五四頁
『中村三郎　九州の歌人たち　第四回』現代短歌一二月号、現代短歌社、二〇一三、八八－九三頁
志岐隆重『トーマス・グラバーと倉場富三郎　グラバー父子の栄光と悲劇』長崎新聞社、二〇一二、一八四頁
多田茂治『グラバー家の最期　日英のはざまで』葦書房、一九九一、二三〇頁
ブライアン・バークガフニ（平幸雪訳）『グラバー家の人々』長崎文献社、二〇一一（改訂新版）、一六九頁
平岡隆二『「慶賀魚図」の推定制作年代』長崎歴史文化博物館研究紀要、二、長崎歴史文化博物館、二〇〇七、七七－一一二頁
廣川獬『長崎見聞録抜書』、一八〇〇
リチャード・ケネス『出島－長崎－日本－世界　憧憬の旅：サダキチ・ハルトマン（一八六七－一九四四）と倉場富三郎（一八七一－一九四五）』第一三〇回日文研フォーラム、国際日本文化研究センター、二〇〇〇、三七頁
『長崎町人誌　第四巻　さまざまのくらし編　食の部Ⅱ』長崎文献社、一九九六、三四四頁
『グラバー二代』グラバー先生顕彰会：長崎の文化遺産を守る会、一九七二、三八頁
『倉場富三郎翁略傳』長崎内外倶楽部、一九六二、一八頁
倉場富三郎（長崎大学水産学部編）『グラバー図譜：日本西部及南部魚類図譜』第一巻～五巻、一九七三～一九七六

第一二章　長崎に誕生した西洋式病院――長崎小島養生所――

安武敦子

はじめに

シーボルトの名前を聞いたことのある人は多いだろう。フィリップ・フランツ・バルタザール・フォン・シーボルトは一八二三年に長崎の出島、オランダ商館の医者として来日した。出島の外の民家を買い上げ、診療所を兼ねた「鳴滝塾」を開き、日本人に西洋医学を指南した。日本の自然や文化をヨーロッパに紹介したことでも知られる。

鳴滝塾は私塾であったが、幕府にお墨付きをもらって一八六一年に建設されたのが長崎小島養成所（以下、長崎養成所）である。現在日本には一一〇、八八〇か所（厚生労働省 二〇二〇）の病院（二〇二〇年一月現在）があるが、この長崎養生所が西洋式病院の祖と言える（図1）。敷地は長崎市西小島一丁目、現在の仁田佐古小学校の敷地になる。この小学校の建替えのとき（二〇一八年）に発掘調査が行われ、石垣や基礎遺構が確認された。

図１　長崎養生所外観（pompe 1857-1863 の第２巻口絵より）

第一節　日本初の西洋式病院の設計者

この養生所の設計者は誰か？　基本設計はヨハネス・レイディウス・カタリヌス・ポンペ・ファン・メールデルフォールト（以下、「ポンペ」）で、実施設計は一等尉官トローエン（Pompe 1868）とある。ポンペは医者である。当時、神父が教会を設計したように、長崎養生所においても医者が病院を計画した。ポンペの医療的な功績については多々あるがここではポンペと建物について見ていこう。

ポンペは一八五七年三月にオランダを出航し九月に長崎に到着した。二八歳で商館医としての来日であったが幕府の要請により医学の教官となる。教官着任後、松本良順（知らない人は「空の石碑　幕府医官松本良順」（篠田 二〇〇一）他参照）の協力を得て日本人に対する医学伝習を開始した。最初の講義は一八五七年一一月一二日、長崎奉行所西役所の一室で松本良順とその弟子たち一二名に対してであった。五年間にわたり一人で教育を行い、多くの医者を育てたことから「日本近代西洋医学教育の父」と言われる。教育の場は手狭となり、まずは長崎市大村町の元高島秋帆宅（現在の家庭裁判所）に移った。さらに診療・臨床の場の必要性から、ポンペは病院建設を決意し、一八五八年三月「病院心得方之記略　参枚」、「病院心得方之記略附図　壱枚」と他の書類と合わせて幕府に願い出た。六月には「病院御取建之儀ニ付奉伺候書付」を幕府に提出している。自筆による病院計画書を書き、建築や使用方法などを提示した。一八五九年に幕府より許可が下り、計画に医学所を追加、病院計画を修正し、一九六一年九月に竣工した。さらに一八六四年八月には分析究理所が新設された。ここは治療や薬の開発のため分析を行うところで、実験室や講義室、倉庫等の部屋があった（芝　一九九三）。分析究理所にはオランダからハラタマが招聘され、彼は長崎大学薬学部の祖といえる。

第二節　長崎養生所以前

長崎養生所を詳しく見る前に、それ以前の日本の病院建築はどんな形であっただろうか？　例として小石川養生所がある（図2）。小石川養生所は幕府により貧民を対象とする病院として一七二二年に建設された。提供された医療は漢方、日本の医療は医者が患者の家を訪ねるのが主であったが、ここでは長崎養生所と同じく患者を入院させることができた。一七二二年は四〇人を定員として建設されたが、翌年には増築され定員は一〇〇人となった。福濱（二〇一五）によると図は一七三四年以降のもので、当時建物としては病院長屋と呼ばれる病室が五棟並び、西側（図の上）に女性用長屋、それ以外の四棟が男性用となっている。廊下を挟んで北側（図の右）に管理棟がある。漢方医学のため薬煎所が病院長屋の管理棟側に設置され、内科系の治療のみを行っていた。床は板敷でベッドではなく置き畳が使用され、一人当たりの空間は一坪（三・三平方メートル）強であったという。映画「赤ひげ」を見ると雰囲気がよく分かる。

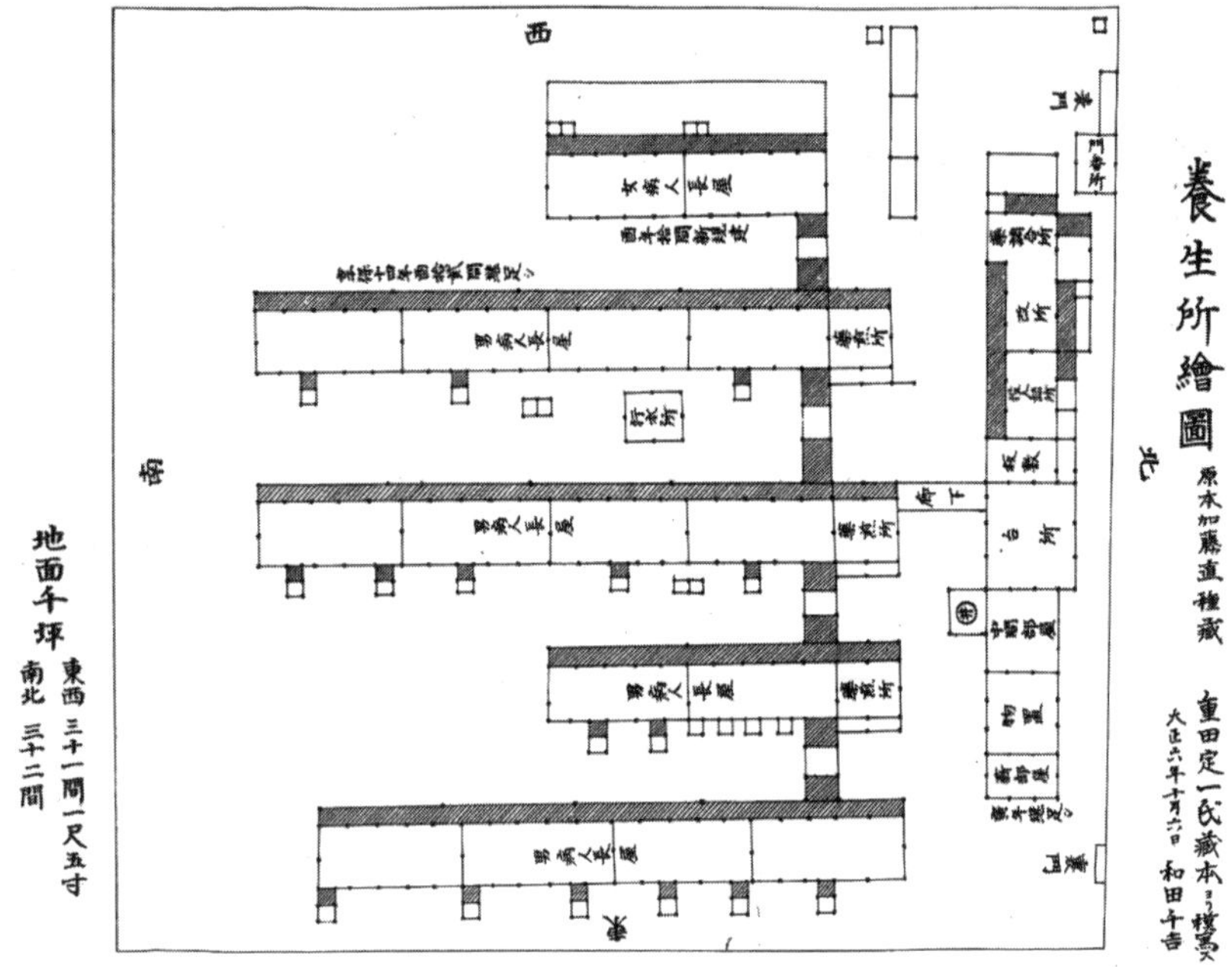

図２　小石川養生所平面図
「養生所繪圖」（『東京市史稿 救済篇第一』、東京市役所、大正 10 年）

第三節　長崎養生所の構想

（1）長崎養生所計画案について

東京大学史料編纂所にはポンペ直筆の解説書がある。タイトルは「Project voor een Ziekenhuis ontworpen door den Officier van Gezondheid」（衛生士官によって計画された病院プロジェクト、図3、以下「ポンペ計画書」）で、青木ら（青木・新谷・篠原　一九八六）はこれが一八五八年に幕府に提出されたものと想定している。これにはローマ字と部屋の説明が書かれており、例えば上段のAAAAは病人のための部屋とあり、四つの病室が計画され、図面の該当箇所に「A」の字が割り振られていたと考えられる。

さらに読むと、建物の形はH型のパビリオン[1]病棟とし（図4）、その周囲には背の低い樹木や植物を植え、病院内に散歩用の庭園を計画するとある。病棟の向きとしては通風や日当たりを考慮して東西軸に、すべて二階建てで、病棟の各階に二病室（一病室二五床《しょう》）で計画されている。ちなみに現在の病院の病室は四床（ベッド数の単位）室が基本で、個室のタイプも増えている。個室はプライバシーが保て、感染症のリスクが少ないというメリットがあるが、一室あたりのベッド数が多い方が看護師は見回りがし易く、患者目線では相互の励まし合いの効果があると言われる。長崎養生所に戻ると一室二五床の大きな部屋が四室となっている。患者の容態の観察がし易く、大きな容積にすることで汚染された空気が澱むのを防ぐことができる。

病棟の内部については、ポンペ計画書には南側の棟には一階に熱病患者と皮膚病患者の病室、二階に回復患者とその他の内科患者が、北側の棟には一階に創傷患者、梅毒患者、二階に眼病患者、疥癬患者の病室が計画された。その他には「便所」「井戸」「燃料・食料等の大きな倉庫」「屍室（マットガラス使用）」など。構造はレンガ造で、窓にはガラスをはめ込み、屋根は瓦で葺く。換気については、病室ごとに歩行床の上部に一辺が〇・二エル[2]の正方形の換気口を外壁と内壁にそれぞれ三か所ずつ設け、病室の天井中央に大きな円形のハッチを設置しなければならないとある。寸法については、今回の遺構の発掘資料から検討したところ、

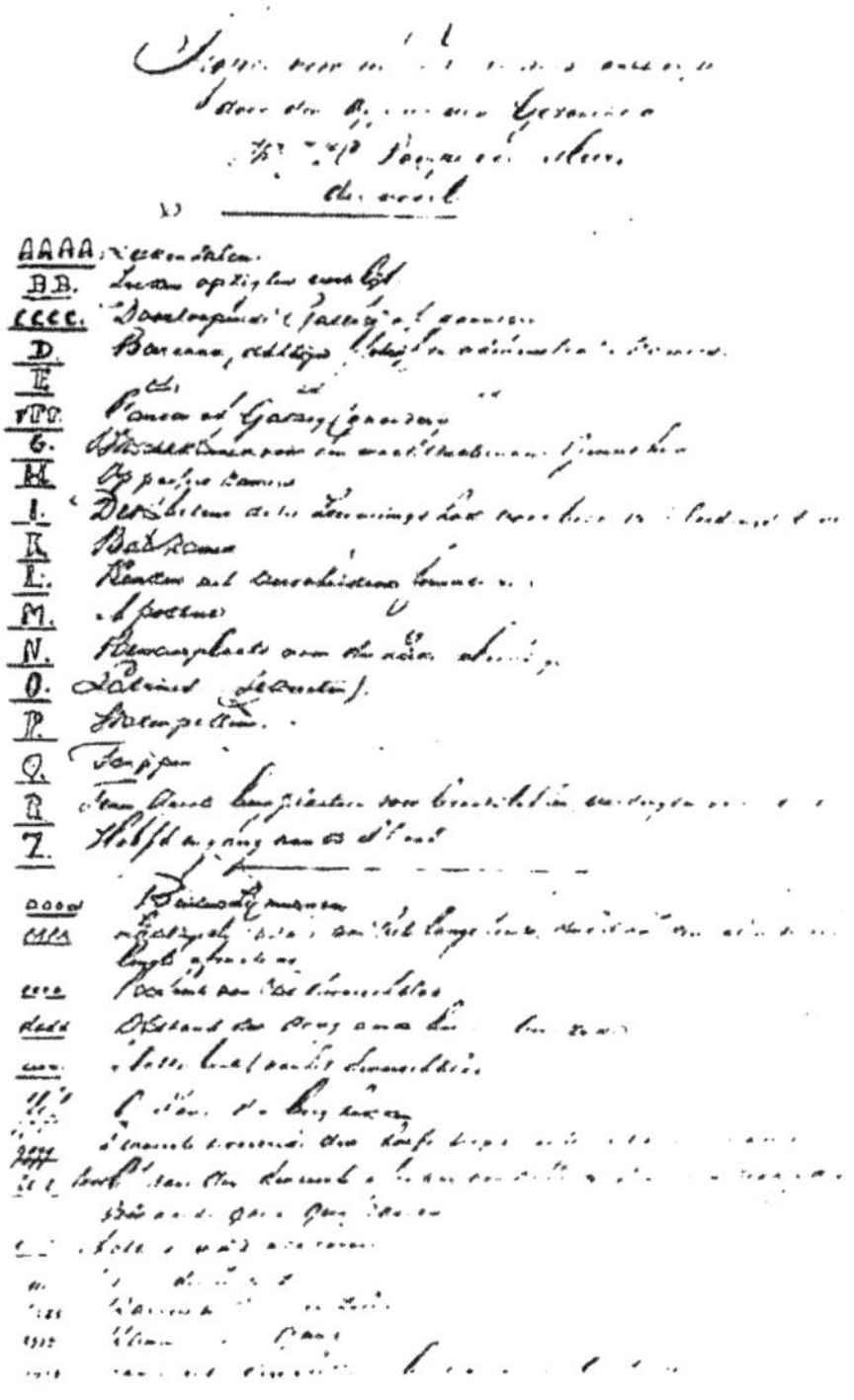

図３　ポンペによる長崎養生所の解説
東京大学史料編纂所所蔵

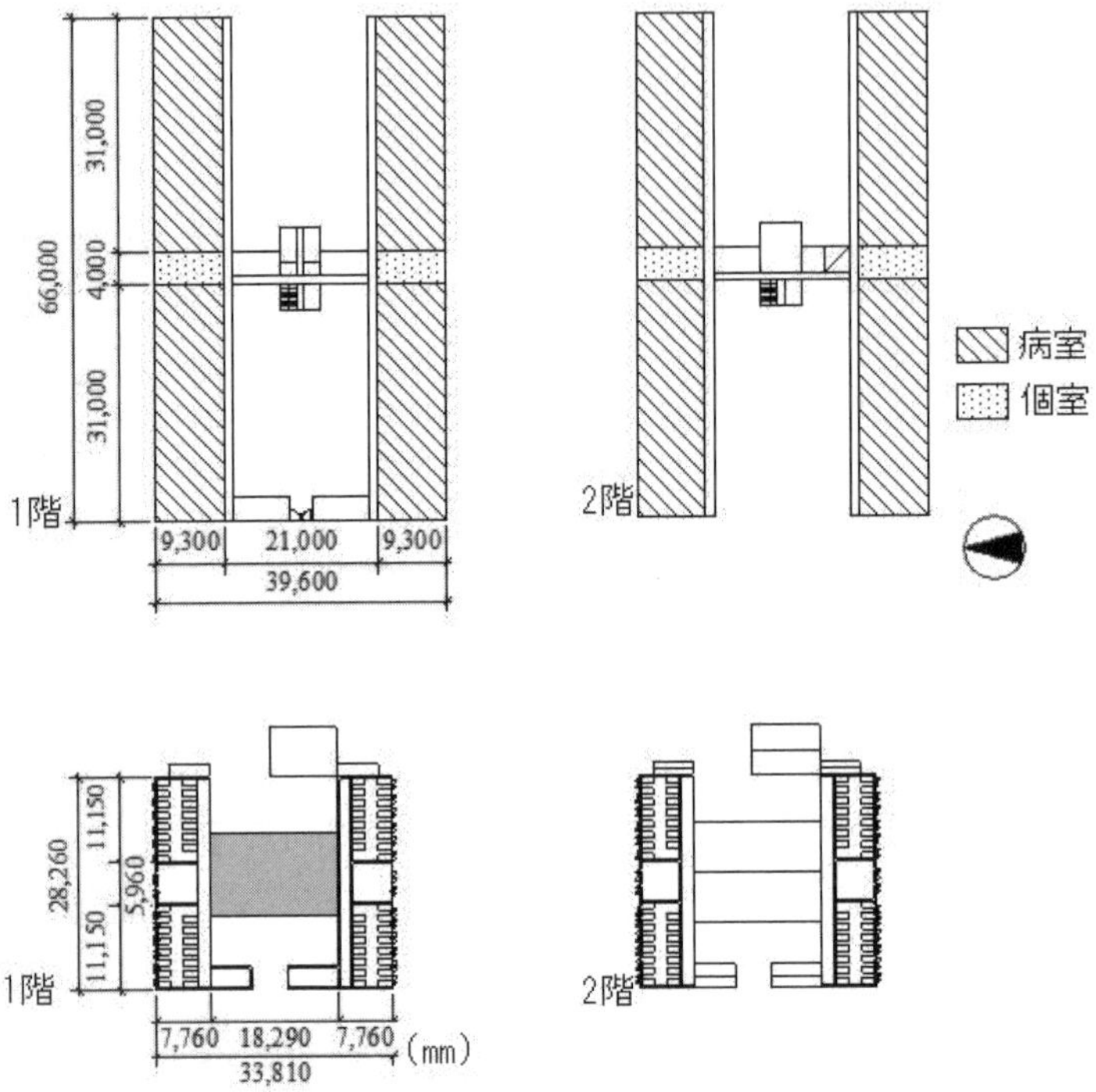

図４　長崎養生所の計画案平面予想図（上）と
実際建築された平面図（下）（深澤恵作成）

モジュールは約三一〇ミリと推測できた。この寸法は当時の長崎の尺とも異なり、オランダの寸法体系[3]と考えられる。ラインラント地方の1AMSft = 314mmと酷似しておりこの寸法体系が用いられたと特定できた。病室の寸法は長さ100AMSft 幅30AMSftなので、換算すると長さ約三一・四メートル、幅約九・四二メートルとなる。病棟の長さは約六六メートルとかなり大きい建物となる計画であった。

（２）実際に建築された長崎養生所

ポンペが幕府に提出したとされる書類は設計図とその解説からなるが、設計図は現在も見つかっていない。写真やその後転用された梅毒病院（林 一九三四）、今回の遺構発掘データから実際に建てられた長崎養生所の復原を試みる。建物の形は計画通りH型のパビリオン病棟、計

図５　長崎養生所の南側より見る（長崎大学附属図書館所蔵）
窓は押上窓と観音開の窓で、窓の下に換気口も見える

図６　長崎養生所の西側より見る（長崎大学附属図書館所蔵）

画案では病棟中央棟ともに二階建てであったのに対し、中央棟は一階建てとなり、病棟の実寸法は幅（長辺）が約二八・二六メートル、幅（短辺）が約七・七六メートル、隣棟間隔が約一八・二九メートル、高さが約九・〇四メートルと、計画よりかなり縮小された（図４）。これに伴いベッド数も計画案の二〇〇床から一二四床（六二％）となった。病室は一室一五床の病室が各棟上下に二部屋ずつ計八室、特別室が病棟中央に、また梅毒病院の遺構から病棟中央に階段室があったと考えられる（図４）。病室一室あたりの面積は約六四・四平方メートルで、ベッド一床あたりの面積は約四・三平方メートルと計画案のおよそ半分となっている。構造はレンガ造で計画されていたが実際は木造となった。

これは経済的理由と考えられるが、一方で窓には当時高価であった板ガラスがはめられ、床上には換気口が付けられており、ポンペが換気に強いこだわりを持っていたことがうかがえる。窓寸法は幅約一、二五六ミリ高さ約一、八八四ミリで、上部に外倒し窓、下部に両開き窓であった。図5の写真のように窓は多く取り付けられたが、片廊下型のため北側病棟は病室が北側となってしまい採光の面では難がある。また発掘では陶器の器が出てきており、食事が提供されていたと考えられる。

第四節　一九世紀の西洋の病院建築について

(1) オランダの建築マニュアル

"HANDLEADING"はハルデスが長崎溶鉄所（一八六一年竣工、興味のある人は三菱重工史料館に行ってみましょう）を設計するときに参照していたことから、ポンペも病院を計画する際にこの本を参考にしたのではないかと言われていた（青木、新谷、篠原 一九八六）。この本はオランダで工兵士官候補生用の参考書として出版された。何度も版を重ねた建築のマニュアル本で、一八五〇年版が一八五七年には数冊日本に入ってきており、徳川幕府の蔵書をコレクションした葵文庫にもあることから幕府へ献上されたと考えられる（図7）。この本の中の一節に軍用建物の一つとして「Hospitalen」（病院）という項があり、今回はこの部分に記載されている病院指針を見ていく。

"HANDLEADING"の病院指針には、土地の条件として以下のように挙げられている。

・なるべく乾燥している
・空気が通る
・体に悪い煙から遠い

・他の建物から遠い
・音を出す工場から遠い
・死刑の広場から遠い
・きれいな空気と強い日差しがなるべく一日中入る
・周囲の建物に高さがない
・水がたくさんある（簡単に捨てることができる）

建物については

・病棟の向きは南向き
・自然や外の人との触れ合いを目的として外から入ることのできる植物のある中庭や雨の日でも歩ける場所が必要
・各病室については四〇人以上、二列以上にしてはならない
・ベッド間の通路の幅は二エル（一、二五四ミリ〜一、二八六ミリ）
・窓は幅一エル（約六二七ミ

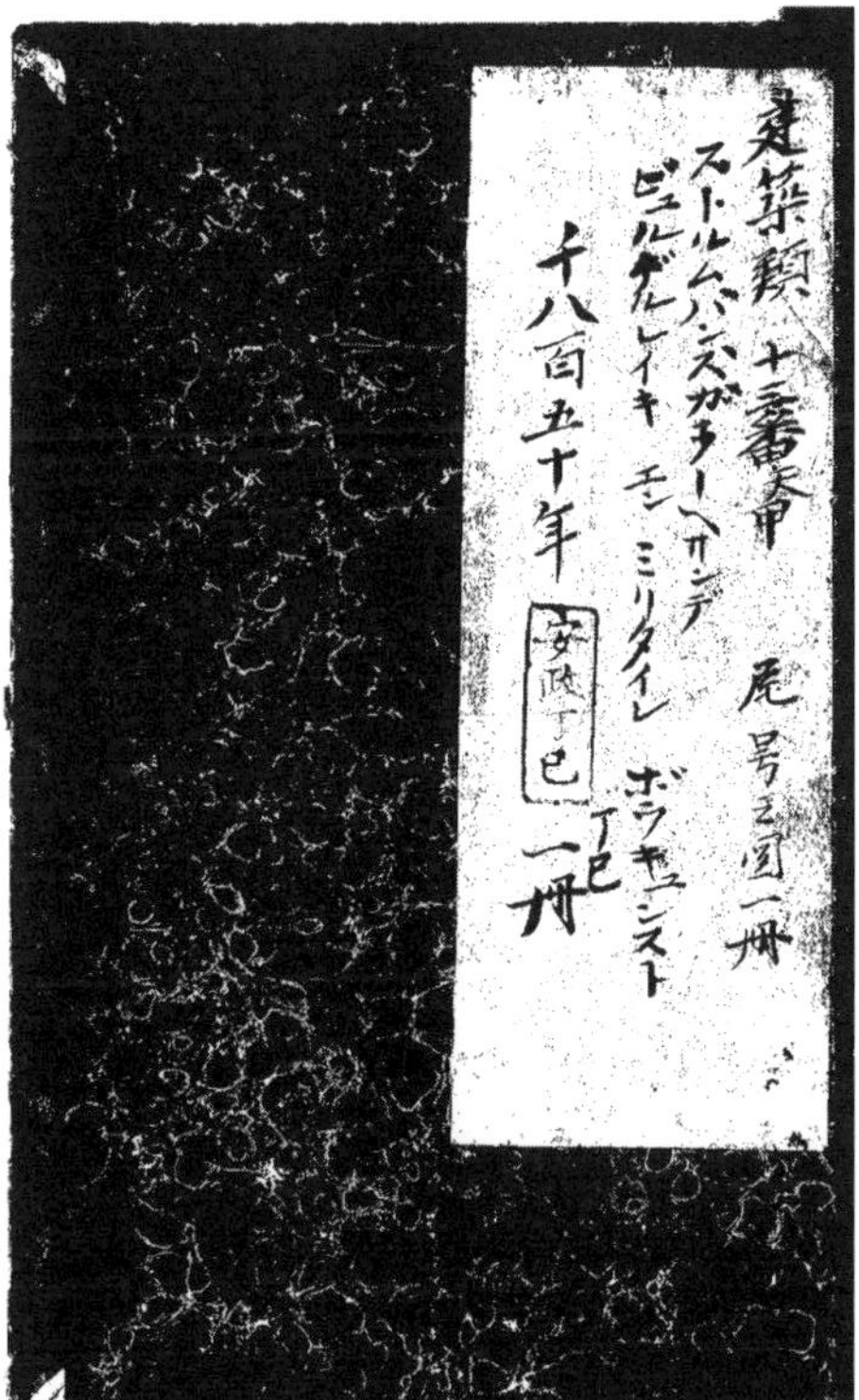

図7　江戸幕府所蔵の書籍コレクション、静岡県立中央図書館葵文庫の“HANDLEADING”に貼られた覚書
鍋島文庫にも所蔵

リ〜約一、一四三ミリ）または三エル（約一、八八一ミリ〜約三、四二九ミリ）、高さは幅の約二倍で、床から一エル（約六二七ミリ〜約一、一四三ミリ）以上の高さから作る

・ドアは移動式のベッドが入る大きさが必要

・廊下は幅三エル（約一、八八一ミリ〜約三、四二九ミリ）で広く光が入り明るい空間とする

・階段は病人の使用に考慮して勾配をきつくしないように作る

・建物は容易に分割可能であり、高さは三エル（約一、八八一ミリ〜約三、四二九ミリ）以上

(2) ナイチンゲールの病院建築指針

次にナイチンゲールの指針をみていく。ナイチンゲールはクリミア戦争からの帰還後多くの提言をし、病院に関する提言としてまとめられたのが“Notes on hospitals”である。第一版が一八五九年に出版されており、その後加筆、変更を加え、第二版、第三版が出版された。第三版では多くの図や図面が挿入された。

ポンペがオランダを発ったのが一八五七年三月、病院建設を決意して幕府に依頼をしたのが一八五八年三月、果してポンペはナイチンゲールの主張をオランダで、もしくは日本で見聞する機会があったであろうか。

ナイチンゲールの伝記によると、クリミア戦争では、戦場ではなく病院で多くの兵士が死亡していたため、ナイチンゲールは病院の衛生面を改善し死亡率を低下させ評価された。一八五六年八月にクリミア戦争から帰国すると、一一月から戦争の報告書の統計的な分析を始め、病院の衛生面の改善を各種委員会や雑誌に提出している。一八五六年にイギリスで着工したネトリー病院の建設にあたっては、ヴィクトリア女王がナイチンゲールの助けを受けるように指示しており、ナイチンゲールは多くの欠点があるとして提言をした。しかしネトリー病院では受け入れられず、それらの提言を今後の病院建築の衛生環境改善のためにと雑誌に記事を投稿した（Nightingale 1858）。それには敷地の条件や病棟計画案、諸室の計画の際の注意点等“Notes on hospitals”と同様の項目が多数書かれている。同年には軍

の病院のための指針として換気やパビリオン病棟についてのレポートもある（Nightingale 1858）。理論武装のためのデータ収集はイギリスだけでなくフランスやベルギー、ドイツの事例への言及があり、ナイチンゲールが広いネットワークを持って活動していたことが分かる。

以上のようにナイチンゲールは、ネトリー病院の着工が一八五六年であることから帰国後すぐに病院建築について発言していた。"Notes on hospitals"は版を重ねるごとに増補され、第三版が病院建築の集大成と位置付けられる。しかしここでは第一版が長崎養生所設立と同時期に出版されていることから以下、第一版の指針を見て、ポンペ計画案と比較する。

"Notes on hospitals"では病院に不可欠な条件として

・新鮮な空気
・光
・十分なスペース
・病気別に建物を建てるもしくはパビリオンへ細分可能

以上四つが示されている。建物の具体の指摘として、

・窓の寸法は、床から三～四フィート（九一四ミリ～一、二一九ミリ）[4]以内の高さに作り、四フィート八インチ（一、四二二ミリ）以上の大きさとする。
・病院の形としてはパビリオン病棟を最良とする。
・換気および光への影響からパビリオン間の距離を高さの二倍以上にする。
・一部屋のベッド数に関しては二一～三二台が望ましい。
・ベッド一台あたりに必要な容積は一、五〇〇立方フィート（四二・四七五立方メートル）。
・二列のベッドの幅は一三フィート（三・九六メートル）を確保する。

以上のような寸法や構造の他にも病院の内装やベッドに使用する材料についても衛生的な観点から詳述されている。

（3）二つの病院指針の比較からみた当時の西洋の病院建築

二つの病院指針を比較すると（表1）、一致する項目として、敷地の条件、ベッド数、窓の幅がある。敷地については両方の指針に見られることから、病院の建設において、新鮮な空気があり、光が良く入り、建物をつくるのに十分なスペースがある場所であるという条件は西洋で一般化していたと考えられる。ベッド数については、ナイチンゲールはドイツやベルギーには制限があり、それに倣うべきことを述べており、病室ごとのベッド数が当時規定され始めていたと考えられる。また窓については換気設備として捉えると、ナイチンゲールは換気について二酸化炭素排出量だけでなく水分の蒸発量にも留意すべきことや、換気をよくすることで病状が改善した事例を報告して大きさの算定を行っている。二酸化炭素への配慮はこの時期に一般化していたが、水蒸気についてはナイチンゲールの新たな着眼点といえ窓の幅の一致は偶然だと考えている。

次に一致しなかった項目としてベッド間の通路の幅、窓の床からの高さがある。ベッド間の通路の距離は、"HANDLEADING"は二エル（約一、二五四ミリ〜二、二八六ミリ）、"Notes on hospitals"は一三フィート（約四、〇〇〇ミリ）と開きがあり、後者は看護師の動線や作業スペースを配慮するという新しい提案を含んでいる。

窓の床からの高さは"HANDLEADING"は一エル（約六二七ミリ〜一、一四三ミリ）以上、"Notes on hospitals"は二〜三フィート（約六一〇ミリ〜九一〇ミリ）以内と、後者は窓の下端が低く抑えられている。ナイチンゲールは換気方法は自然換気が最も優れていると記述しており、窓に換気の役割を期待していたため上下に長い窓を推奨したと考えられる。窓以外にも床上や天井部分の開口の設置を推奨している。

"Notes on hospitals"にだけ見られる指針として、ベッド一台当たりの容積と、病棟の形が「パビリオン型」とい

表１　病院指針の比較

	HANDLEADING(1858)	Notes on hospitals(第1版, 1859)	一致程度
敷地条件	空気のとおるところ	新鮮な空気	○
	悪い煙から遠い		
	強い日差しがなるべく1日中入るように	光	○
	周囲の建物に高さがないところ		
	他の建物から遠い	十分なスペース	○
	音を出す工場から遠い		
	死刑の広場から遠い		
	水がたくさんある方がよい（簡単に捨てることができる）		－
建物のタイプ	容易に分割可能	病気を別の建物あるいはパビリオンへ細分させること	◎
ベッド1台当たりの容積		1500ft^3	－
ベッド数	40台以上にしてはならない	21～31台	○
ベッド間の通路の幅	2el(約1,254mm～2,286mm)	13ft(約4m)	×
窓の床からの高さ	床から1el(約627mm～1,143mm)以上の高さから作る	床から2～3ft（約0.61m～約0.92m)以内	×
窓寸法	幅：1el（約0.627m～約1.143m）または3el(約1.881m～約3.429m)	幅：4フィート8インチ（約1.42m)以上	○
	高さ：幅の約2倍		
	屋根の窓　幅：高さは1：1		－
窓の数		2つのベッドごとにひとつ	－

表２　“HANDLEADING”とポンペ計画案

	HANDLEADING(1850)	一致程度
敷地条件	空気のとおるところ	○
	悪い煙から遠い	
	強い日差しがなるべく1日中入るように	○
	周囲の建物に高さがないところ	
	他の建物から遠い	○
	音を出す工場から遠い	
	死刑の広場から遠い	
	水がたくさんある方がよい（簡単に捨てることができる）	○
建物のタイプ	容易に分割可能	○
ベッド1台当たりの容積		－
ベッド数	40台以上にしてはならない	○
ベッド間の通路の幅	2el(約1,254mm～2,286mm)	×
窓の床からの高さ	床から1el(約627mm～1,143mm)以上の高さから作る	－
窓寸法	幅：1el（約0.627m～約1.143m）または3el(約1.881m～約3.429m)	○
	高さ：幅の約2倍	
	屋根の窓　幅：高さは1：1	－
窓の数		－

表３　“Notes on hospitals”とポンペ計画案

	Notes on hospitals(第1版, 1859)	一致程度
敷地条件	新鮮な空気	○
	光	○
	十分なスペース	○
ベッド1台当たりの容積	1500ft^3	※
ベッド数	21～31台	○
ベッド間の通路の幅	13ft(約4m)	※
窓の床からの高さ	床から2～3ft(約0.61m～約0.92m)以内	×
窓寸法	幅：4フィート8インチ(約1.42m)以上	○
窓の数	2つのベッドごとにひとつ	－

※記述はないが計画とは一致

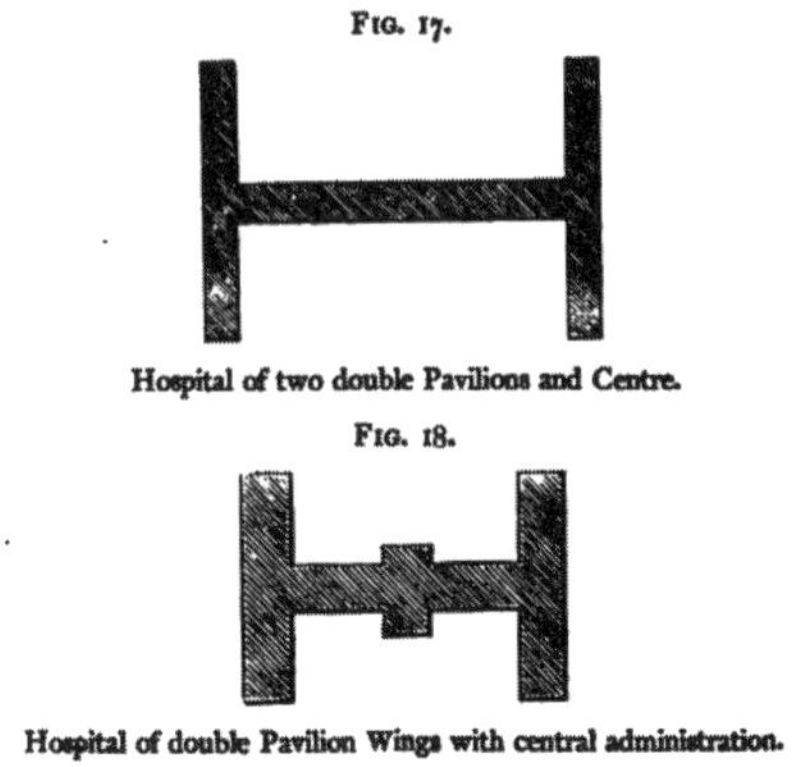

図8　小規模病院向けの改善プラン案
Notes on hospitals 第三版より

う二点がある。汚い空気を澱ませないため高い容積を求め、約一、五〇〇立方フィート（四二・四八立方メートル）が提示され、パビリオン型病棟は病棟の自立性が高いため、各病棟同士の感染を防ぐことができ、規模の拡張がし易いため推奨している。

ポンペの計画案に立ち返ると（表2、3）、敷地の条件、ベッド数、窓の幅は一致する。「ベッド間の通路の距離」は、長崎養生所の病室の寸法が約三一・四メートル、幅約九・四二メートルで、当時のオランダのベッド寸法が約幅〇・八八メートル、長さ一・八三メートルであることから、ベッド間の距離は五・七六メートルとなり“Notes on hospitals”よりやや広い。「ベッド一台当たりの容積」が一、五三五・六八立方フィート（約四三・四七立方メートル）であること、病棟の形としてパビリオン病棟を採用していることは、“Notes on hospitals”と一致している。病棟の形はポンペはH型を主張しており、ナイチンゲールが第三版で例示した小規模病院向けの案と同じである（図8）。

第五節　長崎養生所のその後の日本での影響

その後建設された国内の病院を見ると、「順天堂医院」は当時の大きな建物の例として遊郭を範とした（酒井）とあり、長崎養生所の建物の影響は受けていない。「卯辰山養生所」は黒川良安が一八六八年に医学校設立のための長崎に調査に訪れたとあるが、金沢市図書館所蔵の複製図面では、病棟・管理棟が別に作られており、病室にベッドはなく置畳が置かれ小石川養生所に近い。治療に使用することを目的として庭が作られている点、看護人を付き添い人ではなく職業として雇っていた点は長崎養生所と共通しており、建物の形態的な影響は少ないが医療体制に長崎養生所やポンペの教えが垣間見える。「早稲田蘭疇病院」は図面は残っていないものの、「蘭学全盛時代と蘭疇の生涯」や「早稲田わが町」(安井 二〇一七)に詳しい記載がある。見ると、建物は洋式病院で病棟が二棟あり、その間に管理棟がありとほぼ長崎養生所と同形である。東寄りの棟にはベッドが四〇~五〇床、南寄りの棟は畳であったといい、窓にはガラスが使用されていた。蘭疇病院を開設した松本良順は、医学上ポンペを補佐しただけでなく、長崎養生所建設にあたってポンペの通訳を行ったと言われ、ポンペの思想すべてを強く受け継いでいたと言える。松本良順は蘭疇病院で医学の伝習にも力を入れており、第二の長崎養生所を作ろうとしたことがうかがえる。

おわりに

長崎養生所は臨床の場として一八六一年に竣工し、翌年には医学伝習所も隣地に移転し、治療だけでなく医学教育の拠点となった大学病院の原型である。

ポンペが来日時に二八歳であったことを考えると、病院の設計(基本計画)の経験は多くないと考えられ、参考資料に目を通しながら設計をしたと想像される。オランダの建築マニュアルである"HANDLEADING"については同時期に日本に入っていること、長崎溶鉄所でも参考にされていることを考えると見た可能性は高い。ナイチンゲールについては直接的な証拠は発見できていないが、彼女が一九五六年の帰国後すぐにチームを組織して病院環境改善のキャンペーンを張っていたこと、さらに"HANDLEADING"では触れられていないパビリオン病棟の採用や病室の容積の一致、窓や換気口といった換気へのこだわりから、彼女の言説に触れ、参照した可能性は高い。ただし当時の最新の知見を踏まえて建設された長崎養生所であったが、その後の日本の病院建築に及ぼした影響については残念ながら少なかった。

注

（1）分離独立して作られる一棟をパビリオンといい、パビリオン型病棟とは科・看護単位ごとにスペースが分離した病棟の集合。

（2）オランダには当時複数の単位系があり、〇・二エルは一二六ミリ〜一二九ミリとなる。

（3）当時のオランダで使用されていた単位（AMSft 等）は国内で地域差があった。今回の結果から、ラインハルト地方の一フィート＝三一四ミリが採用されたと考えられる。平戸に残る松浦史料博物館所蔵のオランダ尺はラインハルト尺とアムステルダム尺が刻まれている。なおアムステルダム尺では一フィート＝二八三ミリとなる。

（4）イギリスで刊行されているので当時の帝国単位一フィート＝三〇四・八ミリで換算

参考文献

青木正夫、新谷肇一、篠原宏年「長崎養生所の敷地選定と配置計画について―日本最初の近代洋式病院、長崎養生所に関する計画史的研究 I―」日本建築学会計画系論文報告集、三六二巻、一九八六、六三－七三頁
厚生労働省「医療施設動態調査」、二〇二〇年三月
酒井シヅ「順天堂医院の今昔」https://www.juntendo.ac.jp/corp/history/time/story10.html（二〇二〇年一〇月一日最終閲覧）
篠田達明『空の石碑　幕府医官松本良順』日本放送出版協会、二〇〇一
芝哲夫『オランダ人の見た幕末・明治の日本』菜根出版、一九九三
林郁彦「長崎小島養生所に就て」長崎談叢：V一四、一九三四、一三－三一頁
福濱嘉宏「小石川養生所の絵図面を中心とした建築的史料の検討と復元的考察」東京大学史紀要（三三）、二〇一五、一－三七頁
安井宏『早稲田わが町』書籍工房早山、二〇一七
(Florence Nightingale) “Hospital construction”, 1858.7.24, Vol. 14, p. 493, “Sites and constriction of hospital”, 1858.8.28, vol. 16, pp. 577–578, “Construction of hospitals — the ground plan”, 1858.9.11, vol. 16, pp. 609–610, plans on p. 643, “Hospital construction — wards”,

1858.9.25, vol. 16, pp. 641-643 plans on p. 643, いずれも雑誌 The Builder
Florence Nightingale : Subsidiary Notes as to the Introduction of Female Nursing into Military Hospitals in Peace and War, HARRISON AND SONS, ST. MARTIN'S LANE, W.C, 1958
Pompe van Meerdervoort, J. L. C. : Vijf jaren in Japan（1857-1863）, Van den Heuvell & van Santen, 1868

書籍案内

司馬遼太郎『胡蝶《こちょう》の夢《ゆめ》』一～四巻、新潮文庫、一九八三年一一月二五日（一巻）発行

司馬遼太郎による歴史小説であるため多少の誇張はあるが、当時の漢方から蘭学への変転の様子、引いては幕末から明治維新の日本の様子が様々な人物の角度から描かれている。

史跡案内

長崎（小島）養生所跡資料館　所在地　長崎市西小島一丁目八番一五号

長崎養生所があった場所は現在仁田佐古小学校となっており、病棟部分には体育館が建てられている。体育館の一階に長崎（小島）養生所跡資料館が併設され、発掘の跡や病院の模型を見ることができる他、医学の歴史やポンペの医学上の功績などがわかる。

開館時間は午前九時～午後五時、毎週月曜日と一二月二九日～一月三日が休館となっている。なお月曜日が祝日の場合は開館。入館無料。

第一三章　長崎医科大生たちの一九四五年

赤澤祐子

はじめに

一九四五年八月九日、長崎は一発の原子爆弾で壊滅した。熱傷、爆風、放射線によって同年一二月末までに、七三、八八四人が犠牲となり、七四、九〇九人が負傷した。無傷であっても家族の死や負傷、住居の破壊、失業等の形で原爆の影響を受けた人は一二〇、八二〇人に上った[1]。

当時の長崎医科大学は原爆で被災した唯一の医科大学である。爆心地から約五〇〇ｍに位置していた医学部、および七〇〇ｍに位置していた大学病院では多数の学生や医療スタッフが犠牲になり、その合計数は八九八名といわれる。本章では一九四五年と二〇二〇年現在の写真を比較しながら、当時学生の状況を中心に、長期にわたって被ばく者に影響を残した放射線障害についても触れる。

第一節　長崎医科大学

（1）講義中に命を落とした医学生

太平洋戦争中、人員不足で医科大学のほとんどが定員割れであった。現在と違い医科大学の門は広く、各教室の教授が出身高校まで勧誘に出向き、一五分程度の面接で入学が決まった学生もいた。[2] 戦争による医師不足で医学生は早期卒業を余儀なくされていたため、学生たちは三年で卒業しなければならなかった。八月九日にも夏休み返上で授業が行われていたため、多数の犠牲者が出る結果となった。

手記集『忘れな草』や旧長崎医科大学の原爆記念誌『追憶』には、原爆で命を落とした長崎医科大生の細かな消息、遺族の手記、学生本人が生前に書いた手紙などが記録されている。[3] 以下は医学生が父との思い出をつづった短歌である。[3]

静かなる木陰に父と二人して　並び座りて写生したりき

当時の学生にはソーシャルネットワークサービス（ＳＮＳ）はなかったのであるから、短歌という形で毎日の出来事や思い出を記録しようとした様子がうかがえる。

一九四五年の医科大学構内を図１（上）に示す。[4] 当時の医科大学には、木造の建物が木立の中に点在しており、いくつかの小さなコンクリートの建物も存在した。二〇二〇年現在の長崎大学坂本キャンパス（医学部）と比較すると、敷地の形はほとんど変わっていない。当時は医学部の他に現在の薬学部の前身である長崎医科大学附属薬学専門部（薬専）と、軍医を養成するための附属医学専門部（医専）もこのキャンパス内にあった。現在、「原爆の爆風で

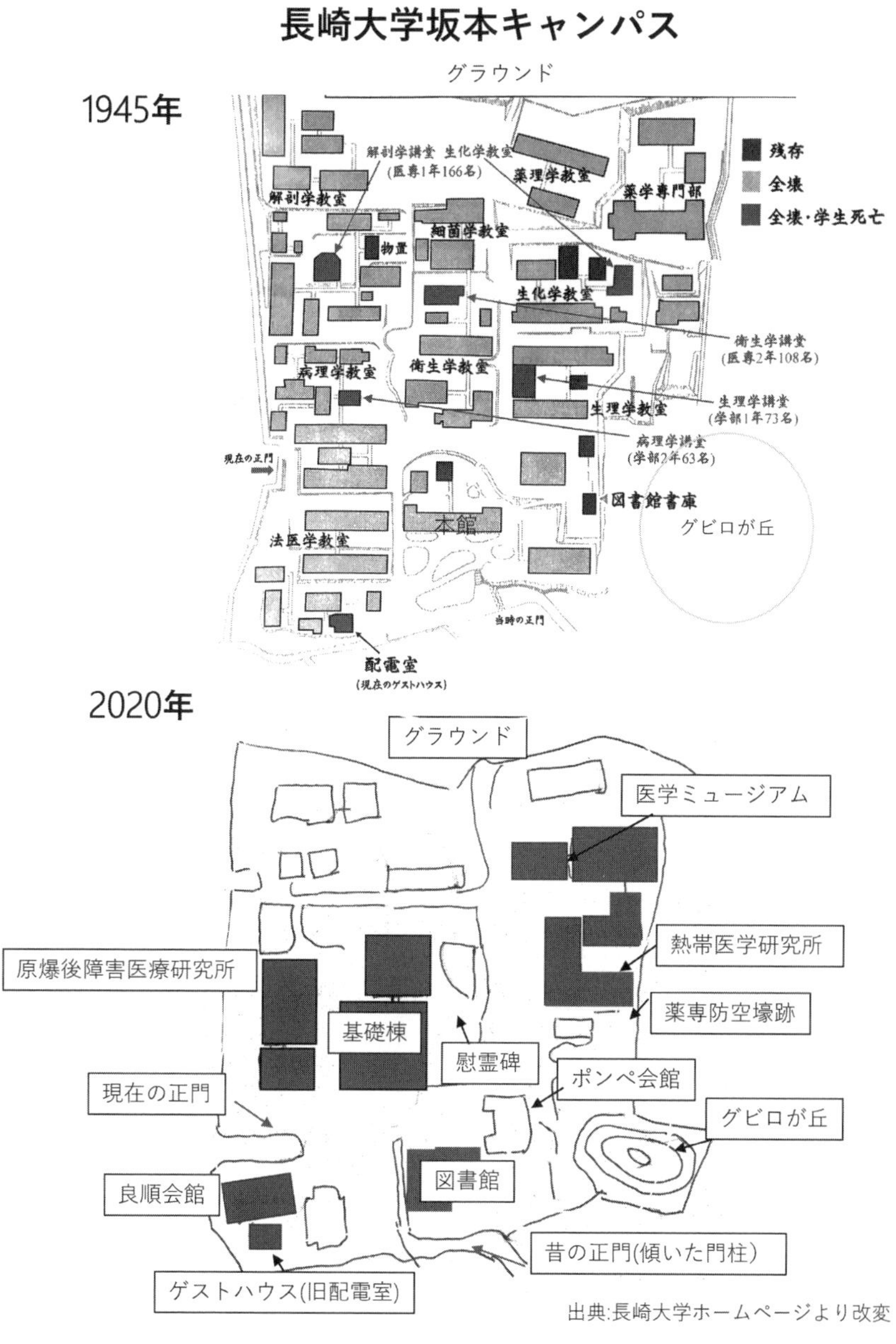

出典:長崎大学ホームページより改変

図１　長崎大学坂本キャンパス

図２　坂本キャンパス構内の今と昔

傾いた門柱」として原爆遺構が残存している裏門が、当時の正門であった。原爆投下後の医科大学本館の東から撮影されたと思われる一枚の写真がある。岩屋山が見える位置を参照し、近い場所と考えられる現在の図書館二階からの写真と並べて図２に表示する。点線で囲まれた付近が当時の病理学教室付近である。

病理学教室は原爆投下時に木造の講堂で、教授と医学部二年生、六三人の学生全員が死亡した。多くは全壊した建物の下敷きとなり、間もなく発生した火災により死亡したと考えらえる。しかし『忘れな草』の記録をたどると、少なくとも病理学教室から二五人が一時脱出している[3]。その中の一人が存命の間に伝えたところによると、授業を行っていた梅田教授が「一般に人間の心臓の大きさはほぼその人のこぶし大で～」と語った瞬間に閃光があり、学生一同教授の顔を見つめ、教授も学生を見渡した。その直後、瞬時にして教授の後ろにあった防火壁が倒れ掛かると同時に教室全体が倒壊した[5]。脱出後、遠くは佐世保や九州外の実家までたどり着いた学生もいた。しかし、医学部で講義中に被ばくしたすべての学生と教授は数週間のうちに、下痢、嘔吐、発熱、出血等の放射線障害により死亡した。

放射線被ばく後数週のうちに現れる急性影響と、数か月以降の潜伏期を経て出現する晩発性影響に区別されるが、上述の症状は急性影響である。放射線が人体に吸収された量を表す単位にはグレイ（Ｇｙ）が使われる。一般に人は七・〇Ｇｙを一度に浴びると死亡する。被ばく量は爆心地からの距離と遮蔽物の有無で決定される。爆心地から五〇〇mの屋外における被ばく量はガンマ線が七八・五Gy、中性子線が三・三Gyと推定される。合計約八一・八Gyである。一般に木造家屋における被ばく量は屋外と比較して、約五〇％であるが[6]、爆心地から五〇〇mでは木造家屋内でも四〇Gyの被ばくとなり、致死量の五倍以上と想定される。爆心地から五〇〇mの木造校舎にいた医学生たちに助かる術はなかった。また、爆心地から一kmにおける屋外被ばく量は八Gyであるから、屋外にいた人のほとんどは致死量の放射線を浴びていた。事実、爆心地より一km以内では外傷のない被ばく者の九四・一％が死亡している。一方、爆心地から二kmでは被ばく量は〇・一三Gyと格段に低くなる。

図３　薬専防空壕跡

（２）薬専の防空壕

現在の熱帯医学研究所の裏に射程場跡があり、奥には小さな慰霊碑が立っている（図３）。薬専防空壕跡である。長崎医科大学附属薬学専門部は現在の坂本キャンパスの北東の端にあった。ここでは三年生の二三名が、防空壕の補強工事中に被ばくした。当時の防空壕は物理が専門の清木美徳教授が設計し、空襲から守られるように、複雑な設計となっていた。爆心地から同様の距離で被ばくしたとしても、コンクリート相当の遮蔽物があった場合、被ばく量は屋外および木造家屋と比較して相当に低くなった。これが幸いして原爆投下当時薬専防空壕内にいた数人のみが生き残ることとなった[3]。彼らは壕内で掘削していたところ、飛行機の音と同時にゾー、ゾーという落下音が聞こえた。「あ、静かに！」と身を屈めた直後に原子爆弾が炸裂した[5]。

図４　グビロが丘の今と昔

原爆投下時に外にいた学生や教授は一部が即死を免れ、壕内に運び込まれて看病されたが全員が一－二日以内に熱傷・急性放射線障害で死亡した。中には怪我を負って避難しようとする途中、白炭を用いて岩に辞世の句を書いて残した学生もいた。[3]

たらちねの一枝つみて先立つ身　若葉散りゆく悲しさのこさじ

（３）図書館とグビロが丘

現在の正門から入って右、現在の良順会館付近には法医学教室が存在した。その廃墟付近から撮影されたのが、図４（左）の写真である。一九四五年当時、グビロが丘の木は倒壊、焼失し、そのむこうの山が見えているが、現在のグビロが丘には木が茂っている。一九四五年の写真中央の白い建物が当時の図書館で現在のポンペ会館付近と思われる。図書館の建物は残ったが、書籍はすべて焼失した。図書館の右手前に廃墟となった講堂跡がある。当時の地図を参照し、同じ場所と思われる地点に★印を付けた。

第二節　大学病院

風呂後はしば落ち着く試験中　このころしきり母が恋しき

図５　大学病院の今と昔

原爆の犠牲となった医学生が生前に詠んだ短歌である。[3] 原爆投下当時三年生は卒業間近の臨床実習中であった。試験の質疑応答の最中に被ばくした学生もいた。病院は爆心地から約七〇〇ｍで、前述の基礎教室と違いコンクリート製の建物が多かった。しかし、内部は著しく破損し、火災が発生した。多くの医療関係者や学生が、熱傷、外傷、放射線障害により犠牲となった。

一九四五年の大学病院を写真で振り返ると（図5左）、当時は坂本町側の入り口まで路面電車が通っていた。次に原爆投下前の病院の地図と、二〇二〇年の地図を並べて図6に示す（出典（4））。病院の当時の敷地も、現在の形とほぼ同様である。二〇二〇年現在[4]の歯学部本館隣の立体駐車場付近に当時の病院本館があった。さらに奥には北に向かって内科病棟、耳鼻科病棟、外科病棟、産婦人科病棟が連なっていた。現在の病院ロータリー玄関付近には小児科、眼科病棟が建っていた。

大学病院は、本来長崎市の空襲の際に救護、治療の中核となるはずであり、臨床教授、医師、看護師、学生らからなる医療隊を一一班結成し、訓練を行うなどして空襲の非常事態に備えていた。[1,7] しかし、原爆投下直後ほとんどの職員が被害を受ける中、なんとか機能できたのは『長崎の鐘』[7] で著名な放射線科の永井隆博士、外科の調来助教授、および古野屋宏平教授が率いる班のみであった。

長崎大学病院

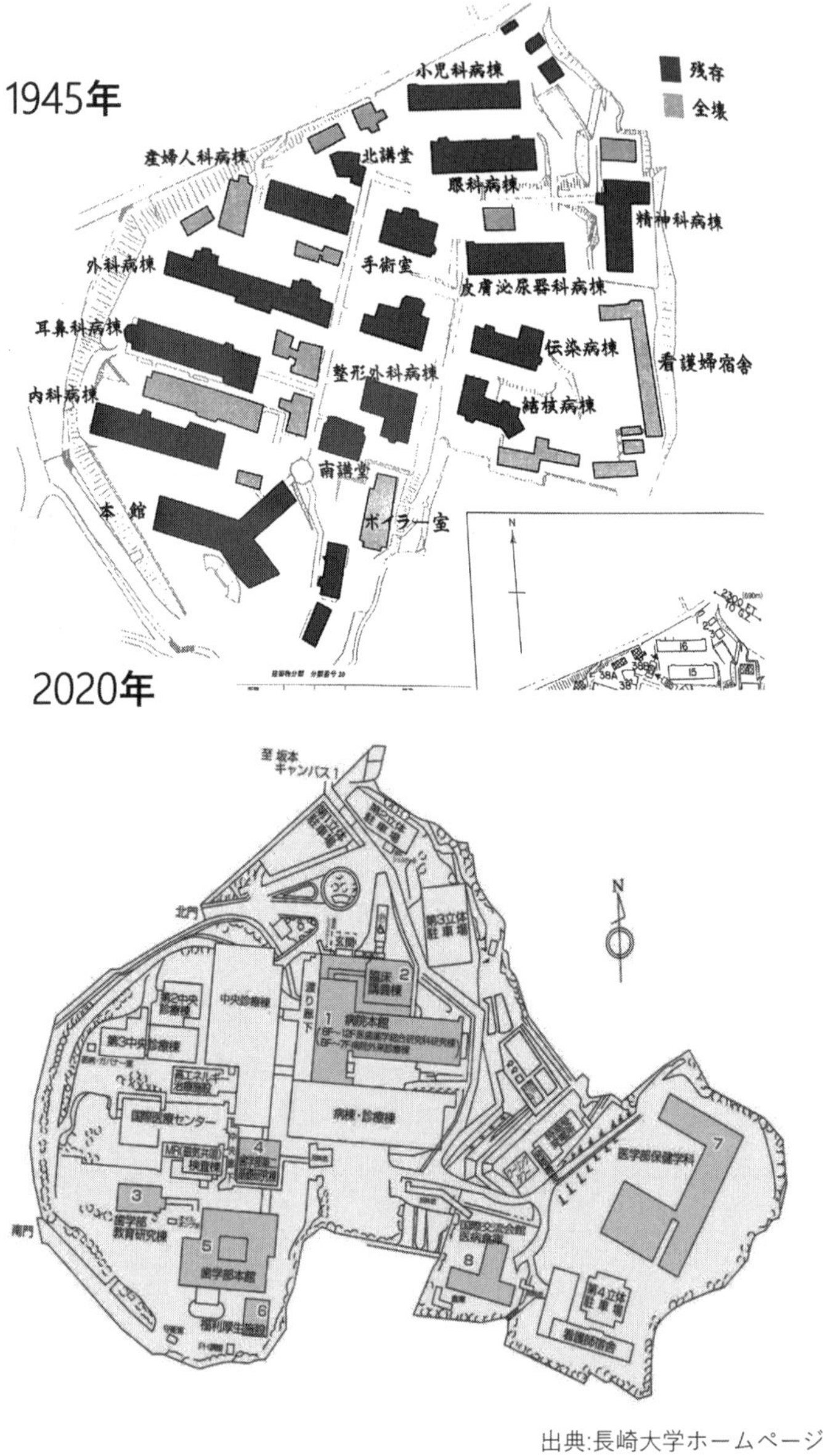

出典:長崎大学ホームページ

図６　長崎大学病院

第三節　穴弘法

大学病院の裏の山に、当時医科大学の避難所として指定されていた穴弘法寺がある。爆心地より約一ｋｍに位置していた穴弘法寺は原爆により全壊した。穴弘法周辺には洞穴や井戸もあったため、負傷した付近の住民も多数集まり、一時仮設の救護所となった。軽傷であった医学生たちは、医師・看護師たちとともにわずかな医療品で、救護にあたった。(4)(5) 大学病院から穴弘法周辺までは、近隣の住民もめったに登らないほどの険しい石段が続く（図7）。負傷者を運ぶことは非常に困難だったと思われる。

前述の薬専防空壕内にいて助かった清木教授と薬専の学生も、怪我を負った数十名の学生らのために数時間をかけて穴弘法周辺にたどり着き、永井博士に助けを求めた。(5) 永井博士と清木教授は、原爆翌日に米軍が撒いた降伏を促すビラによって、投下された爆弾が原子爆弾であることを知った。ここで放射線の知識や経験に詳しい両者は、被ばく後から感じていた強い倦怠感がいわゆる〝放射線宿酔〟と呼ばれる急性障害であることに気が付いた。

一方、原爆投下時に大浦方面に出向いていた住職は、お茶をごちそうになり、電車に遅れたために難を逃れたという。以降、再建された穴弘法寺に参拝する人には、なるべくお茶をふるまうのが伝統となったという。その習慣は二〇二〇年現在も続いている。

図7　穴弘法に向かう坂

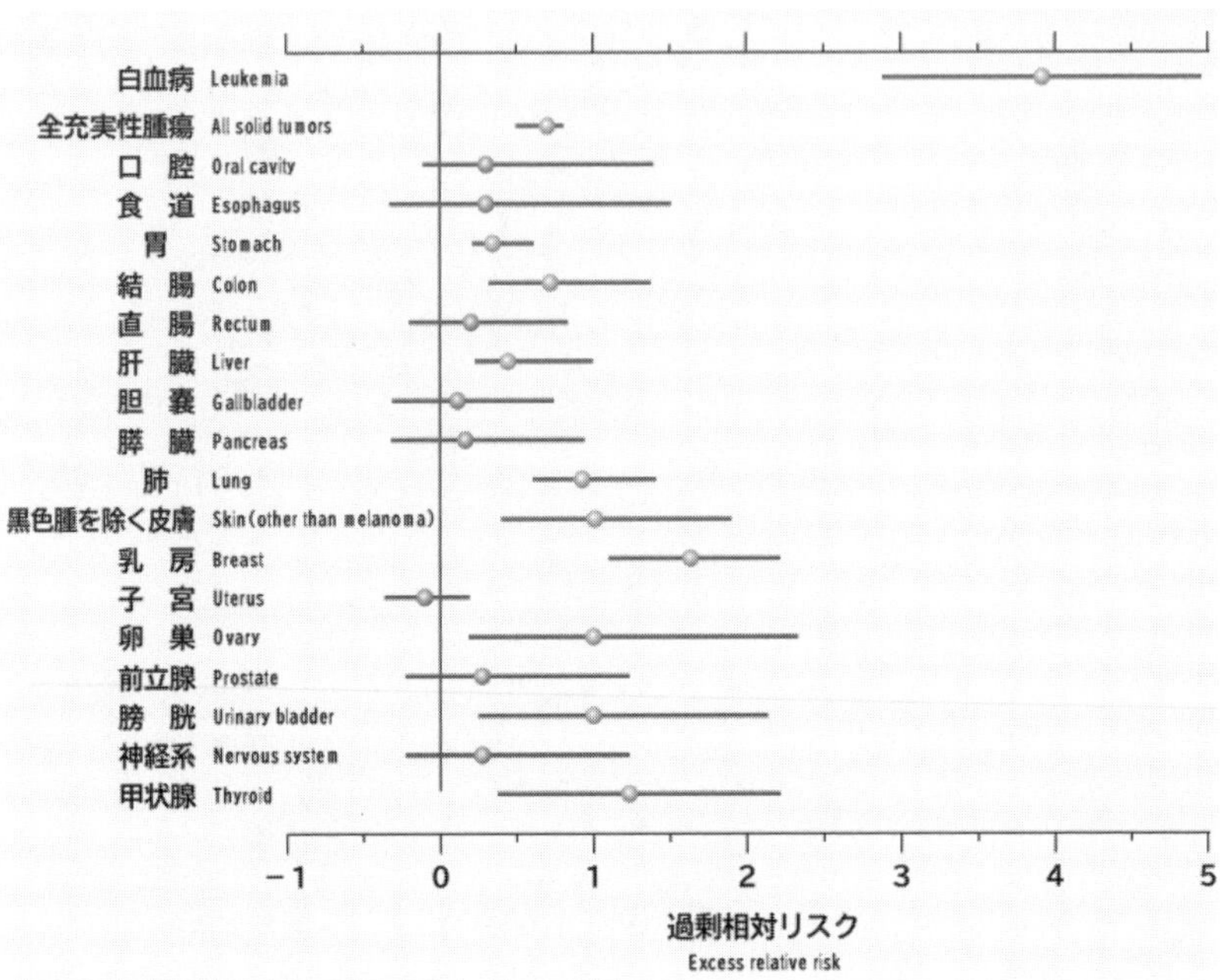

図８　悪性腫瘍の部位別の 1Sv 当たりの過剰相対リスクの推定値および 95%信頼区間（1958 ～ 1987 年）

第四節　原爆医学資料展示室

坂本キャンパスの医学ミュージアムの一角に原爆医学資料展示室が設けられており、平日九時－一七時に見学できるようになっている。ここには、ある学生が被ばく当時に着ていた「血染めの白衣」が展示されている。のちに、現在の長崎大学原爆後障害医療研究所（原研病理）の初代教授となった、当時三年生の西森一正氏のものである。西森氏は皮膚科の臨床実習中に、病院内で被ばくした。外傷で出血し、穴弘法に向かう山腹で一時失神しながらも避難した。その後高知の実家に帰りついたという。一九四六年九月に諫早の仮校舎（現在の諫早総合病院）で、生き残った三三名と教授四名が集まり、西森氏らの卒業式が行われた。お祝いの御馳走は蒸し芋三個であったという記載から、当時の食糧難がうかがえる。(6)

長崎大学原爆後障害医療研究所では、主に放射線の晩発性影響について研究を継続して行っており、その概要は当展示室にも設置されている。図8は広島・長崎の原爆被ばく者においてそれぞれの癌で死亡するリスクを表したものである（長崎原子爆弾の医学影響より引用）[8][9]。

長崎原爆では近距離（爆心地二km以内）の被ばく者に次のような影響が見られる。まず五－一〇年で白血病が増加し、特に若い被ばく者が犠牲になった。被爆一〇年以降には乳癌、甲状腺癌、消化器癌、肺癌、皮膚癌、膀胱癌などが増加し、多くの腫瘍でその傾向が今でも続いている。また、原爆投下から長い年月が経った現在でも多重癌（二つ以上の臓器で腫瘍が発生すること）が増加し続けている[9][10]。一九八六年のチェルノブイリ原発事故後、癌増加は甲状腺のみにとどまっている。同事故では食事や呼吸から体の内部に放射線を取り込む内部被ばくが主体であり、放射性ヨウ素が甲状腺に集積したためであると考えられている。それに対して、原爆被ばくでは体の外から被ばくする外部被ばくの割合が大きかったため、様々な臓器において発癌リスクが増加したことが特徴である。

原爆を経験した人には、身体的な影響のみならず長期の心理的な影響も報告された[11]。精神健康調査一二項目短縮版（ＧＨＱ12）調査票のスコアは高いほど精神の健康が害されていることを示す。二〇〇二年に発表された論文において、ＧＨＱ12スコアは被ばく距離が近いほど高く、急性放射線障害を経験した人に高い傾向があり、家族、友人、知人を失った人に高い[11]。原爆で生き残った医学生・医師らの手記の中にも、心理的外傷ストレス障害（ＰＴＳＤ）、救護活動後のバーンアウト（燃え尽き）、サバイバーズ・ギルト（助かったことへの罪悪感）と推測される症状が記載されている[5][12]。当時の医学生の一人であった川野正七氏は、被ばく六〇年の記念講演で「生き残って申し訳ない気持ちである」と心境を語っている[4][13]。

終戦前には日本政府における管制により、原爆の被害は大きくは伝えられず、終戦後も原爆関連の研究発表やメディア報道はＧＨＱによって厳しく規制されていた[1][2][14]。終戦直後、マンハッタン計画のトップであるレズリー・グローヴスは、記者会見で原爆による急性放射線障害について、「日本のプロパガンダである」と語っている[1]。それは現在でいう「フェイクニュース」に近い扱いであった。そのような中、ＧＨＱ占領下で長崎・広島で行われた被ばく者の病理解剖の臓器や記録は米国本部に送られ、日本にほとんど残っていなかった。前述の原研病理・西森氏らはこれらを日本に返還する交渉を開始し、臓器や資料は一九七八年に日本に返還された[6]。現在、これらの貴重な臓器や記録は、原爆医学資料展示室と同じ建物内にある被爆者剖検標本保管室・AFIP（アメリカ陸軍病理学研究所）返還資料保管室において保管されており、情報のデジタル化が進められている。

おわりに

原爆で多くの命が犠牲となり、被ばく者に長期にわたる放射線の影響を残した。被ばくした医学生らは、自ら負った心と体の傷を抱えながら、医学を学ぶ者としての冷静な観察眼を持っていた[6]。多くは研究や証言を通して原爆の影響について世界に伝え、次世代に継承することを望んだ[6]。

被ばく者の方々の協力を得て長期に解析した研究は、長崎・広島でのみ可能なものである。貴重な研究資料や検体を用いて行われた解析はその後のチェルノブイリ原発事故・福島原発事故をはじめ、放射線による曝露が発生した際の人体への影響を想定するための貴重なデータとなっている。長崎大学原爆後障害医療研究所では現在も高度な遺伝子解析、疫学の解析などの研究が行われている。

参考文献
（1）Southard S. Nagasaki: Life after Nuclear war, 2016.
（2）西森一正教授退官記念事業実行委員会「長崎大学原研病理　西森一正教授　退官記念　研究業績集」、一九八六
（3）旧長崎医科大学犠牲学徒遺族会『原爆思い出の手記集　忘れな草』、一九六八

（4）長崎医学同窓会・長崎大学原爆後障害医療研究所「長崎医科大学と原爆　被爆六〇周年記念誌」、二〇〇六
（5）原爆一〇周年記念出版委員会「追憶―長崎医科大学原子爆弾犠牲者の霊に捧ぐ―」、一九五五
（6）長崎大学「長崎医科大学と原爆　被爆五〇周年記念誌」、一九九六
（7）永井隆『長崎の鐘』日比谷出版社、一九四九
（8）Ozasa K., Shimizu Y., Suyama A., Kasagi F., Soda M., Grant E.J., Sakata R., Sugiyama H., Kodama K., Studies of the mortality of atomic bomb survivors, Report 14, 1950–2003: an overview of cancer and noncancer diseases. Radiat Res. 2012;177(3): 229–243.
（9）長崎大学原爆後障害医療研究所「長崎原子爆弾の医学的影響」、二〇一八、九巻
（10）Nakashima M., Kondo H., Miura S., Soda M., Hayashi T., Matsuo T., Yamashita S., Sekine I., Incidence of multiple primary cancers in Nagasaki atomic bomb survivors: association with radiation exposure. Cancer Sci. 2008; 99(1): 87–92.
（11）Honda S., Shibata Y., Mine M., Imamura Y., Tagawa M., Nakane Y., Tomonaga M., Mental health conditions among atomic bomb survivors in Nagasaki. Psychiatry Clin Neurosci. 2002; 56(5): 575–583.
（12）秋月辰一郎「死の同心円　長崎被爆医師の記録」、一九七二
（13）川野正七「光と雲　或る脳神経外科医の軌跡」三月書房、一九八三
（14）Weller J., First into Nagasaki : The censored eyewitness dispatches on post-atomic Japan and its prisoners, 2006

第一四章　長崎の世界遺産——「潜伏キリシタン関連遺産」の問題点と今後の課題——

才津祐美子

はじめに

長崎県には二つの世界遺産がある。一つは「明治日本の産業革命遺産　製鉄・製鋼、造船、石炭産業」（二〇一五年登録）であり、「軍艦島」の通称で知られる端島炭鉱をはじめとした八つの構成資産が長崎市にある。そしてもう一つの世界遺産が、本章で紹介する「長崎と天草地方の潜伏キリシタン関連遺産」（二〇一八年登録、以下「潜伏キリシタン関連遺産」）である（図1）。

確かに長崎県はキリスト教と関わりが深い土地だといえる。街中や島々に点在する教会は独特の「異国情緒」を醸し出しているし、それが長崎県の観光資源にもなっている。こうした現在の景観がつくられた背景には、キリスト教の布教・禁教・潜伏・復活といった歴史がある。とりわけ禁教令が発せられていた中で二五〇年以上も潜伏して信仰を続けた人びとがいたということは世界的にも珍しく、その価値が評価されて世界遺産に登録されたといえる。

しかしながら、世界遺産として語られる「潜伏キリシタン関連遺産」のストーリー＝歴史には、首を傾げたくなる記述も散見される。構成資産の内容に異を唱える人も少なくない。また、世界遺産は登録されて終わりではなく、こ

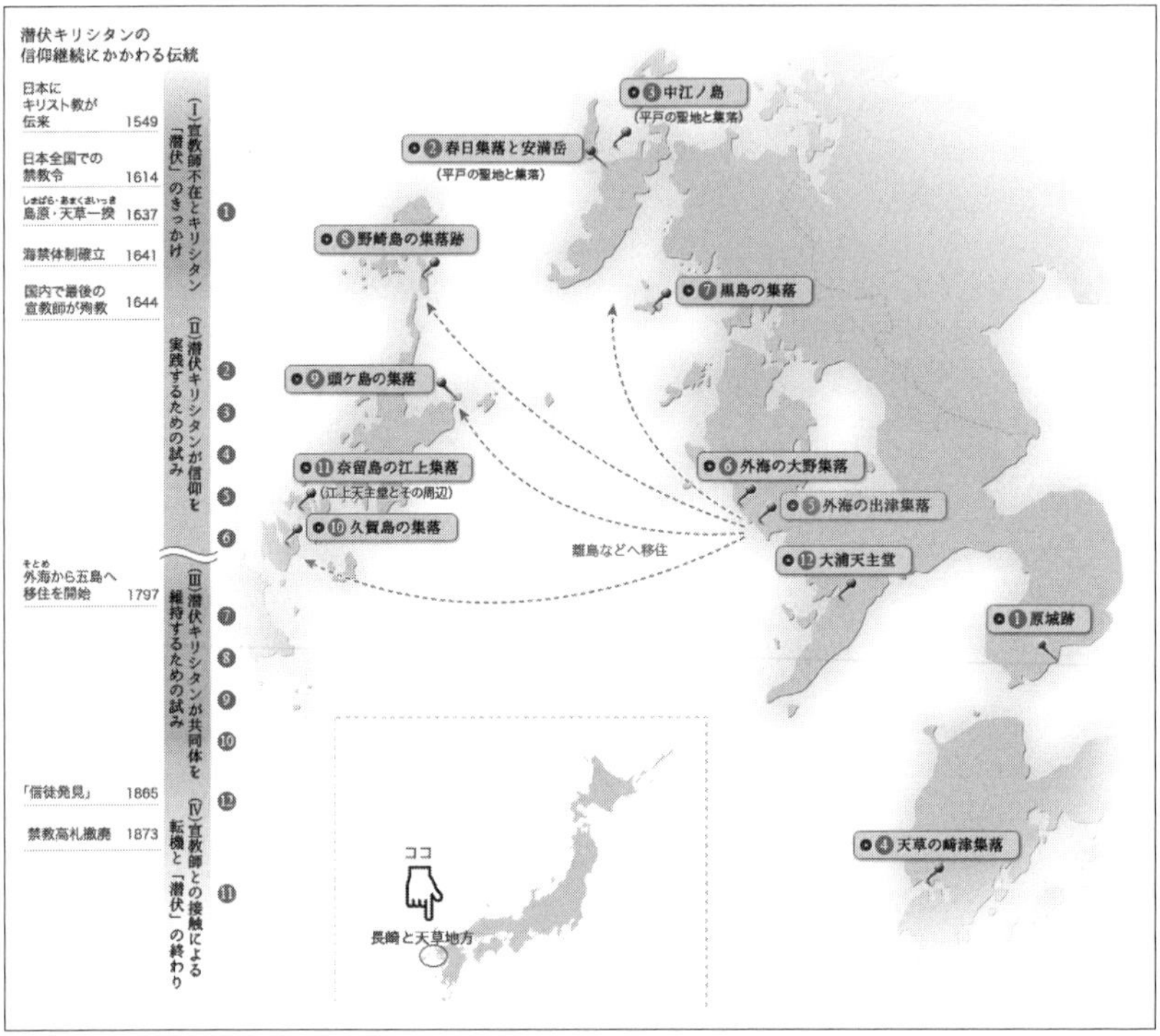

図1 「潜伏キリシタン関連遺産」各構成資産の位置
長崎県世界遺産課 online:map より転載。

れを継承していくことが重要だし、大変なわけだが、本遺産にはそうした維持管理に関する課題も山積している。本章では、「潜伏キリシタン関連遺産」が世界遺産になった経緯を紹介しつつ、そうした本遺産の問題点と今後の課題について述べていきたい。

第一節 「潜伏キリシタン」とは何か

まずは長崎県におけるキリスト教の受容と展開の歴史的経緯を概観しながら、「潜伏キリシタン」とは何かについて確認しておこう。[1]

(1) キリスト教の伝来と布教

現在の長崎県におけるキリスト教の布教は、一五四九年に鹿児島に上陸したフランシスコ・ザビエルが、翌一五五〇年に平戸にやってきたことからはじまる。当時平戸を治めていた松浦隆信は、ポルトガルとの貿易を進めるため、ザビエルに平戸での布教を許した。つまり、キリスト教の布教は、南蛮貿易とともにはじまったのである。平戸での布教の結果、多くのキリシタン(2)が生まれたが、その際仏教寺院が教会に変えられ、仏像や経典が焼かれたこともあった。これに対する仏教側からの反発を受け、松浦隆信は平戸で布教していた神父を一時領外へ退去させている。教会も破壊された。そこで宣教師とポルトガル船は新たな入港先を探し、一五六二年に西彼杵半島や長崎を治めていた大村純忠と開港協定を結んだ。開港されたのは大村領の横瀬浦（現西海市）である。横瀬浦には教会が建てられ、領主の大村純忠も同地で洗礼を受けた。日本初のキリシタン大名の誕生である。その後、貿易港は大村領の福田浦（現長崎市）や大村純忠の実兄である有馬義貞が治める口之津（現南島原市）、そして長崎へと移っていった。

長崎港には一五七一年からポルトガル船が入港するようになり、長崎は大きく変貌することになる。近隣地域から多くの人びとが押し寄せ、町が拡大していった。また、一五八〇年に長崎と茂木が、一五八四年には浦上がイエズス会に寄進され、多くの教会が建設された。そのため長崎の全住民がキリシタンだったという。

（2）禁教と海外貿易の制限

同じ頃、キリシタンは日本各地で増えていたのだが、一五八七年に豊臣秀吉がバテレン（伴天連）追放令を出したことから、禁教がはじまる。ただし、これはキリスト教の布教を禁じたものであり、人びとが信仰することまでは禁止されていなかった。また、ポルトガル船との貿易はそのまま続けられたため、結局は布教自体も黙認されたような形になっていた。しかし、サン・フェリーペ号事件（一五九六年）を経て、一五九七年に再び豊臣秀吉による禁教令が出された。これによって大阪と京都で活動していた宣教師ら二四名が捕縛され、処刑のため長崎に送られた。道中で捕縛された二名を加えた二六名は、長崎の西坂で磔の刑に処せられた。彼らは日本における最初の殉教者とされ、後に聖人に列せられた（日本二六聖人）。

江戸時代になってしばらくはまた布教が許される状態になったが、江戸幕府は次第にキリスト教への態度を硬化させていく。一六一二年に直轄地に対して教会の破却と布教の禁止を命じる禁教令を布告し、一六一四年にはそれが全国に広げられた。このため教会は取り壊され、宣教師や主立ったキリシタンが国外追放された。こうして公的にキリスト教は禁止になり、徐々に取り締まりが厳しくなった。長崎は一六〇五年に江戸幕府の直轄地になっていたが、長崎港には出島が築かれ（一六三六年完成）、幕府が直接管理する唯一の海外貿易拠点となった。

領主による圧政とキリシタン弾圧に苦しんでいた島原藩の領民が天草諸島の領民とともに蜂起した「島原の乱」が勃発したのは一六三七年のことだった。この時、三万人あまりが原城に立てこもったが、翌一六三八年に皆殺しにされ、乱は鎮圧された。幕府は一六三九年にポルトガル船の入港を禁止し、江戸時代を通して禁教と海外貿易を制限する政策が続けられた。

（3）「潜伏キリシタン」の誕生

幕府主導による徹底的な弾圧の結果、長崎県下においてもキリシタンはほとんどいなくなった。しかし、中には秘密裏に信仰を続けた人びとがいた。浦上（現長崎市）、外海（現長崎市）、平戸島・生月島（現平戸市）等に残ったキリシタンたちは、絵踏などの宗門改を課されながらも、信仰組織を維持し、オラショ（祈祷文）等の口頭伝承を続けた（長崎県教育委員会 一九九九）。彼ら／彼女らが後に「潜伏キリシタン」と呼ばれるようになる人びとである。一八世紀末から一九世紀初頭に藩主導で行われた政策によって、外海から五島列島（現五島市・新上五島町・小値賀町・佐世保市）や黒島（現佐世保市）に移住した潜伏キリシタンもいた。

（4）「鎖国」の終焉とキリシタンの復活（カトリックへの復帰）

一八五三年に四隻の黒船が来航した後、「鎖国」は終焉を迎えた。一八五九年には長崎を含む五港を開港して外国人の居留を認めた。この外国人居留地においては信教の自由が認められており、礼拝堂を置くことも許されていた。一八六三年にはパリ外国宣教会の司祭がはじめて長崎を訪れ、一八六五年に外国人居留地である大浦に天主堂が建てられた（大浦天主堂）。

大浦天主堂は当時「フランス寺」と呼ばれ、見物人が多数つめかけた。浦上の潜伏キリシタンたちも訪れ、神父にキリシタンであることを告白した。これがいわゆる「信徒発見」であり、ここからキリシタンの復活（カトリックへの復帰）がはじまる。この動きは瞬く間に広がり、多くの潜伏キリシタンたちが神父と接触し、指導を受けるようになった。しかし、これが大きな悲劇につながる。浦上では、キリスト教の信仰を表明し、仏教寺院との関係を絶とうとする動きがみられるようになったことから、一八六七年に多くの人びとが捕縛された。禁教令はまだ続いていたからである。この時に捕縛された者は一旦釈放されたが、問題は明治新政府に引き継がれた。一八六八年に新政府のキリスト教に対する政策は幕府と同様のものであることが示され、浦上のキリシタン三、〇〇〇人以上が二〇藩に流罪となった。これが「浦上四番崩れ」と呼ばれる出来事である。同時期に五島列島でもキリシタンの捕縛や拷問などが行われた（「五島崩れ」）（浦川 二〇一九）。また一八七一年には佐賀藩深堀領だった外海の一部や神の島、伊王島などのキリシタンが捕縛され、佐賀に送られた（平野 一九七四）。

欧米列強の政治的圧力によって明治政府がキリシタン禁令の高札を撤廃したのは、一八七三年だった。以後、長崎県下で潜伏してきたキリシタンたちは次々にカトリックに復帰していき、津々浦々で教会を建設した。

（５）カトリックに復帰しなかった潜伏キリシタン―かくれキリシタン

実は、潜伏キリシタンは全員がカトリックに復帰したわけではなかった。禁教令が撤廃された後も、従来の信仰のあり方を維持する人びとが少なからずいたのである。この復帰しなかった人びとを禁教期の潜伏キリシタンと区別するために「かくれキリシタン（カクレキリシタン）[3]」と呼ぶ。かくれキリシタンがカトリックに復帰しなかった理由としては、①先祖が命をかけて守り伝えてきたことをそのまま継承することが先祖供養になると考えているから、②禁教期に見て見ぬふりをしてくれた檀那寺に恩義があるため、③自分たちの神様の存在を信じているため、などがあげられている（宮崎 二〇一四）。また、こうした理由とは別に、幕末に生じた人間関係のもつれが要因の一つとなっている例もある（平野 一九七四）。かくれキリシタンは次第に数が減ってきており、仏教や神道といった他の宗教の信者になった人びともいる。二〇二〇年現在かくれキリシタンの信仰組織が残っているのは、外海（長崎市）、五島列島（新上五島町）、生月島（平戸市）である。

第二節　世界遺産登録運動のはじまり

長崎県のキリスト教関連遺産を世界遺産に登録しようとする動きは二〇〇〇年からはじまったが、当初目指していたのは教会群の世界遺産登録だった。

カトリックの長崎大司教区には一三二もの教会（集会所を含む）がある（カトリック中央協議会司教協議会事務部広報課 二〇二〇）。これは全国で一六ある教区のなかで最も多い。また、長崎県の信者数は五九、六四二人で、県の人口の四・三六八％にあたる。存外少ないように感じるかもしれないが、日本の総人口に対するカトリック信者の割合が〇・三四三％であることを考えると、いかにその割合が高いかがわかる（カトリック中央協議会司教協議会事務部広報課 二〇二〇）。それはやはり前節で述べたような歴史的経緯があったればこそだといえる。世界遺産登録運動を先導した柿森和年は、長崎県内に点在する教会群を「ザビエルの布教から始まる発展の時代、迫害・殉教の潜伏時代、キリシタンの復活とカクレキリシタンの存在した時代の歴史を背負っている象徴的な建造物である」（柿森 二〇〇〇：二〇二一－二〇三）と表している。長崎の教会群を世界遺産にしようとしたのは、これらの教会群の価値を長崎県内外はもとより、世界に広く知らしめることが目的だった（長崎の教会群を世界遺産にする会 online:he11.html）。

世界遺産登録運動のはじまりは、二〇〇〇年八月一九、二〇日に五島列島の奈留島で行われた建築修復学会・五島（奈留）大会だった。[4] 本大会では、教会群の学術的価値や今後の活用方法に関するシンポジウムが行われた。翌二〇〇一年九月一五日には「長崎の教会群を世界遺産にする会」が発足した。世界遺産登録運動には多くの人びとが関わっていたが、特に重要な役割を果たしたのが同会だった。同会は、フォーラムやシンポジウム、講演会のほか、写真展や教会におけるコンサート、教会巡りツアーの企画なども行った（松井 二〇一三）。その活動は、教会群の学術的・審美的価値を広く伝えるとともに、教会群が世界遺産候補になり得るのだという意識を関係者にも一般の人びとの間にも醸成しようとした。それが実り、二〇〇七年には「長崎の教会群とキリスト教関連遺産」（以下「長崎の教会群」）が世界遺産の暫定リストに記載されることになった。

第三節　暫定リスト記載後の構成資産の変化

暫定リストに記載されても、その内容のままＵＮＥＳＣＯに推薦されるわけではない。ここから構成資産の見直しや国内法規による保護制度の拡充（国レベルの文化財への指定・選定）、価値づけの再検討などが行われ、準備の整ったものからＵＮＥＳＣＯに推薦書が提出されるのである。

長崎県らが暫定リスト追加記載候補の書類として文化庁に提出した提案書（長崎県ほか 二〇〇六）の段階では、「長崎の教会群」に含まれる構成資産の数は二〇件だった。一九世紀後半から二〇世紀初頭にかけて建設された教会が半数以上を占め、二件のキリスト教関連施設を含めて、幕末以降の建造物が構成資産の中心だった。暫定リスト記載後の文化審議会文化財分科会世界文化遺産特別委員会配付資料「世界遺産暫定一覧表記載資産　準備状況報告書」によ

選定）の名称	保護の主体	保護の種別	保護の対象
	国	史跡（1982 年指定）	遺構・遺物
	国	史跡（1938 年指定）	遺構・遺物
観	国	重要文化的景観（2010 年選定）	景観を構成する要素
	国	重要文化的景観（2010 年選定）	景観を構成する要素
の文化的景観	国	重要文化的景観（2011 年選定）	景観を構成する要素
的景観	国	重要文化的景観（2011 年選定）	景観を構成する要素
	国	国宝（1953 年指定）	大浦天主堂
	国	重要文化財（1972 年指定）	旧羅典神学校
	国	史跡（2012 年指定）	遺構・遺物（範囲に含まれる建築物および工作物を含む）
	国	重要文化財（1999 年指定）	旧五輪教会堂
化的景観	国	重要文化的景観（2011 年選定）	景観を構成する要素
	国	重要文化財（2011 年指定）	出津教会堂
	国	重要文化財（2003 年指定）	旧出津救助院
集落景観	国	重要文化的景観（2012 年選定）	景観を構成する要素
	国	重要文化財（2008 年指定）	大野教会堂
	国	重要文化財（1998 年指定）	黒島天主堂
化的景観	国	重要文化的景観（2011 年選定）	景観を構成する要素
	国	重要文化財（2003 年指定）	田平天主堂
	国	重要文化財（2008 年指定）	江上天主堂
	国	重要文化財（2001 年指定）	頭ヶ島天主堂
五島石集落景観	国	重要文化的景観（2012 年選定）	景観を構成する要素

れば、「長崎の教会群」は、一旦構成資産候補を大幅に増やした後で候補を絞っていき、二〇一五年にUNESCOに推薦書（日本（文化庁文化財部記念物課世界文化遺産室）二〇一五）が提出された際には、一四件になっていた。

表1が二〇一五年の推薦書における構成資産の一覧表である。提案書の内容と比較し、暫定リスト記載後から推薦書の作成までに行われた変更のポイントを述べていきたい。まず、構成資産はすべて国指定および国選定の文化財でそろえられている。提案書の段階では県指定だった教会の多くが国指定となり、国指定になれなかったものは構成資産からはずされたほか、国指定の教会のなかでも取捨選択が行われたことがわかる。また、提案書にはなかった重要文化

表１　「長崎の教会群とキリスト教関連遺産」構成資産一覧（2015年）

分類	No.	資産の名称	所在地	文化財（指定・
城跡	A–1	日野江城跡	長崎県南島原市	日野江城跡
	A–2	原城跡	長崎県南島原市	原城跡
集落	B–1	平戸の聖地と集落（春日集落と安満岳）	長崎県平戸市	平戸島の文化的景
	B–2	平戸の聖地と集落（中江ノ島）	長崎県平戸市	
	B–3	天草の﨑津集落	熊本県天草市	天草市﨑津・今富
	B–4	野崎島の野首・舟森集落跡	長崎県小値賀町	小値賀諸島の文化
教会建築	C–1	大浦天主堂と関連施設	長崎県長崎市	大浦天主堂
			長崎県長崎市	旧羅典神学校
			長崎県長崎市	大浦天主堂境内
	C–2	旧五輪教会堂	長崎県五島市	旧五輪教会堂
			長崎県五島市	五島市久賀島の文
	C–3	出津教会堂と関連施設	長崎県長崎市	出津教会堂
			長崎県長崎市	旧出津救助院
			長崎県長崎市	長崎市外海の石積
	C–4	大野教会堂	長崎県長崎市	大野教会堂
	C–5	黒島天主堂	長崎県佐世保市	黒島天主堂
				佐世保市黒島の文
	C–6	田平天主堂	長崎県平戸市	田平天主堂
	C–7	江上天主堂	長崎県五島市	江上天主堂
	C–8	頭ヶ島天主堂	長崎県新上五島町	頭ヶ島天主堂
			長崎県新上五島町	新上五島町崎浦の

日本（文化庁文化財部記念物課世界文化遺産室）2015より才津が作成。

的景観が七件も含まれていることが大きな変化としてあげられる。教会を含む地域を重要文化的景観として選定し、広範囲に保護の網をかけたのである。そうすることで、単体では国指定の文化財にはなれないものを構成資産に含み込ませている。

さらに、提案書にはなかった、潜伏キリシタン時代を示すものも構成資産として加えられた。それが「平戸島の聖地と集落」である。とりわけ中江ノ島は、潜伏キリシタン時代から続く生月島のかくれキリシタンの重要な聖地である。これは「キリスト教が入ってきた時代」（「日野江城跡」「原城跡」）、と「禁教期が終わった時代」（教会と関連施設）をつなぐ「潜伏していた時代」に関する構成資産として必要不可欠だったと思われる。

以上のようにして、とにかく多くの教会を世界遺産にすることを主たる目的とした提案書から、日本におけるキリスト教の伝来・伝播・浸透のプロセスを描くストーリーを有した推薦書へと整えられたのである。

第四節　ICOMOS中間報告と再推薦――「長崎の教会群」から「潜伏キリシタン関連遺産」へ

二〇一五年一月にUNESCOに正式な推薦書が提出され、「長崎の教会群」は現地調査を含むICOMOS（国際記念物遺跡会議）の審査を受けた。この審査結果にもとづいて、翌年の五月にICOMOSが世界遺産委員会に登録の是非に関する勧告を行うのだが、二〇一五年に中間報告制度が導入されたため、二〇一六年一月に中間報告がもたらされた。その内容は、「長崎の教会群」に推薦取り下げを提案するものだった（ICOMOS 2016）。以下、その理由について見ていきたい。

まず指摘されたのは、「長崎の教会群」には潜在的に顕著な普遍的価値（OUV）があると考えられるが、現段階ではそれを明確に証明するには至っていないということだった。そして、それを明確に証明する方法として、禁教期の歴史的文脈に焦点を絞った形で推薦内容を見直すべきだと述べている。なぜなら、日本におけるキリスト教コミュニティの特殊性は、二世紀以上もの間、禁教と迫害のもとで忍耐を続けたことにあるからである。中間報告では、他にも「潜伏期の物理的な証明の必要性」や「コミュニティ参加による資産の管理システム、危機管理、将来的な来訪者管理に関する課題」等が指摘された。

ICOMOSからこのような厳しい指摘・評価を受けても、世界遺産委員会では覆る可能性もあるので、そのまま世界遺産委員会を待つこともできたが、長崎県（と日本政府）は一旦推薦を取り下げ、再推薦する道を選んだ。再推薦を選択した理由は、取り下げて微調整した後すぐに文化庁に書類を提出して再推薦してもらえれば、最短二年で登録されるが、世界遺産委員会まで待って登録されなかった場合、三年かかるからである。「長崎の教会群」世界遺産登録運動は観光に力を入れる長崎県が官民一体となって進めてきたものであり、県内各所で地域活性化の起爆剤としての期待が高まっていただけに、とにかく早く登録される方を選択したということだろう。

推薦取り下げが閣議決定されたのは二〇一六年二月九日だったが、最短である二〇一八年の登録を目指すために、長崎県は同年三月末に文化庁に新たな推薦書を提出した。その結果、同年七月の文化審議会において推薦候補となり、翌二〇一七年一月に再びUNESCOに推薦書（日本（文化庁文化財部記念物課世界文化遺産室）二〇一七）が提出された。

新たな推薦書は、ICOMOSとアドバイザリー契約を結び、専門家のアドバイスを受けながら作成された。二〇一五年版からの主な変更点は次のようなものである。まず、世界遺産としての価値づけを「東西文化交流」や「キリスト教受容の歴史」から「（禁教期に生まれた）独特の文化的伝統の在り方」に変更した。資産の名称も変更され、長年親しんだ「長崎の教会群とキリスト教関連遺産」から「長崎と天草地方の潜伏キリシタン関連遺産」になった。構成資産としては、明治以降建てられた教会建築七件を信徒が潜伏・移住して信仰をつないだ「集落」として捉え直した（表2）。ここで活きてきたのが、ほとんどを重要文化的景観に選定していたことだった。また、信仰継承を物語る墓碑や遺跡など禁教期の物証を入れ込むため、資産と緩衝地帯（バッファゾーン）の範囲を拡大した。「禁教期に信仰を守り続けた人びとの集落と物証を重視した」と推薦取り下げを機に長崎県世界遺産学術委員会委員長に就任した服部英雄は述べている（松尾 二〇一六）。

こうして構成資産自体はほぼ変えないまま、価値づけとストーリー、保護の対象を変更して推薦書を書き直した結果、二〇一八年六〜七月に開催された第四二回世界遺産委員会において高い評価を受け、「潜伏キリシタン関連遺産」の世界遺産登録が決定した。

称	保護の主体	保護の種別	保護の対象
	国	史跡（1938 年指定）	原城跡の遺構・遺物
	国	重要文化的景観（2010 年選定）	集落の土地利用形態・納戸神を所有する住居・潜伏キリシタンの墓地・丸尾山（キリシタン墓地遺跡）・安満岳（白山比賣神社・参道・石造物・西禅寺跡）・中江ノ島
	国	重要文化的景観（2010 年選定）	
観	国	重要文化的景観（2011 年選定）	集落の土地利用形態・潜伏キリシタンの指導者屋敷跡・﨑津諏訪神社・吉田庄屋役宅跡・初代﨑津教会堂跡
	国	重要文化的景観（2012 年選定）	集落の土地利用形態・潜伏キリシタンが聖画像を継承した屋敷跡・潜伏キリシタンの墓地・小濱浦・「仮の聖堂」跡
	国	重要文化財（2011 年指定）	出津教会堂
	国	重要文化財（2003 年指定）	出津代官所跡及び庄屋屋敷跡
	国	重要文化的景観（2018 年追加選定）	集落の土地利用形態・大野神社・門神社・辻神社・潜伏キリシタンの墓地
	国	重要文化財（2008 年指定）	大野教会堂
	国	重要文化的景観（2011 年選定）	集落の土地利用形態・興禅寺・本村役所跡・潜伏キリシタンの指導者屋敷跡（「仮の聖堂」跡）・潜伏キリシタンの墓地・初代黒島教会堂跡
	国	重要文化的景観（2011 年選定）	集落の土地利用形態・沖ノ神嶋神社・神官屋敷跡・潜伏キリシタンの墓地・潜伏キリシタンの指導者屋敷跡・初代野首教会堂跡、瀬戸脇教会堂跡
景観	国	重要文化的景観（2012 年選定）	集落の土地利用形態・頭ヶ島白浜遺跡（墓地遺跡）・前田儀太夫の墓
	国	重要文化財（2001 年指定）	潜伏キリシタンの指導者屋敷跡（「仮の聖堂」跡）・初代頭ヶ島教会堂跡
	国	重要文化的景観（2011 年選定）	集落の土地利用形態・潜伏キリシタンの墓地・仏教徒と潜伏キリシタンとが協働した作業場・牢屋の窄殉教地・浜脇教会堂跡・永里教会堂跡・細石流教会堂跡・赤仁田教会堂跡
	国	重要文化財（1999 年指定）	旧五輪教会堂
	国	重要文化財（2008 年指定）	江上天主堂・初代江上教会堂跡
	国	史跡（2012 年指定）	遺構・遺物（地上建物及び工作物を含む）
	国	国宝（1953 年指定）	大浦天主堂
	国	重要文化財（1972 年指定）	旧羅典神学校
区	国	重要伝統的建造物群保存地区（2001 年選定）	大浦天主堂・旧羅典神学校・旧長崎大司教館・旧伝道師学校

表２「長崎と天草地方の潜伏キリシタン関連遺産」構成資産一覧（2017 年）

番号	構成資産の名称	所在地	文化財（指定・選定）の
001	原城跡	長崎県南島原市	原城跡
002	平戸の聖地と集落（春日集落と安満岳）	長崎県平戸市	平戸島の文化的景観
003	平戸の聖地と集落（中江ノ島）	長崎県平戸市	平戸島の文化的景観
004	天草の﨑津集落	熊本県天草市	天草市﨑津・今富の文化的
005	外海の出津集落	長崎県長崎市	長崎市外海の石積集落景観
		長崎県長崎市	出津教会堂
		長崎県長崎市	旧出津救助院
006	外海の大野集落	長崎県長崎市	長崎市外海の石積集落景観
		長崎県長崎市	大野教会堂
007	黒島の集落	長崎県佐世保市	佐世保市黒島の文化的景観
008	野崎島の集落跡	長崎県小値賀町	小値賀諸島の文化的景観
009	頭ヶ島の集落	長崎県新上五島町	新上五島町崎浦の五島石集
		長崎県新上五島町	頭ヶ島天主堂
010	久賀島の集落	長崎県五島市	五島市久賀島の文化的景観
		長崎県五島市	旧五輪教会堂
011	奈留島の江上集落（江上天主堂とその周辺）	長崎県五島市	江上天主堂
012	大浦天主堂	長崎県長崎市	大浦天主堂境内
		長崎県長崎市	大浦天主堂
		長崎県長崎市	旧羅典神学校
		長崎県長崎市	南山手伝統的建造物群保存

日本（文化庁文化財部記念物課世界文化遺産室）2017 より才津が作成。

第五節　「潜伏キリシタン関連遺産」の問題点

最初に述べたように、本遺産には問題点が多い（才津　二〇二〇b）。それには前節で紹介した再推薦の際の拙速な動きが大きく関わっているが、それだけでもない。本節ではそのいくつかを具体的に見ていこう。

（1）構成資産の不備

まず、「潜伏キリシタン関連遺産」登録後、構成資産の不備を指摘する声をよく耳にする。たとえば、「日本二六聖人殉教地」や「浦上」は構成資産に入っていないが、第一節で紹介した歴史的経緯から考えれば、当然入っていてしかるべき場所だろう。また、外海の潜伏キリシタンの聖地である「枯松神社」[5]が入っていないことや、提案書では構成資産候補だった、五島列島のキリスト教史を語る上で不可欠な場所である「福江島・奥浦（堂崎天主堂）」が構成資産から外されたことに納得できない人びともいる。

これらは長崎県におけるキリシタンの歴史を語る上で非常に重要な場所である。しかしながら、いずれも現状では構成資産にはなり得ないものだといえる。なぜなら、すべて国指定／選定レベルの文化財にはなれないからである。つまり、これは世界遺産の制度上の――あるいは、日本の運用上の――限界だといえるだろう。しかし、「教会群」から「潜伏キリシタン」への価値変更の際、時間をかけて構成資産を見直しておけば、これらの一部は何らかの方法で構成資産にすることができたのではないか、あるいは他にも相応しいものがあったのではないか、と思われる。

（2）ストーリーの問題

二つ目の問題は、点在する構成資産をつなぐストーリーに一貫性を持たせるため、無理が生じていることである。

これもまた教会中心に選ばれていた構成資産の見直しを行わなかったことの弊害だといえる。

表2の007~011の島嶼部に点在する集落は、いずれも005や006が含まれる外海から潜伏キリシタンが移住した場所である。一八世紀末~一九世紀初頭に藩主導で行われた政策によって、五島列島（五島藩と平戸藩）や黒島（平戸藩）に多くの大村藩の領民が移住した。五島列島の場合、一七九七年に外海から船出した一〇八人が福江島の六方の浜に到着したのを皮切りに、最終的には三、〇〇〇人あまりも移住したといわれており（浦川 二〇一九）、そのほとんどが潜伏キリシタンだったと考えられている。移住者たちは五島列島の島々に散らばって開拓・生活しつつ信仰を続けた。また黒島では、一九世紀初頭に平戸藩が田畑の開墾のために島外からの入植を許可した際、外海や生月島から潜伏キリシタンが移住した。この他私的に移住した潜伏キリシタンもいた。

多くの人びとが移住を選んだ主たる理由は、経済的な困窮であったろうと考えられている（叶堂 二〇一八）。しかし、文化庁のホームページや推薦書では、「信仰組織を維持するために移住を行った」（文化庁 online:hlinkl）「移住による信仰組織の戦略的維持」（日本（文化庁文化財部記念物課世界文化遺産室）二〇一七）と述べられており、007~010の四つの構成資産は移住先選択のバリエーションを示すものだと説明されている。つまり、移住者が非常に主体的かつ戦略的に信仰を維持できそうな場所を選んで移住し、さらには既存の集落ともうまく共存していたと述べられているのだが、はたしてそうだろうか。

五島藩に移住するきっかけとなったのは、未開拓の土地があった五島藩が大村藩に領民の移住を要請したことである。当時大村藩は人が多過ぎて人口抑制政策をしていたため、それに応じて領民を五島に送り出した（岩崎 二〇一三）。先述したように、最初の移住者が到着したのは五島列島のなかで一番大きな福江島である。ただ、さすがに三、〇〇〇人も受け入れられるほど五島列島も土地に余裕があるわけではないし、耕作に適した土地にはすでに先住の人びと（地下《じげ》）がいるため、移住者たちは土地が痩せている所や耕作不向きな所に入って行かざるを得ない。そうしてわずかに残された土地を求めて島から島へと移り住んでいった結果、複数の島に複数の手段で住み着くことになったというのが、おそらく歴史的な経緯から追える話だと思われる。また、移住者たちは地下の人びとから「居付《いつき》」と呼ばれ、明確に区別／差別されていたことがわかっている（浦川 二〇一九）。

また、この他にもストーリーの問題として指摘されているのが、「潜伏キリシタン関連遺産」の「負の遺産」としての側面に関する記述の希薄さである（西出 二〇一八）。弾圧や殉教といった多くの人びとが犠牲になった歴史にももっと正面から焦点を当てることで、各構成資産の重要性がより認識されるようになるのではないだろうか。一方で、キリスト教の受容過程において、社寺の破却と教会への転用、仏像の破壊・焼却などが行われたことも看過してはならないだろう。

（3）かくれキリシタンの位置づけ

かくれキリシタンについて、推薦書（二〇一七）では以下のように書かれている。

　このような小規模な教会堂は、「信徒発見」により新局面を迎えた潜伏キリシタン固有の信仰形態が変容・終焉したことを象徴的に表す存在である。

　一方、解禁後も宣教師の指導下に入ることを拒んだ集落では、引き続き指導者を中心として禁教期以来の信仰を継続した。彼らは「かくれキリシタン」と呼ばれる。長年の間に潜伏期の伝統は変容し、また「かくれキリシタン」自体も現在では希少な存在となっている。さらに、解禁後に神道・仏教に転宗した集落もあった。これらの集落は、潜伏キリシタンの固有の信仰形態が終焉したことを表す今ひとつの存在である。

（日本（文化庁文化財部記念物課世界文化遺産室）二〇一七：二一一－二一二）

ここでは、かくれキリシタンの信仰形態は、禁教令撤廃から現在までの間に変容してしまったと述べられている。

換言すれば、かくれキリシタンたちは禁教期のままの伝統を受け継いでいないと書かれているのである。それにもかかわらず、実際には世界遺産登録後もマスメディアや行政がかくれキリシタンを禁教期の伝統を今に伝える存在として扱っているのをしばしば目にする。このようなダブルスタンダードはやはり問題だろう。「日本におけるキリスト教の布教―禁教・弾圧および潜伏―(カトリックへの)復帰」という非常に単純でわかりやすい、そしておそらく世界遺産委員会でも受け入れられやすいストーリーを展開するために捨象していいことではない。

(4) 管理運営・活用方法の問題

ここまでの話と全く種類が違うが、管理運営や活用方法の問題は、構成資産の将来と直接の担い手にとっては非常に深刻なものである。UNESCOは近年、遺産の管理運営における地域コミュニティの関わりを重視している。本遺産でも地域住民による自主的な活動が期待されているが、人口減少が著しい地域が多く、地域住民にかなりの負担がかかることが予想される。

たとえば、久賀島の旧五輪教会堂や奈留島の江上天主堂は、教会としてはほとんど使用されておらず、教会守やガイドを確保するのも大変な様子である。両者とも世界遺産登録前から近隣教会所属の信者が教会守やガイドをしていたが、負担が重すぎるという理由で辞めてしまった。現在は、旧五輪教会堂は公募に応じた移住者が教会守とガイドを、江上天主堂は島内のNPO法人がボランティアガイドをしている(教会守として鍵を管理しているのは近隣教会所属の信者)。また、世界遺産登録後、観光客は増加したが、大部分が貸し切りの海上タクシー等で訪れて教会だけ見て帰ってしまうような「通過型観光」であるため、地域経済への還元はきわめて限定的なものとなっている。どのような管理運営・活用の在り方が可能であり、かつ望ましいのか、これから解決していかなければならない課題は大きい。

おわりに——今後の課題

今後の課題の筆頭には、前節の最後に述べた地域コミュニティに資する形での本遺産の管理運営・活用方法があげられるだろう。それに関連する課題として、世界遺産としての価値付けと各構成資産を有する地域における価値付けの違いがある。

たとえば、外海の出津集落と大野集落では、出津教会堂や大野教会堂を紹介するとともに、それらと出津救助院等の建設を主導し、信者たちの生活の向上に尽力したド・ロ神父の功績を来訪者に伝えることがメインになっている。しかしそれは「潜伏キリシタン関連遺産」の構成資産としてのストーリーとはかなりずれていると言わざるを得ない。これは二〇〇〇年から十数年教会群の世界遺産化を目指してきた影響でもあるが、それ以前からド・ロ神父関連建造物は地域の人びとに大切にされてきた。つまりこれは、世界遺産としての価値付けと地域における価値付けのずれであるともいえるだろう。

世界遺産という冠に重きを置くとすれば、出津集落と大野集落の人びとは認識を改めなければならない。しかしながら、文化遺産の保全にとって最も重要なのは、その遺産の直接的な担い手の意思である。先述したＵＮＥＳＣＯの管理運営に関する認識とも繋がるが、筆者が長年研究してきた世界遺産「白川郷」を見てもわかるように（才津二〇二〇ａ）、担い手がかなり主体的に参画しなければ、文化遺産の継承と活用は難しい。それゆえ、「潜伏キリシタン関連遺産」のようなトップダウン型の文化遺産登録は、この点に大きな問題を抱えてしまう。したがって、各構成資産を有する地域では、世界遺産の価値付けやストーリーに合うよう若干は修正しつつも、それぞれが考える価値付けとそれにもとづいた活用のあり方が尊重され、許容されるべきなのだと思われる。

また、別の課題としては、第五節で問題点として指摘した構成資産の不備やストーリーの歪みにどう対処していくのかということがあげられる。そのために重要なのは、世界遺産が描く歴史は一面でしかないことの自覚であり、世界遺産の相対化である。長崎県におけるキリスト教の歴史は重層的であるため、それを示すには、文化財指定の有無や文化財のレベルにとらわれずに構成要素を選び、世界遺産のストーリーでは描かれなかった「いくつもの歴史」を探求し、物語を紡ぎ直していく必要がある。

本書を読んでいる皆さんには、世界遺産はあくまでも断片かつ政治的産物であることを知り、その背後にある多様で深遠な歴史に興味を持ってもらえることを切に願う。

謝辞

本研究はＪＳＰＳ科研費 16K03225 の助成を受けたものである。ここに記して謝意を表したい。

注

（1）キリスト教の伝来から潜伏キリシタンのカトリックへの復帰までの歴史については、特に断らない限り、『日本キリスト教史』（五野井 一九九〇）を参照した。

（2）「キリシタン」の語は、ポルトガル語の christão がそのまま日本語になったものである。Christão とは、キリスト教そのもの、およびそれを信じる者（信者）を指す（五野井 一九九〇）。

（3）「潜伏キリシタン」と「かくれキリシタン（カクレキリシタン）」との区別は、あくまでも研究者が研究上（便宜上）行っているものであり、当事者の呼称や認識とは異なっているが、「潜伏キリシタン関連遺産」の推薦書ではこれを採用している。また、両者を区別していない研究者もいる（中園 二〇一八）。

（4）「長崎の教会群」暫定リスト記載の経緯から再推薦までの詳細については別稿（才津 二〇一七）を参照していただきたい。

（5）「枯松神社」とは、潜伏キリシタンが多かった外海の下黒崎町にある祠とそれが建てられている丘を指す。ここが「神社」になったのは大正時代のことで、もともとは外国人宣教師であるサン・ジワンが潜伏し、亡くなって埋められたとされる場所である。潜伏キリシタンたちは同地を「枯松様」などと呼び、祈りを捧げてきた（正木 二〇〇三）。枯松神社で二〇〇〇年から行われている「枯松神社祭」については拙稿（才津二〇一八）を参照してほしい。

参考文献

岩崎義則「五島灘・角力灘海域を舞台とした一八～一九世紀における潜伏キリシタンの移住について」『史淵』第一五〇輯、二〇一三、二七－六七頁
浦川和三郎『五島キリシタン史』国書刊行会、二〇一九
柿森和年「カクレキリシタンと教会」三沢博昭・川上秀人『三沢博昭写真集　大いなる遺産　長崎の教会　改訂版』智書房、二〇〇〇、二〇〇－二〇六頁
カトリック中央協議会司教協議会事務部広報課編『カトリック教会現勢二〇一九年一月一日～一二月三一日』カトリック中央協議会、二〇二〇
叶堂隆三『カトリック信徒の移動とコミュニティの形成―潜伏キリシタンの二百年』九州大学出版会、二〇一八
五野井隆史『日本キリスト教史』吉川弘文館、一九九〇
才津祐美子「『長崎の教会群』世界遺産推薦取り下げから見えてくるもの」葉柳和則編『長崎―記憶の風景とその表象』晃洋書房、二〇一七、二九一－三一九頁
――「コラム　枯松神社―潜伏キリシタンから続くかくれキリシタンの聖地」長崎大学多文化社会学部編・木村直樹責任編集『大学的長崎ガイド―こだわりの歩き方』昭和堂、二〇一八、一五〇－一五二頁
――『世界遺産「白川郷」を生きる―リビングヘリテージと文化の資源化』新曜社、二〇二〇a
――「『潜伏キリシタン関連遺産』―世界遺産登録の影響と課題―」『平和の翼と波を広げる―現在・過去・未来―』長崎文献社、二〇二〇b、七四－八九頁
長崎県、長崎市、佐世保市、平戸市、五島市、南島原市、小値賀町、新上五島町『世界遺産暫定一覧表追加資産に係る提案書　資産名称：「長崎の教会群とキリスト教関連遺産」』、二〇〇六
長崎県教育委員会『長崎県文化財調査報告書第一五三集　長崎県のカクレキリシタン―長崎県カクレキシリタン習俗調査事業報告書』長崎県教育委員会、一九九九
長崎県世界遺産課「長崎と天草地方の潜伏キリシタン関連遺産」＞「地図から知る」http://kirishitan.jp/map（二〇二〇年一二月二五日最終アクセス）

長崎の教会群を世界遺産にする会「『長崎の教会群を世界遺産にする会』について」http://www.heritage-nagasaki.jp/jp/sotome/he11.html（二〇一六年五月一七日）
中園成生『かくれキリシタンの起源―信仰と信者の実相』弦書房、二〇一八
西出勇志「負の歴史に目を凝らそう」『長崎新聞』、二〇一八年七月七日付
日本（文化庁文化財部記念物課世界文化遺産室）『長崎の教会群とキリスト教関連遺産　世界遺産登録推薦書』、二〇一五
―『長崎と天草地方の潜伏キリシタン関連遺産　世界遺産登録推薦書』、二〇一七
平野武光（外海町長）編『外海町誌』外海町役場、一九七四
文化審議会文化財分科会世界遺産特別委員会（第九回：二〇〇七年一二月一八日、第一五回：二〇〇九年一月二六日、第一九回：二〇一〇年二月二二日、第二〇回：二〇一〇年六月一四日、第二二回：二〇一一年五月二六日）配付資料「世界遺産暫定一覧表記載資産準備状況報告書」
文化庁　文化遺産オンライン　世界遺産「長崎と天草地方の潜伏キリシタン関連遺産（平成三〇年度記載）」https://bunka.nii.ac.jp/special_content/hlinkl（二〇二〇年一二月二五日最終アクセス）
正木慶文『長崎隠れキリシタン記』新潮社、二〇〇三
松井圭介『観光戦略としての宗教―長崎の教会群と場所の商品化』筑波大学出版会、二〇一三
松尾潤「教会群一四資産維持　県学術委新推薦書案を了承」『長崎新聞』、二〇一六年三月二五日付
宮崎賢太郎『カクレキリシタンの実像―日本人のキリスト教理解と受容』吉川弘文館、二〇一四
ICOMOS "World Heritage List 2016 Churches and Christian Site in Nagasaki (Japan) ―Interim Report", 2016

第一五章　軍事都市としての長崎

大平晃久

はじめに

近代の「軍事都市」といえば、どこが思いうかぶだろうか。長崎県内でいえば、海軍鎮守府の置かれた佐世保はいうまでもなく「軍港都市」であり、「郷土部隊」である陸軍歩兵第四十六連隊のあった大村も「小軍都」とよべよう。大村にはのちに海軍航空隊、海軍航空廠が開設され、「軍都」としての性格を濃くした。

それらに比べ、長崎は軍事色の薄い町という印象があるかもしれない。しかし、幕末の長崎製鉄所（現在の三菱重工長崎造船所）開設以来、長崎は軍需産業の一大拠点であり、その意味で明白に「軍事都市」であった。佐世保とともに長崎も要塞地帯に指定されていた（図1、2）ことはその一つの表れといえる。

この章では、近代における長崎の軍事都市としての性格を、要塞と重砲兵大隊の存在、軍事的な後方拠点としての重要性、軍需産業の興隆という三つの点から明らかにしたい。その際、主に歴史地理学的な視点をとる。すなわち、現地を重視し、現在の景観のなかに残された軍事遺構・跡地の姿を探っていく。そのように軍事都市としての長崎を描き出したうえで、一般に「負の遺産」とみなされる軍事にかかわることが長崎においてどのように位置づけられてきたか、「記憶[1]」のありようを考えたい。

第一節　要塞と重砲兵大隊

（1）砲兵の駐屯とその跡地

長崎における軍事施設としてまず取り上げられるのは、長崎要塞を構成する砲台群と重砲兵大隊である。重要な港湾や海峡など、砲台の設けられた要塞地帯では、測量、写真撮影やスケッチなどが禁じられ、等高線の入った精確な地形図も一般には販売されなかった。なお、要塞を守備するのは海軍ではなく陸軍である。

近世を通じて、長崎港を守るために湾内や湾口に多くの台場が設けられていた。明治になっても、現在の長崎駅前（旧町名は「台場町」）にあった砲台のみは維持され、熊本鎮台の分遣隊が駐屯していた（一八七七～一八九一年[2]）。より近代的な要塞の建設が始まるのは、日露戦争を控えた一八九八年（明治三一）のことである。

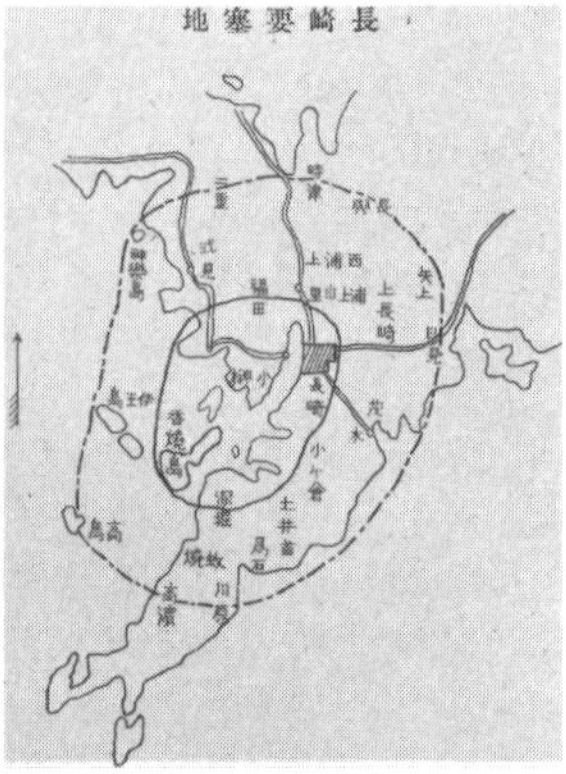

図１　長崎要塞地帯
出典：海軍大臣官房『海軍制度沿革 巻十五』海軍大臣官房、1942

図２　要塞地帯標
長崎東高校北側の金比羅山に続く小道沿い、2019年撮影。

図４は明治末の地形図である。浦上川の西に、「長崎重砲兵営」と記された兵舎のある一角Ａがみえる。一八九八年に佐世保砲兵連隊の第二大隊がここに入り、一九〇三年に長崎要塞砲兵大隊として独立した[3]。Ａのすぐ南に陸軍病院、北側には空地のように表された練兵場Ｂと演習軽砲台Ｃがある。兵舎と練兵場は川岸から一段高い河岸段丘面であるという共通点も読みとれよう。さらに、北には細長い空地として表現された射撃場Ｄが、東の山腹には演習重砲

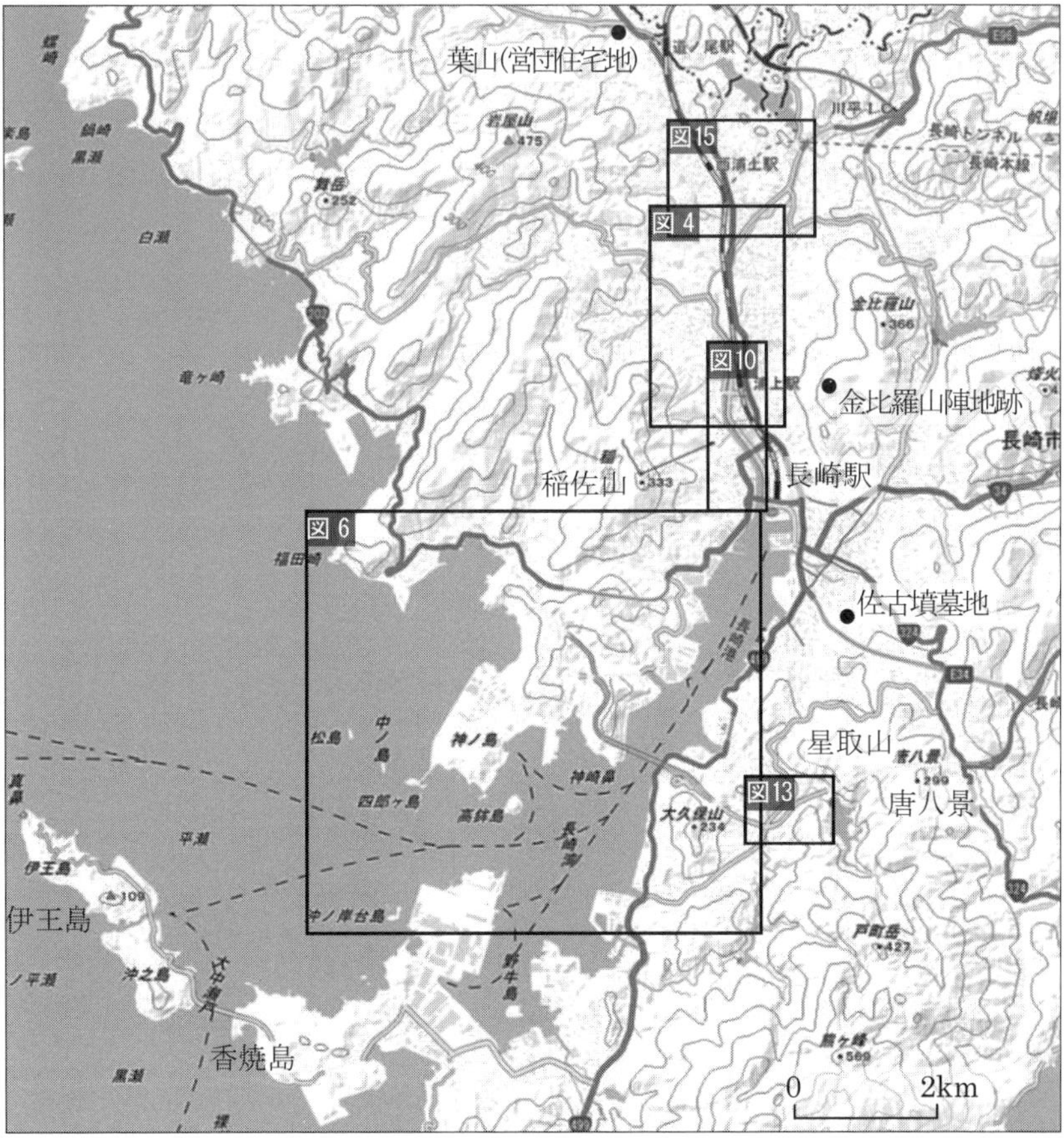

図3　対象とする軍事遺構・跡地など

地理院地図をベースマップとして使用。

台Eもある。

　ここに駐屯した重砲兵大隊は軍縮の一環として一九二一年（大正一〇）に廃止され、その後は要塞司令部のみが市内に存続した。要塞司令部は、当初はAにあったが、この図4の時点では現在の平戸小屋町に移転している[4]。

　また、その他の重砲兵大隊関連施設として坂本陸軍墓地Fがあげられる。上述した熊本鎮台分遣隊は、一八八九年に現在の長崎大学病院の位置に安堂山陸軍埋葬地を設けていた[5]。その墓地が県立長崎病院（現長崎大学病院）の移転にともない一八九八年に改葬され[6]、その後、坂本陸軍墓地として重砲兵大隊によって使用された。

兵舎Aの跡地は、旧制瓊浦《けいほ》中学校を経て現在は長崎西高校に、またB練兵場跡地は、旧制鎮西学院中学校を経て現在は活水中学・高校に、C演習軽砲台跡地は鎮西公園になった。一方でD射撃場は、太平洋戦争終戦まで旧制長崎医科大学（現長崎大学医学部）の射撃場として存続している。現在は市営住宅や長崎大学の留学生宿舎になっているが、射撃場に由来する細長い特徴的な地割を読みとることが可能である。射撃場南西端付近には陸軍の用地界の標石も残っている。

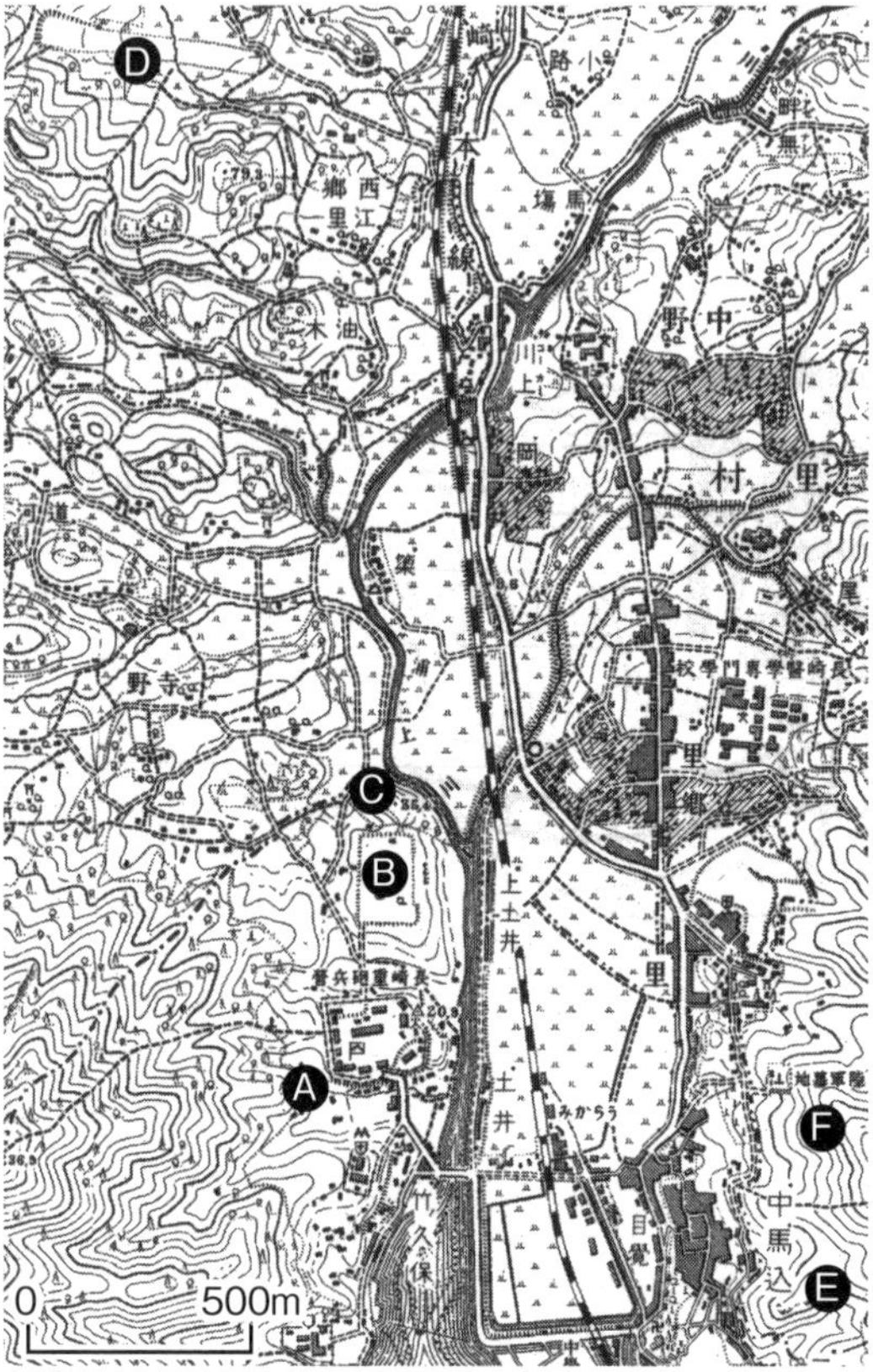

図４　重砲兵大隊の施設配置
２万分の１地形図「長崎」(1910 年)

図５　長崎重砲兵大隊兵営
当時の絵葉書で、図４の A を南から望む。

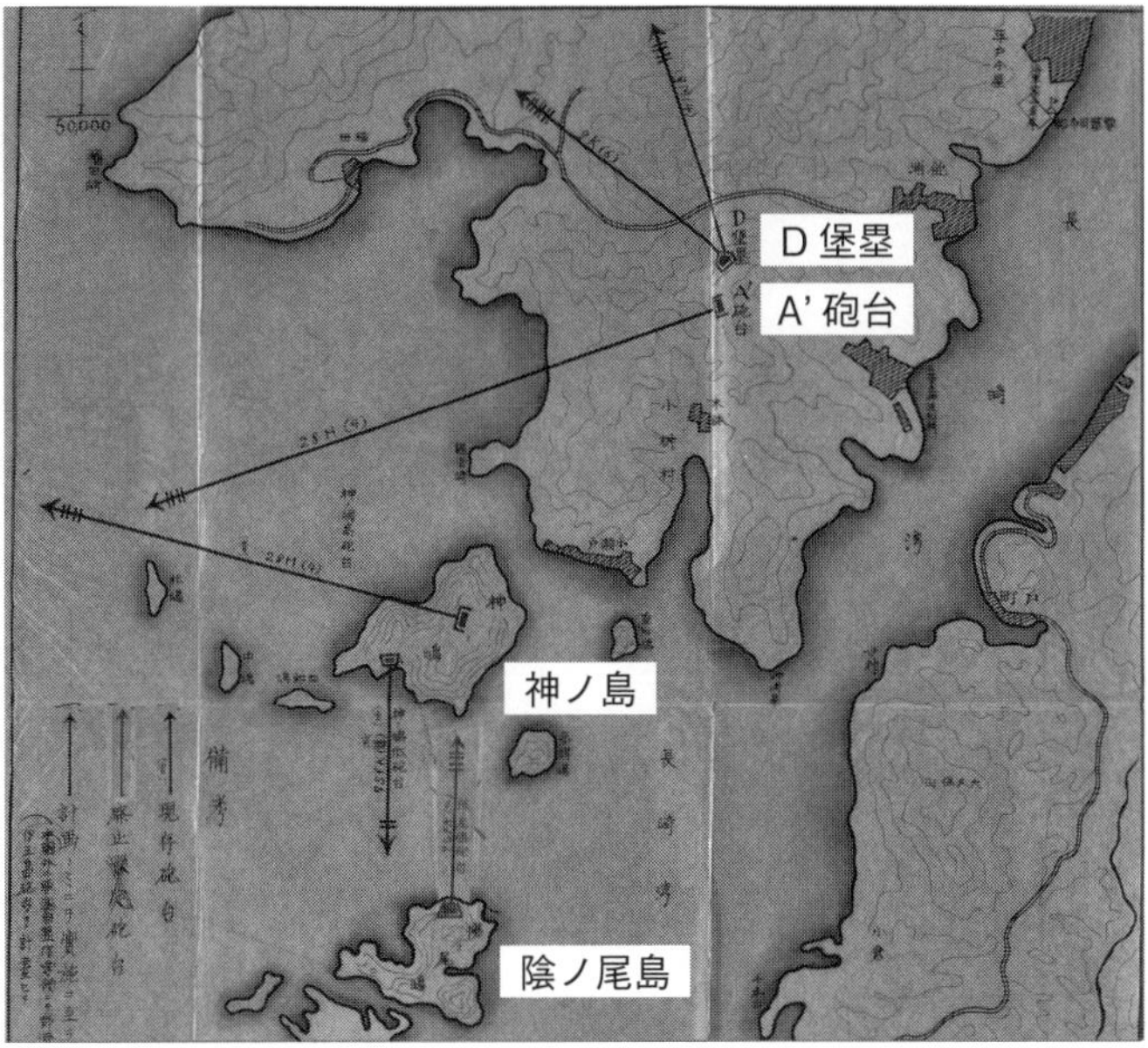

図6　建設開始当時の砲台・堡塁配置予定図
A' 砲台とD堡塁は建設されなかった。出典：陸軍築城部本部編『現代本邦築城史第二部第六巻 長崎要塞築城史』陸軍築城部本部、1943

（2）湾口の砲台群とその遺構

長崎要塞は、神ノ島高砲台、神ノ島低砲台、陰ノ尾島砲台の三つの砲台からなっていた（図6）。これらは一八九八年に着工、一九〇一年に完成している。図6に示されているように、着工当時はさらに砲台と堡塁[7]を一つずつ配置する予定であったが、その計画は中止された。

神ノ島と陰ノ尾島は、現在では埋め立てによってともに離島ではなくなっている。神ノ島高砲台は近世末に佐賀藩が建設した台場の一つの跡地であり、八門の砲が配置されていた。ただし一九一九年に六門、一九二三年に四門に縮小されている。砲台跡は、現在では神の島公園になっており、砲の台座跡や弾薬庫・兵舎として用いられた棲《せい》息《そく》掩《えん》蔽《ぺい》部《ぶ》を観察できる。しかし、公園内の案内図には砲台であったことは記されず、花壇になった砲台座は無視され、棲息掩蔽部は「防空壕」と表記されているので、注意が必要である。

神ノ島低砲台は四門の砲からなっていた。現在は民家の敷地になっており、観察は道路からのぞ

図７　神ノ島高砲台跡

右の丸い花壇が砲の台座跡、左のレンガ造半地下室（入り口はふさがれている）が棲息掩蔽部。2020年撮影。

図８　金比羅山高射砲陣地跡

戦友会によって慰霊碑が建てられている（1977年）。周囲には遺構があるが解説板などはない。2018年撮影。

くだけにとどめたい。現地には何も表示はない。陰ノ尾島砲台にも四門の砲があったが、現在は三菱香焼《こうやぎ》工場の敷地で立ち入ることはできない。なお、一九三六年（昭和一一）に陰ノ尾島砲台は廃止されている。(8)

　これらの砲台は艦船の時代の産物であり、航空機の時代になると一部が廃止され、代わりに高射砲陣地が設けられるようになった。長崎市内には、日中戦争中の稲佐山、唐八景《とうはっけい》（途中から鍋冠山《なべかんむりやま》に移転）を皮切りに、太平洋戦争開戦後は各所に高射砲陣地が設けられた（図３）(9)。神ノ島にも終戦時には五基の高射砲が備え付けられていたが、遺構は明らかになっていない。一方、金比羅山、星取山《ほしとりやま》では遺構を観察可能である。金比羅山と唐八景の跡地にはモニュメントがあるものの、いずれも原爆慰霊碑であり、碑文で高射砲部隊に言及されるのみである。稲佐山のように多くの人が足を運ぶところでも、高射砲陣地の存在を伝えるものは何も設けられていない。

第二節　後方拠点としての重要性

（1）台湾出兵と西南戦争

上で坂本の陸軍墓地をみたが、長崎市内にある軍人墓地は坂本だけではない。軍人墓地の存在から、近代初期に長崎が後方の物資補給拠点・支援拠点として軍事的に果たした役割をみていこう。

現在、坂本陸軍墓地の他に長崎市内で祭祀が行われている軍人墓地として、佐古《さこ》墳墓地（佐古招魂社《しょうこんしゃ》）がある（図９）。戦場でも陸海軍の主要拠点でもない長崎に軍人墓地があるのは、ここが後方の拠点であったからに他ならない。佐古墳墓地は、一八六八年に戊辰戦争における振遠隊《しんえんたい》[10]の死者一七人を祀ったことに始まる梅香崎《うめがさき》招魂場（現在の大徳寺公園）が、台湾出兵、西南戦争における多くの死者で手狭となり、一八七七年に設けられたものである。その後、一八八三年までに、梅香崎にあった墳墓はすべて佐古に移された。

図９　明治末の佐古墳墓地

戦後は長らく旧仁田小学校のＬ字型の校舎が手前部分に建てられていた。出典：第２回関西九州府縣聯合水産共進會長崎縣協賛會『長崎県紀要』第２回関西九州府縣聯合水産共進會長崎縣協賛會、1907

台湾出兵（一八七四年）、西南戦争（一八七七年）において、長崎は補給や戦後処理など後方の拠点として大きな役割を果たしている。台湾に送られた熊本鎮台の部隊は長崎から出航し、長崎西浜町（旧薩摩藩蔵屋敷）には戦闘や清国政府との交渉を統括した蕃地事務局の支局が置かれた。また、現在の長崎大学病院の前身で、梅香崎にあった長崎医学校附属病院は、蕃地事務局病院とされた。そのため、現地や長崎で亡くなった五〇〇人以上の陸海軍兵士が梅香崎に葬られている。西南戦争でも、長崎には臨時海軍事務局と九州臨時裁判所が置かれた（猪飼 二〇〇八：九六・一〇二）。元鹿児島県令大山綱良らの処刑は桜町監獄で行われている[11]。また、陸海軍、警視隊など多くの負傷者が長崎病院（蕃地事務局病院の改称）をはじめとする市内各所に移送された結果、墓地が不足するような事態となったのだった。

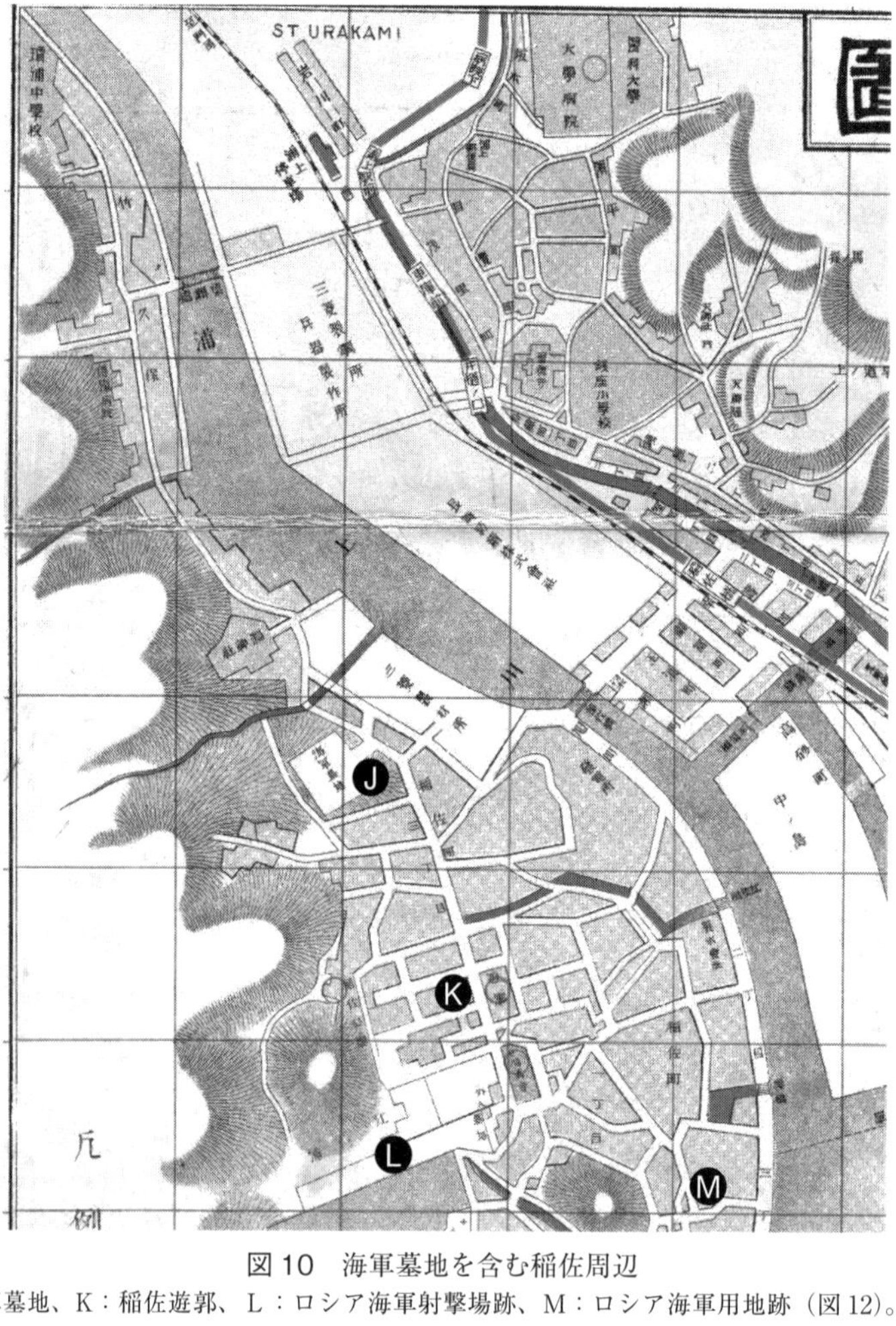

図10　海軍墓地を含む稲佐周辺

J：海軍墓地、K：稲佐遊郭、L：ロシア海軍射撃場跡、M：ロシア海軍用地跡（図12）。浦上川左岸には「兵器製作所」もある。なお、坂本陸軍墓地は表記されていない。出典：桂吉之助『長崎市街地図』林田印刷所、1926（愛知県東浦町郷土資料館蔵）

(2) 忘れられた海軍墓地

また、長崎市内には海軍墓地の跡地もある。図10の市街地図（一九二六年）をみると、「海軍墓地」と記された区画があることに気づくだろう。現在、ここは稲佐小学校の運動場になっており、現地には墓地であったことを示すものは何もない。

海軍の資料からは、一八八九年に用地が買収され、一八九五年に墓地

図11　海軍墓地跡
稲佐小学校運動場になっている。2020年撮影。

図12　ロシア海軍用地跡
当時は海岸であった手前から奥の段丘崖下までの区画に倉庫や病院などがあった。2016年撮影。

の番舎が新設されていることがわかる。[12] 稲佐尋常小学校（現在の稲佐小学校）は、一八九六年に墓地の南側に建設され、一九二九年に「北部運動場拡張」を行っている（長崎市立稲佐小学校 一九八三：四四）。この「北部運動場」が海軍墓地の跡地にあたる。おそらくは、早い時期に墓地として使われなくなり、[13] 佐世保の東山海軍墓地に機能が移されたと考えられる。しかし、佐世保のような軍港ではなかった[14] 長崎に海軍墓地が一時的にせよ設けられたのは、補給拠点としての長崎の重要性をはっきりと示している。

（3）外国軍と長崎

このように長崎を後方の物資補給・支援拠点として重視したのは外国軍も同じであった（大谷 二〇〇四）。アメリカ陸軍は主に石炭の供給のため、一八九九～一九一七・一九二一～一九三三年に物資補給所を長崎に置いている。[15] 一九〇一年に清で勃発した義和団事件では、長崎は列国軍の後方拠点となった。特に、ロシアは南山手に一八八五年以来置いていたロシア海軍病院（現在の気象台南側駐車場）に負傷者を搬送し、フランスも南山手の清心女学院（のちのマリア園）に仮病院を設けた。[16]

こうした外国軍にとっての後方拠点としての重要性を最もよく示すのは、ロシア海軍の補給地、保養地であった稲佐の事例であろう。[17] 稲佐とロシアとの関わりは幕末に遡る。一八五八年（安政四）に、海軍軍艦アスコルド号の修理のために多くのロシア将兵が上陸し、悟真寺とその周辺に滞在した。その後、将官たちは稲佐の民家に止宿するようになり、ロシア軍人向けのホテルや料亭も設けられるようになる。また、一八六〇年（万延元）には、ロシアマタロス休息所が丸山遊郭からの止宿扱いで設置された。稲佐における初期のマタロス休息所の位置は不明であるが、一八七〇年に悟真寺の北に移転し、のちにロシア人以外も登楼可能な稲佐遊郭になっている。[18] さらに、稲佐にはロシア海軍の射撃場や、倉庫、病院もあった（図12[19]）。なお、日清戦争後、ロシアが旅順《リューシュン》を租借地として獲得すると稲佐の重要性は薄れ（古賀 一九九五：二八五）、日露戦争でロシア海軍の寄港は霧消することになった。

以上、長崎が軍事的後方拠点として大きな役割を果たしたことをみてきた。後方の補給や支援の拠点であり、軍事的な色合いがそう濃いわけではない。特に、外国軍の場合はそういえるであろう。しかし、長崎が過去に有した軍事的な地位であり、その後はほとんど喪失したという点でも重要であるといえる。

第三節　軍需産業と市街地形成

（1）三菱のニュータウン、上戸町・新戸町

長崎港が要塞地帯とされたのは、三菱長崎造船所を中心とした軍需産業の集積があったためであった。三菱長崎造船所は、世界遺産「明治日本の産業革命遺産」の五つの構成資産を含み、また「大和」の同型艦である「武蔵」など多くの軍艦を建造した、軍需産業の一大拠点である。

しかし、長崎の軍需産業は三菱長崎造船所だけで語れるものではない。一九一七年の三菱兵器製作所（茂里町）、一九一九年の三菱長崎製鋼所と、早い時期から拡大がみられたほか、太平洋戦争期には三菱造船幸町工場、さらに新興の川南《かわなみ》造船も加えて急激な成長をみせた。以下では、太平洋戦争中に軍需工場に関連したニュータウンとして建設

図13　終戦直前の上戸町・新戸町地区
上が北。米国立公文書館所蔵米軍撮影空中写真（1945年8月7日）、販売元：一般財団法人日本地図センター

図14　住宅営団建設の上戸町元社宅群
手前の建物は既に取りこわされている。2013年撮影。

された、あるいは建設されようとした二つの地区をみてみたい。

まず取り上げるのは、市街南部の上戸町《かみとまち》・新戸町地区である。三菱長崎造船所は戦時中に生産を大幅に拡大させ、工員寮や社宅を周辺に多数増設した。ここはその中でも最も規模が大きく、水田の広がる鹿尾《かのお》川沿いの平地に一九四三年に完成した社宅・工員寮地区であった。

原爆投下直前に撮影された図13の空中写真をみると、地区の東部と南部には細長い建物が計画的に配置されていることがわかる。これらは九、〇〇〇人を収容する二階建ての工員寮で、ここには朝鮮半島出身者を含む徴用工員、動員学徒のほか、戦争捕虜が居住した。一方、地区の中央部には、住宅営団が建設した二戸建ての三菱社宅が一五〇棟（三〇〇戸）あった。住宅営団とは、「労務者其ノ他庶民ノ住宅供給ヲ図ル」（住宅営団法第一条）ことを目的に、一九四一年三月に全額政府出資で設立され、大都市圏、軍需産業都市で多くの住宅地を建設した特殊法人である。[20]終戦までの間に、長崎市内とその近郊では、この地区のほか、長与西（二三〇戸、三菱社宅）、香焼（戸数不明、川南造船社宅）、葉山（一〇〇戸、一般向け）において、住宅営団は住宅地を建設している。

戦後、社宅は一時米軍に接収され、また工員寮の一部が火事で焼失したり、戸町中学校の敷地になったりしている。工員寮の建物は残っていないが、寮の建物に由来する細長い特徴的な地割が観察できる。また、一五〇棟の社宅のうち、二棟が完存、七棟が半存している（二〇二一年一月現在)。

(2)「決戦都市」、西浦上

次に、三菱兵器大橋工場を中心とする西浦上地区をみていきたい。図15は太平洋戦争中に米軍が作成した地図の一部である。図中央の"Mitsubushi《ママ》-Urakami Ordnance Plant"(三菱浦上兵器工場)は、水田の広がる浦上川の(段丘化した)小扇状地に、一九四二年に完成した魚雷などの製造工場であった。原爆で壊滅し、現在は主に長崎大学文教キャンパスになっているが、キャンパスの門や通路の一部は工場だった当時を踏襲しており、キャンパスの東門脇には「三菱兵器」の標石も残されている。また、跡地の一部は今も三菱造船所施設の敷地で、社員寮のほか、図中にP"probable torpedo testing basin"(おそらく魚雷試験水槽)と記された船型試験場(一九四三年)の細長い建物が現存している。なお、Pの北のグラウンドと大きな建物は長崎師範学校男子部(現長崎大学教育学部)である。図15中Qには空襲を避けるためのトンネル疎開工場があった。

工場の周囲では、この当時、軍需産業を支える住宅地整備を目指し区画整理事業が始まっていた。図16は区画整理事業を報じる新聞記事で、「西浦上に近代都市」、「決戦都市構築の序曲」などという見出しがみえる。区画整理事業区域は、南は浦上天主堂・(現)活水中学・高校付近から、北は赤迫電停付近まで、三〇〇万平方mに及ぶ広大なものであった。[21] 図15中の文教通りR、昭和町通りSはいずれもこの区画整理事業の一環として施工された。TとUはいずれも工員寮で、[22] Tは戦後に市営住宅に、Uは拘置支所と公園などになっている。また、図郭外北側の葉山には住宅営団が開発した一般向け労働者住宅(一〇〇戸)があった。[23]

図15からもわかるように、区画整理事業は主要街路が施工されただけで被ばく、終戦を迎えた。しかし、戦後は新たに区画整理事業が施行されている(一九五一〜一五六六年)。都市のインフラ整備は戦中も戦後も変わらず必要であり、その意味で戦前・戦後はつながっていることがわかるだろう。

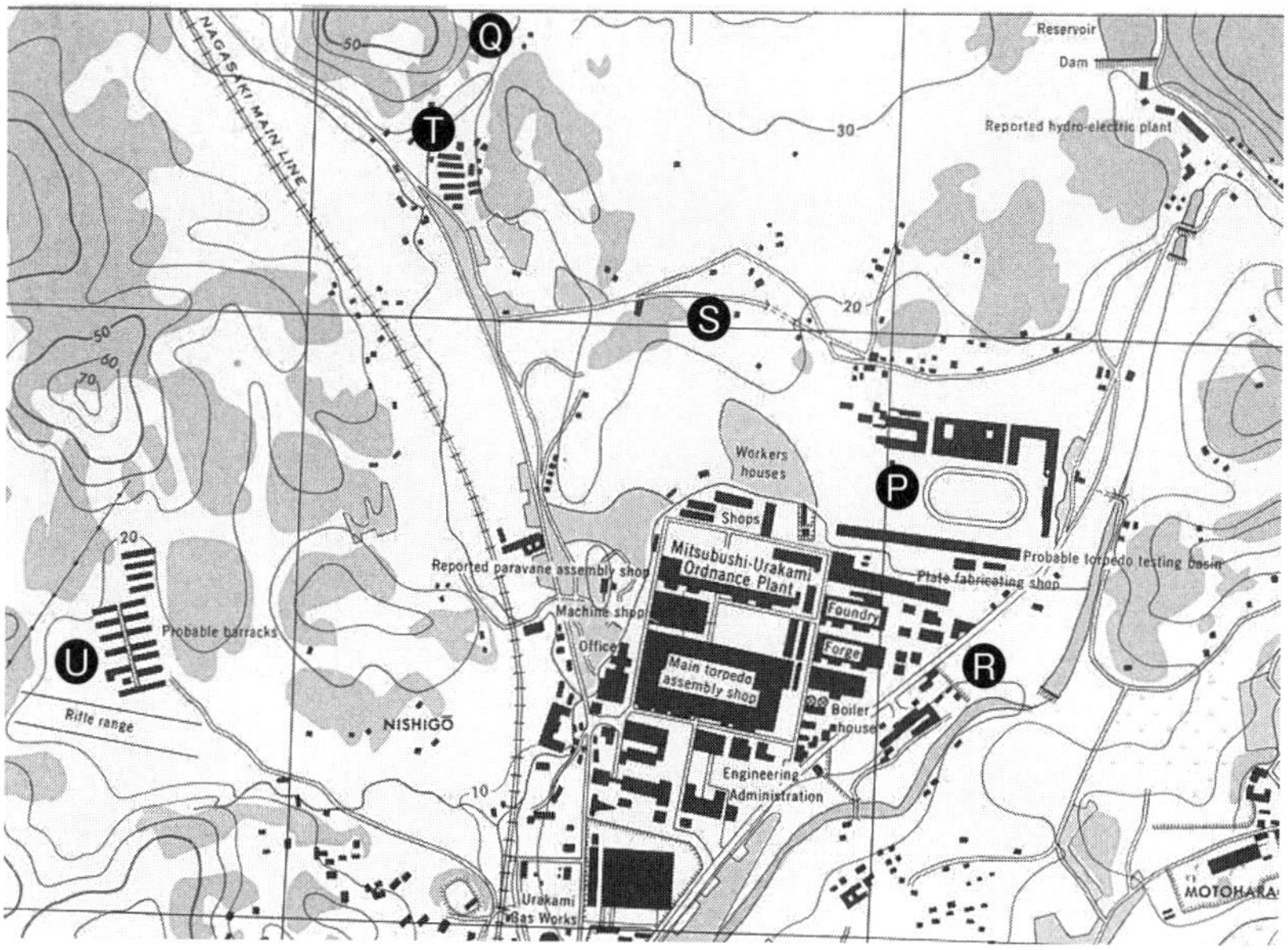

図15　終戦直前の西浦上地区

アメリカ陸軍 Army Map Service 作成 “NAGASAKI”（1945年）。Uの南側には前述の元重砲兵大隊、当時は長崎医科大学管理の射撃場（Rifle range）もみえる。S昭和町通りの一部のトンネル表記や、浦上水源地（図右上）の “Reported hydro-electric plant” という記述は誤り。

西浦上に近代都市

五ケ年計畫て長崎市が

區劃整理斷行

國民體育指導者地方修錬會

決戰 都市構築の序曲

長崎浦上地區に新都市計畫施行

縣食糧增産協議會

山川端夫氏は長崎っ兒

戰時外交相談役に登場

図16　西浦上地区の土地区画整理事業を報じる新聞記事

左：『毎日新聞』1943年2月7日付、右：『朝日新聞』1943年7月23日付。

おわりに

長崎の軍事都市としての側面は、十分に知られているとはいえない。忘却され、みえない存在になっている。しかし、大半が語られないなかで、原爆に関連する事例は言及されていることにも気づく。すなわち、上で検討した軍事遺構・跡地のうち、金比羅山高射砲陣地跡、三菱兵器大橋工場跡、旧トンネル疎開工場、三菱船型試験場には解説板が建てられ、被ばくと関連づけて説明されている。本章では取り上げなかった、太平洋戦争中の捕虜収容所である福岡俘虜収容所第十四分所跡も同様である[24]。さらに、原爆関連ではなくても、上でみた軍人墓地のように慰霊の要素があれば、あたりまえに維持されている。福岡俘虜収容所第二分所跡（香焼）もこれに該当しよう[25]。

軍事都市としての長崎に関する本章での検討から、三つの問題を指摘したい。まず一つはより一般的なことで、本章で扱った軍事遺構・跡地のようないわゆる「負の遺産」は、慰霊の対象でない限り記憶されにくいことがあげられる。荻野（二〇〇二：二九）は、日本の文化遺産は追憶の秩序にある、すなわち死者の存在が重要であると述べている。死者が認められず慰霊の対象にならない場合、追憶の秩序にのらず、遺産化されにくい。慰霊の対象ではない「負の遺産」が、これまでどう記憶されてきたか、あるいはこれからどう位置づけることができるか、考察を進める必要がある。

二点目として、原爆に関連しない軍事遺構・跡地がほとんど注目されないという長崎ローカルの問題がある。これは、慰霊対象外の場合は追憶の秩序にのらず遺産化されにくいという、上でみた問題のローカルな表れであるともいえよう。またそれだけでなく、この問題には、原爆被害の空間的な範囲をめぐる長崎独自の事情も関わることを指摘したい。つまり、広島では平坦な市街中心部に原爆が投下されたために中心部全域が被ばくし、軍事を含む中心部のあらゆることが原爆の被害と空間的に重なりあっている。一方、長崎はそうではなく、原爆が旧市街から離れた浦上に落とされたため、原爆と軍事には空間的なずれが生じている。図式的にいえば、原爆に関連しない軍事遺構・跡地が広島には存在しない一方で、長崎には多い。軍事遺構・跡地の記憶の問題は、原爆のような他の記憶とも関連しているとみなければならない。

三点目として、やはり長崎ローカルであるが、「軍事都市」の忘却は、近代長崎の理解として不十分であることを指摘しなければならない。戦争といっても太平洋戦争だけではない。長崎要塞の砲台遺構は、清やロシアの艦隊の襲来に怯えた当時をリアルに伝えるとともに、結果として一度も実戦に使われず、平和であったことにも思いを向けさせる。長崎は、幾たびもの戦争で、後方拠点として利用する外国軍の存在も含め、損害も利益も受けてきた。それを抜きにしては長崎を理解したことにはならないのではないか。さらに、長崎の歴史において、スポットライトが当てられた部分をみようとすれば、陰の部分も重要になってくる。これは井出（二〇一八）が提唱するダークツーリズムの意義とも共通する。三菱長崎造船所は世界遺産の構成資産を含み、長崎市の基幹産業でもあるが、軍需産業の歴史は無視できず、長崎が要塞地帯であったのは三菱があったからであった。また、「異国情緒」という長崎観光にとって重要なイメージは、かつて数多く入港した諸外国の軍艦と軍人たちの存在に負うところも大きいはずである。

本章では取り上げなかったが、長崎には太平洋戦争後の米軍（連合国軍）駐留という歴史もある。それらも含め、各種の遺構・跡地は、文字上で、つまり知識として理解するだけでは十分ではない。どんなに著名な遺構・跡地であっても、現地がいかに記念空間化されているか、その場にはどんな「アウラ」（オーラ）があるか、人々はその場にどんな態度をとっているかなど、実際に行かないとわからないことは多い。ぜひ現地訪問を勧めたい。

注

(1)「記憶」とは、例えば「過去を認識しようとするあらゆる営み、そしてこの営みの結果得られた過去の認識のあり方」（小関 一九九九：七）と定義される。近年の人文科学では、社会的な記憶、すなわち、ある社会における過去認識のありように着目することが、一つの視点として定着している。
(2) JACAR(アジア歴史資料センター)Ref.C04027166300、明治一〇年「大日記 省内各局参謀近衛病院 教師軍馬局 2月水 陸軍省第1局」(防衛省防衛研究所)。JACAR(アジア歴史資料センター)Ref. C06081348700、明治二四年「貳大日記 三月」(防衛省防衛研究所)。
(3) JACAR(アジア歴史資料センター)Ref. C03022810400、明治三六年密大日記 明治三六年一〇・一一・一二月(防衛省防衛研究所)。一九〇七年に重砲兵大隊と改められている。
(4) 司令部は、一九〇三年に大黒町、一九〇六年に平戸小屋町、一九四二年に南山手町(現在の気象台)と移転。
(5) JACAR(アジア歴史資料センター)Ref. C07050068500、明治二一年「伍大日記 九月」(防衛省防衛研究所)。
(6) 短い期間にもかかわらず、遺骨九柱が改葬されている。JACAR(アジア歴史資料センター)Ref. C10061929500、明治三一年官房五号編冊 各監督部 二冊の二(防衛省防衛研究所)。
(7) 堡塁は砲台としての機能に加え、上陸戦にも対応したつくりになっている。
(8) この他、一九二三~一九三〇年に野母崎と伊王島にも長崎要塞に属する砲台を増設する計画があった(陸軍築城部本部編 一九四三:一七-一八)。
(9) 布袋(二〇二〇)のほか、次のウェブサイトにも詳しい。「九州・下関の高射砲陣地 高射砲第四師団」https://www17.big.or.jp/~father/aab/4thAAD/4thAAD.html(二〇二一年一月一〇日検索)。なお、太平洋戦争末期には、橘湾岸の茂木、網場などにも本土決戦に備えた砲台・機関砲陣地が構築されていた。
(10) 一八六四年に長崎奉行所によって組織され、長崎市中の治安維持、外国人保護に当たっていたが、戊辰戦争では官軍の一部として秋田まで遠征した。
(11) 跡地は市役所別館。現地には「サンフランシスコ教会(修道院)跡」の解説板があり、近世に桜町牢であったことは記されているが、西南戦争時の説明はない。
(12) 用地取得については、海軍大臣官房(一九四〇:一〇一〇-一〇一一)、あるいはJACAR(アジア歴史資料センター)Ref. C06090891900、明治二二年「公文備考物件土地家屋巻九」(防衛省防衛研究所)を参照。番舎新設についてはJACAR(アジア歴史資料センター)Ref.C10125754200、明治二八年 公文雑輯 巻一〇 土木上(防衛省防衛研究所)。
(13) 明治末にはすでに使われていなかったと推測される。例えば、一九〇七年(明治四〇)の水産共進會記念『長崎県紀要』中の市内「名所巡遊」では、稲佐付近の砲兵大隊、稲佐公園、墓地、要塞司令部などが網羅されるが、海軍墓地の記述はない(第二回関西九州府縣聯合水産共進會長崎縣協賛會 一九〇七:三一〇)。一九二六年刊行の図10に海軍墓地が記載されているのは誤りというべきであろう。

(14) 長崎には一八八六年まで海軍事務所が置かれ、それまでは軍港に準ずる地位ではあった。

(15) アメリカ海軍物資補給所も一九七五〜一九七八・一九八一〜一九八三年に開設されている。陸軍物資補給所も含め、アーンズ（二〇〇二：一九二一一九六）に詳しい。

(16) 坂本国際墓地には、フランスの植民地であったベトナム人を含む義和団出兵時のフランス軍関係者が眠っている。一方、稲佐国際墓地は一八五八年以来、多くのロシア人を受け入れているが、墓碑から義和団出兵時の死者と判断できる例はごく少ない。詳細は木下（二〇〇九）を参照。

(17) 詳細は松竹（二〇〇九）を参照。同書の著者の松竹氏によって稲佐の各所には記念碑や詳細な解説板が建立されている。

(18) 一八八七年の時点では、貸座敷（妓楼）一〇軒となっている。なお、「マタロス」は「マドロス」と同じく「水夫」の意。

(19) 詳細は鵜飼（二〇〇六）などを参照。射撃場は一八六三年に初めて設けられ、その後移転して日露戦争前まで存続している。また倉庫と病院は一八七五〜一八八五年に設置されており、病院はその後、上述したように南山手に移転した。

(20) 東京と横浜で住宅供給を行った財団法人同潤会（一九二四年設立）を継承。終戦後も簡易住宅を供給するが、一九四六年一二月にGHQ指令で閉鎖された。なお、当時の住宅営団の資料では、この地区は「上郷」とよばれている。

(21) 『官報』四九〇一、一九四三年五月一八日による。なお、区画整理計画の図面の存在は知られていない。

(22) T（住吉女子寮）は西浦上尋常高等小学校・西浦上村役場の移転跡地に設けられている。

(23) 平屋四戸建て一三棟は残存しないが、平屋二戸建て二四棟のうち二棟が半存している（二〇二一年一月現在）。

(24) 収容所は軍需工場である三菱造船幸町工場内にあったが、この収容所解説板以外に、現地で幸町工場を軍事遺構として提示するものはない。なお、二〇二一年夏に収容所慰霊碑が原爆資料館前に建立される予定。

(25) 長らく忘却されていたが、二〇一五年になって慰霊碑が建立された。

参考文献

アーンズ・L著、福多文子・梁取和紘訳『幕末・明治・大正・昭和　長崎居留地の西洋人』長崎文献社、二〇〇二

猪飼隆明『西南戦争：戦争の大義と動員される民衆』吉川弘文館、二〇〇八

井出明『ダークツーリズム拡張：近代の再構築』美術出版社、二〇一八

鵜飼政志「長崎稲佐のロシア海軍借用地」歴史評論 六六九、二〇〇六、二九―四二頁

大谷正「義和団出兵／日露戦争の地政学」小森陽一・成田龍一編『日露戦争スタディーズ』紀伊國屋書店、二〇〇四、六九―八五頁

荻野昌弘「文化遺産への社会学的アプローチ」荻野昌弘編『文化遺産の社会学：ルーヴル美術館から原爆ドームまで』新曜社、二〇〇二、一－三三頁
海軍大臣官房『海軍制度沿革 巻七』海軍大臣官房、一九四〇
木下孝『長崎に眠る西洋人：長崎国際墓地墓碑めぐり』長崎文献社、二〇〇九
古賀十二郎『丸山遊女と唐紅毛人：後編』長崎文献社、一九九五
小関隆「コメモレイションの文化史のために」阿部安成ほか編『記憶のかたち：コメモレイションの文化史』柏書房、一九九九、五－二二頁
第二回関西九州府縣聯合水産共進會長崎縣協賛會『長崎県紀要』第二回関西九州府縣聯合水産共進會長崎縣協賛會、一九〇七
長崎市立稲佐小学校『創立百周年記念誌』長崎市立稲佐小学校、一九八三
布袋厚『復元！ 被爆直前の長崎：原爆で消えた一九四五年八月八日の地図』長崎文献社、二〇二〇
松竹秀雄『ながさき稲佐 ロシア村』長崎文献社、二〇〇九
陸軍築城部本部編『現代本邦築城史第二部第六巻 長崎要塞築城史』陸軍築城部本部、一九四三

コラム　護国神社

志賀山は、元大友宗麟家臣にして近世には浦上淵村庄屋を務めた志賀氏がかつて城を築いたところである。その志賀山に、佐古、梅香崎の両招魂社（一九三九年からは護国神社）を合併して一九四二年に創建されたのが長崎県護国神社であった。しかし、一九四四年に竣工した社殿は原爆で倒壊してしまう。戦後ここは県所有地となり、中学校移転、平和公園拡張などが目論まれるものの、結局一九六三年になって護国神社が再建された。神社の東の麓が放射状の街路網になっているのは、公園化されようとした経緯を反映しているのだろう。境内には戦没者の慰霊碑のほかにも、県内の満洲開拓団慰霊碑や、日露戦争の「軍神」、橘中佐顕彰碑もある。歴史観はどうであれ、訪れる価値はある場所である。

2021 年撮影

第一六章　長崎の岬を３Ｄで表現してみる

全　炳徳

はじめに

昔の長崎はどんな姿だったのだろうか。一五七一年、長崎が開港し六つの町が作られたと伝えられる場所、〃長崎の岬〃〃細長い岬〃〃長か岬〃（以下、細長い岬と称する）を最新の技術を駆使し地形的な観点から紐解いてみたい。そしてその様子をＧＩＳ（地理情報システム）技術を援用した３Ｄ技術を用いて立体的に表現しておきたい。これが本章の目的である。

まずは、原型を立体的な形で表現したい〃細長い岬〃がどの地域を指すのかを明らかにするべきである。〃長崎〃という地名が文献に登場するのは一三世紀の初頭とされている。つまり鎌倉初期、当時の〃長崎〃は〃永埼〃とも記述されているが一四世紀の前半の鎌倉末・南北朝前期ごろから〃長崎〃という表記に定着している（外山 二〇一三）。長崎以前の名称は深江浦とも呼ばれていた（アマロ 二〇一六）とするが外山幹夫はその意見にやや否定的である（長崎市 二〇二〇）。さて、この〃長崎〃という町の表現が定着し始めた時代の記録の地域的な範囲は「長崎港に突出した細長い岬」のことを意味していた。より身近な地名を挙げて専門的に説明するとすれば「中島川と浦上川に挟まれた河岸段丘」を表す（川口 二〇〇〇）ものである。本章で立体的に表現したい〝細長い岬〟はこの地域を意味するもので、その原型を様々な文献をもとに紐解きながら立体的に描画していきたい。

第一節　長崎の岬の原型を求めて

（1）想像図及び絵図からの考察

長崎市制六十年史には長崎の原型についての開港以前の長崎の想像図が載っている（長崎市制六十年史 一九五六）。長崎港が開港される前のもの、森崎と呼ばれた細長い岬に六町ができた創建当時のもの、そして長崎の最高の絵図とされる寛永長崎図をもとに作られたとするものの三つがそれである。その中、開港以前の長崎の想像図（図1）の横には次のような追記がある。

長崎開港以前、長崎といわれていたのは長崎氏の砦のあったという城ノ古址（筆者による注：「しろのこし」と読む）やその麓の夫婦川町・片淵町などの地であった。長崎開港以後、〝長崎〟となる土地は、深く海中に突き出た、長い小さな岬であった。長崎旧記によれば、一ノ瀬橋や今の勝山町付近まで波に洗われたといい、フロイス日本史にも、天正の初年に満潮の時は城ノ古址の麓近くまで舟が入れたことを記している。この岬の突端には森があってその故に森崎といったことが旧記にあり、また長崎拾芥には今の諏訪社のあたりから森崎まで深樹がうちつづいていたと記されているが、フランシスコ・カリヤンの書簡（一五七九年）は「同所は元草原であった」と述べている。

図1からも分かるように、この想像図は現在の地盤を想定しながら、人間の手が加わってないままの河岸段丘を描

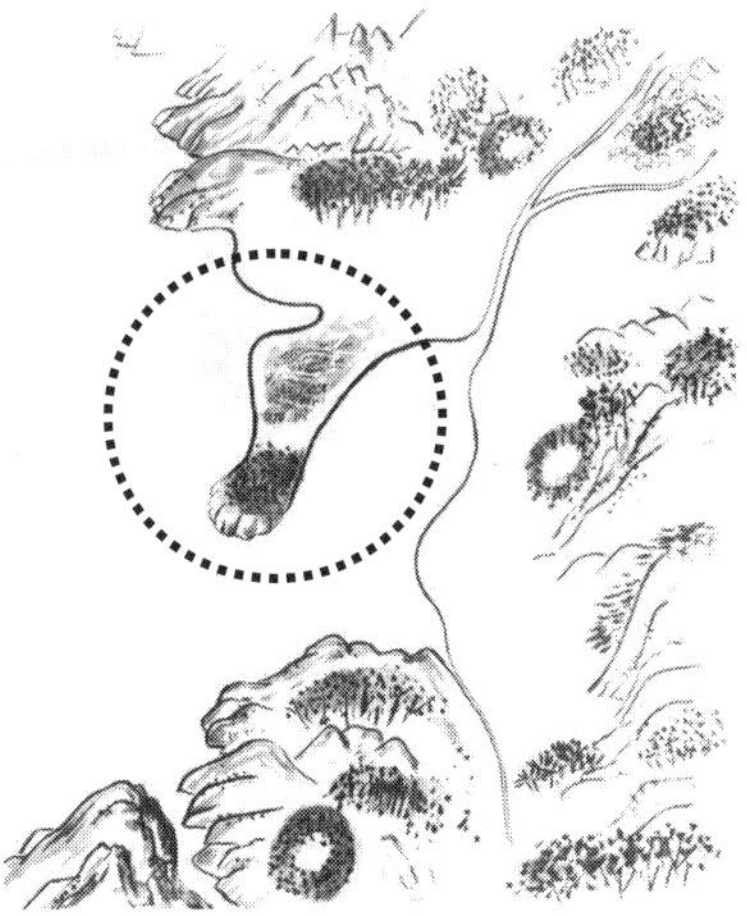

図１　長崎の原型としての想像図

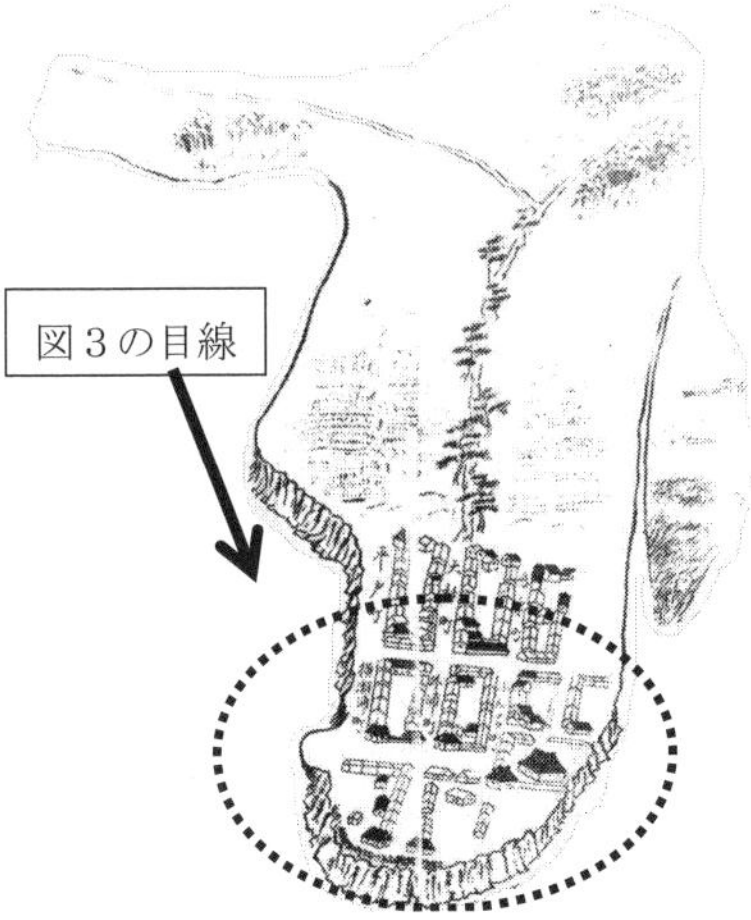

図２　細長い岬の部分の想像図
矢印の方向は図３の目線方向

写している。本章で対象としている「細長い岬」の部分を丸い点線で示してあるが、歴史的な旧記に基づきながら縮尺や距離感を考慮に入れず自然のままを描いていることが容易に理解できる。図２は長崎市制六十年史に載っている森崎と呼ばれた細長い岬に六町ができた創建当時の想像図で、一五七一年に建設されたとする六町の様子を挿入している。この図からも分かるように六町は小高い海に面した細長い岬に作られている。図１からは海に面した先端部分のみ絶壁のような岩石が描かれているが、図２にはその絶壁の様子がやや広く分布していることがわかる。想像図は言葉どおり頭で想像して描いた図であるがその精度がかなり上がったものもある。細長い岬に限って言えば、これらの絵図の中でも鍋島家文庫として所蔵されている長崎海軍伝習所の絵図が有名である。江戸時代の長崎の画家であった川原慶賀が描いた長崎港図（図3を参照）がそれである。これらの絵図には図２の丸い点線で囲まれた地域が詳細に描かれている。特に、図２の左側に突出している場所は今の大波止の地域を示しており、地域的に言えば現在の長崎港ターミナルの位置にあたる。図3で注目したいのは図2で示される絶壁として表現される崖の部分である。図1で示されている崖が図2にはかなり広く示されているが、図3を参照してみると容易にその様子が推察できる。細長い岬の部分の先端部

図３　長崎港図（左側、川原慶賀筆）と長崎海軍伝習所の絵図（右側、陣内松齢筆）

分は広い範囲が崖となっており、石垣によって築造されていることが見受けられる。

（２）実測地形図及び航空写真からの考察

①実測地形図

長崎の実測地形図は日本地図センターが二〇〇〇年五月に発行した「地図で見る長崎の変遷」の中にある七枚の地図から確認できる。そのうち、一八八四年頃に発行したとする一万分の一の図面が実測地形図として最初のものであろう。この地図には縮尺が導入され、数多くの近代測量による実測点が示されている。これらの実測に基づいて図面には五ｍ間隔の等高線も加えられている。合計七枚のうち、細長い岬の部分をより鮮明に示しているものがある。一九〇一年の地図がそれであるが、石垣の部分を独特な標識（白い矢印）を使い表しており、今もなお筆者が作成した現地調査の専用サイトから石垣が確認できる。(1)

図４から見える細長い岬の様子は図１から少しずつ詳しくなっており、図２を経て図４になると更にその様子がより鮮明に描かれていることがわかる。おそらく一九〇一年の地形図から確認できる石垣の様子が「細長い岬」の原型に近い形であろうと推察できる。それは近代測量の技術を使ったもので測量精度が向上したことによる。

②航空写真

もう一つの細長い岬の考察項目としては古い航空写真が挙げられる。航空写真

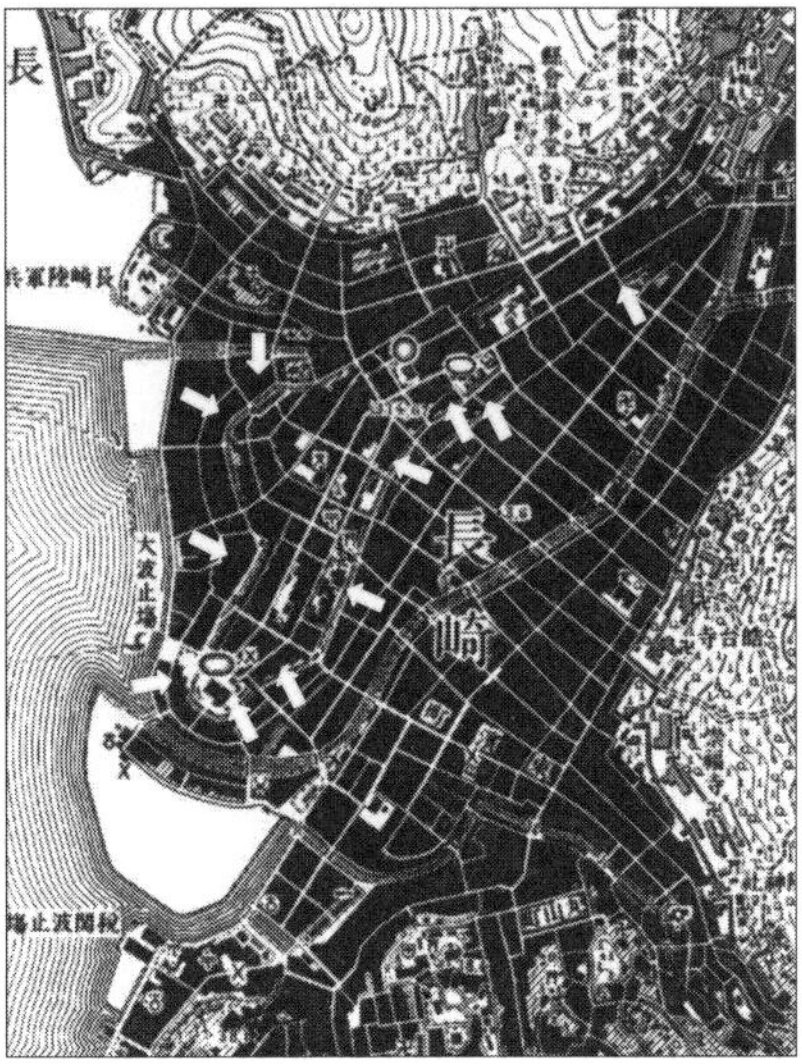

図4　1901年ごろの実測図（左図）と筆者による2021年の石垣調査の確認地点（右図）

は、そもそも地形図を作るための情報源であり、地表面の凹凸を容易に分別することを可能にしている。上記の実測地形図は航空写真から得られたものである。同じ地域を二枚のペアで撮影するステレオ技術の航空写真の場合は地形図の等高線を作る上で必要不可欠なものである。入込が激しい山地の凹凸を表す地形図作成には必ずステレオ航空写真を用いる必要がある。しかしながら建物が密集する市街地の場合、地肌の地形の様子を推察することがそれほど容易ではない。建物の排除を想定した裸地の場合は、地形の凹凸を抽出することが可能であるが、創建当初から建物が常に立ち並んでいた「細長い岬」の界隈について航空写真から地形の凹凸を推測することは難しい。しかし、一九四五年八月九日の原爆投下後、この地域は一時期ほぼ裸地の状態になるような甚大な原爆の被害を受けている。アメリカ軍はこの地域を当時の原爆投下のための特殊部隊（第五〇九混成軍団）により、綿密に撮影をしてその記録を残している（工藤、金子 二〇一三）。筆者の調査によれば一九四五年の一年間、アメリカ軍は原爆投下を前後にして長崎上空を詳細にくまなく撮影している。その撮影枚数は航空写真のフィルムの大きさが九×九インチの場合一、四九四枚にのぼり、九×一八インチの特殊なフィ

図５　アメリカの国立公文書館にて保管されているフィルム缶（左）と確認機器（右）

ルムで撮影したものも四六七枚にのぼる（表1を参照）。おおよそ一、九六一枚にのぼる長崎上空の写真を撮影して長崎の地形を分析するのに使っていたのである。表１はアメリカ軍が撮影した長崎上空の航空写真のリストだが、これらの資料は全て特殊なフィルム缶の中に冷凍保存されており、フィルムの内容を確認するためには特殊な機器を使う必要がある（図5、筆者撮影）。図5の左にあるフィルムを缶から取り出し、右のフィルム内容の確認機器にロール状に巻かれたフィルムを掛けて、機器の右下にあるハンドルを回しながら一枚一枚のネガで撮ったフィルムの内容を確認することができる。今回はこのフィルムを、フィルムスキャナ等で加工しデジタルデータとして利用することにする。

　前述した原爆投下前後の航空写真一、九六一枚のうち、地肌が見える可能性のある写真は一九四五年八月一〇日の写真と九月七日の写真である。しかし、一九四五年八月一〇日の写真は細長い岬の地域がまだ燃える噴煙で鮮明に写っていない。一九四五年九月七日の航空写真には細長い岬の界隈が鮮明に映っている（図６の右側）。図６の右側に示している一九四五年九月七日の写真はステレオ写真として撮影しており、地形の凹凸が解析可能となっている。図7に九月七日のステレオで撮った二枚ペアの写真を示している。この二枚の写真について詳述すると、航空写真を撮影するためアメリカ軍の特殊部隊は左側の写真を撮影したのち、右側の写真を撮影しており両写真は連続して撮られた写真となっている。一見、二枚の写真は同じように見えるが細かく観察してみると若干撮影位置が異なっており、別々に撮影していることが見て取れる。いずれの写真からも細長い岬の界隈が浮かび上がっていることがわかる。図６の八月

表１　アメリカの特殊部隊が撮影したと推察される長崎上空の航空写真（筆者調査による）

Cans#	撮影日付	9x9inch	9x18inch	撮影地域	撮影方法
H14313	1945/3/9		95 枚	天草、長崎、大村、佐賀、福岡	正斜写真
H14311	1945/3/10	56 枚		天草、長崎、大村、佐賀、福岡	傾斜写真
H14312	1945/3/10	112 枚		天草、長崎、大村、佐賀、福岡	正斜写真
C14600	1945/3/28	113 枚		宮崎、長崎、大村、福岡、小倉	傾斜写真
C14601	1945/3/28	116 枚		島原、長崎、大村、有明海	傾斜写真
C14602	1945/3/28	117 枚		島原、長崎、大村、有明海	正斜写真
C14618	1945/4/11	125 枚		天草、長崎、大村、佐世保	正斜写真
C14619	1945/4/11	129 枚		天草、長崎、大村、佐世保	傾斜写真
C14620	1945/4/11	59 枚		五島、長崎、佐世保	傾斜写真
A00683	1945/7/29	113 枚		五島列島、佐世保、長崎	正斜写真
A00688	1945/7/29	167 枚		五島列島、佐世保、長崎	正斜写真
A00690	1945/7/29	168 枚		五島列島、佐世保、長崎	正斜写真
A00686	1945/7/29		85 枚	五島列島、佐世保、長崎	正斜写真
B2403	1945/7/31		48 枚	長崎を詳細撮影	正斜写真
A0665	1945/8/7		100 枚	長崎、佐世保、福岡、小倉、宇部	正斜写真
B5271	1945/8/10	35 枚	17 枚	宮崎、都城、長崎	正斜写真
B5327	1945/8/10		101 枚	長崎を詳細撮影	正斜写真
B5414	1945/8/28	180 枚		不明（長崎の海岸？）	傾斜写真
不明	1945/9/7	4 枚	21 枚	長崎上空（原爆被害を確認）	正斜写真

図６　細長い岬の原爆投下前後の写真（左：1945 年 8 月 7 日、右：1945 年 9 月 7 日）

図7　1945年9月7日の、細長い岬界隈を撮影したステレオ撮影ペア（矢印は崖の部分）
左の写真を撮影した後、右の写真を撮影してフィルム上に連続写真として記録

七日の写真も、九月七日の写真からも細長い岬の、長崎港に面した地域は太陽の影から崖の面影が黒くくっきりと映っている。しかし、写真の右側にあたる中島川に面したところは石垣の部分がやや薄く写っている。むしろ平地のようにも見えている（図7参照）。筆者により、この二枚のステレオ写真（図7）をデジタルデータとしてスキャニングをし、地形の凸凹を表現するための三次元抽出処理を行って得られた結果が図8である。この結果からも窺えるように、三次元抽出処理を行うことで、図8の右側にあたる眼鏡橋に面した地域も細長い岬の小高い地域が表現されている。そして、全体的に図4で示された細長い岬の界隈がくっきりと浮かび上がっている。筆者はこれらの結果を図9のように電子地図上に表現している。図9には一九〇一年の地形図に示された石垣の場所を線分情報で示しており、原爆投下直後の一九四五年九月七日の航空写真から抽出された凹凸段差の激しい地域についても目測で判読し示している。詳細については凡例を参照されたい。

図８　出島の上空から見える細い岬界隈の鳥瞰図（矢印は崖の部分、筆者による結果）

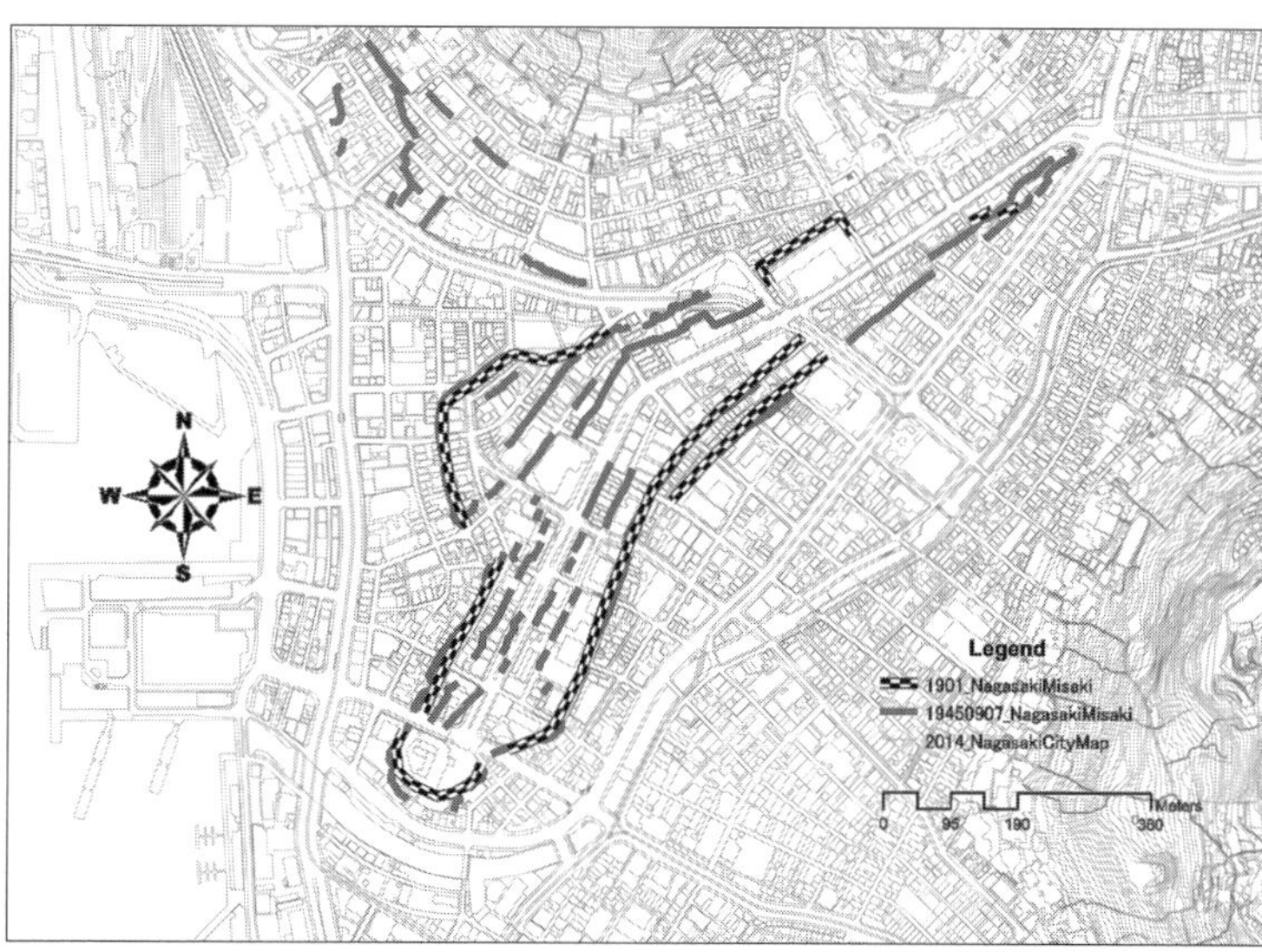

図９　1901 年と 1945 年に抽出した長崎の岬の様子

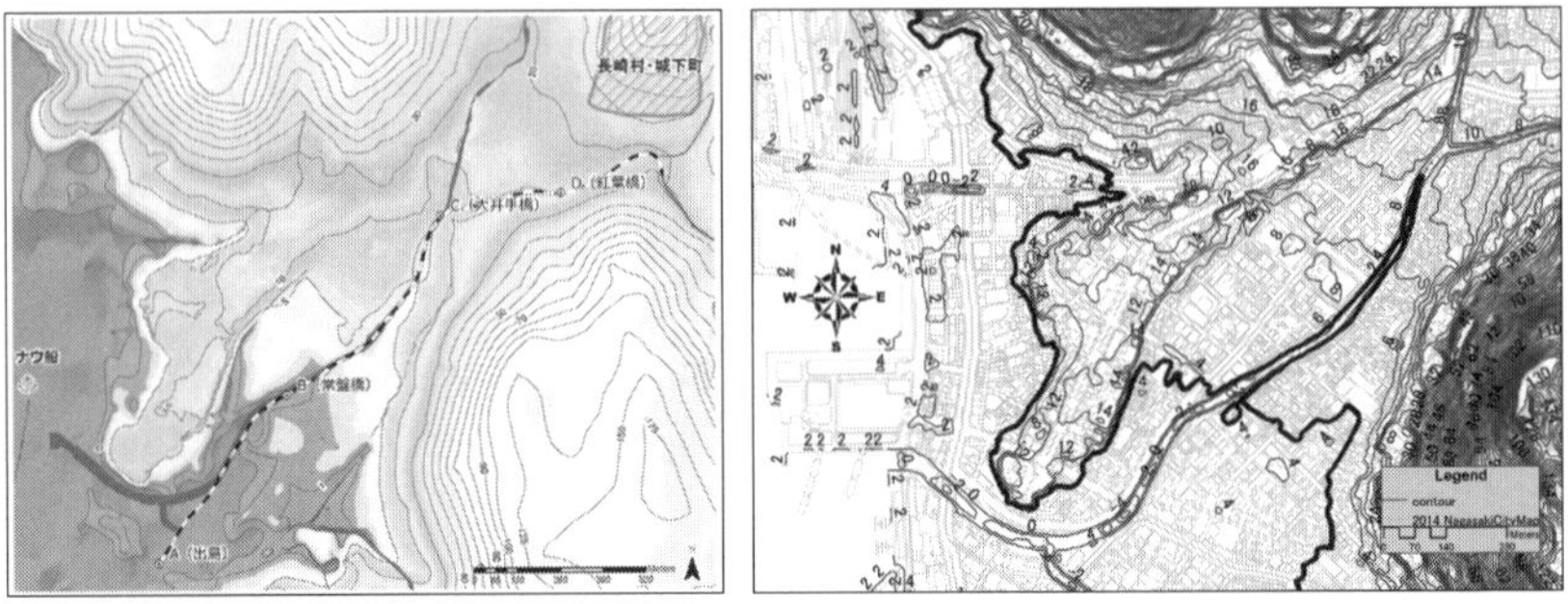

図10　GISによる長崎の岬を再現した結果（左：アマロによる、右：筆者による）

第二節　ＧＩＳデータによる長崎の岬の表現

（1）実測地形図による表現

ＧＩＳデータからの考察については先行研究としてアマロの研究結果（アマロ二〇一六）が詳しい。本章ではこれらの先行研究を参照しながら、筆者が行った内容のみを記述することにする。先行研究の内容とは異なったところ、追加されている部分、更にはより詳細に考察するための３Ｄ表現等について追記しておくことにする。まずアマロの先行研究結果と筆者の研究結果を比較するため図10を示す。図を見れば判るように、左側の結果図は等高線が山間地域と海岸沿いに差をつけている。つまり山間部には一〇ｍ間隔の等高線を配置し、沿岸部は五ｍ間隔の等高線が配置されている。特に、図の真ん中に示されている出島（Ａ地点）から紅葉橋（Ｄ地点）までの線状の地域について詳しく考察しており、一ｍから五ｍ、一〇ｍまでの等高線が詳細に記録されている。また、Ａ地点からＢ地点の間には水深の変動が激しいことを説明し、図面上にも入り組んだ等高線が現れていることを示している。これに対して筆者が行った今回の研究（図10の右図）の場合、等高線の間隔が二ｍ間隔と詳しく、山間部の標高が細かく示されている。しかし、沿岸部については〇ｍから二ｍ及び四ｍのところが部分的に繋がっていない破線で表示されている。それは等高線の元となったデータが二〇二一年現在、国土地理院から提供される五ｍメッシュのもの[2]を使用しており、埋立地の標

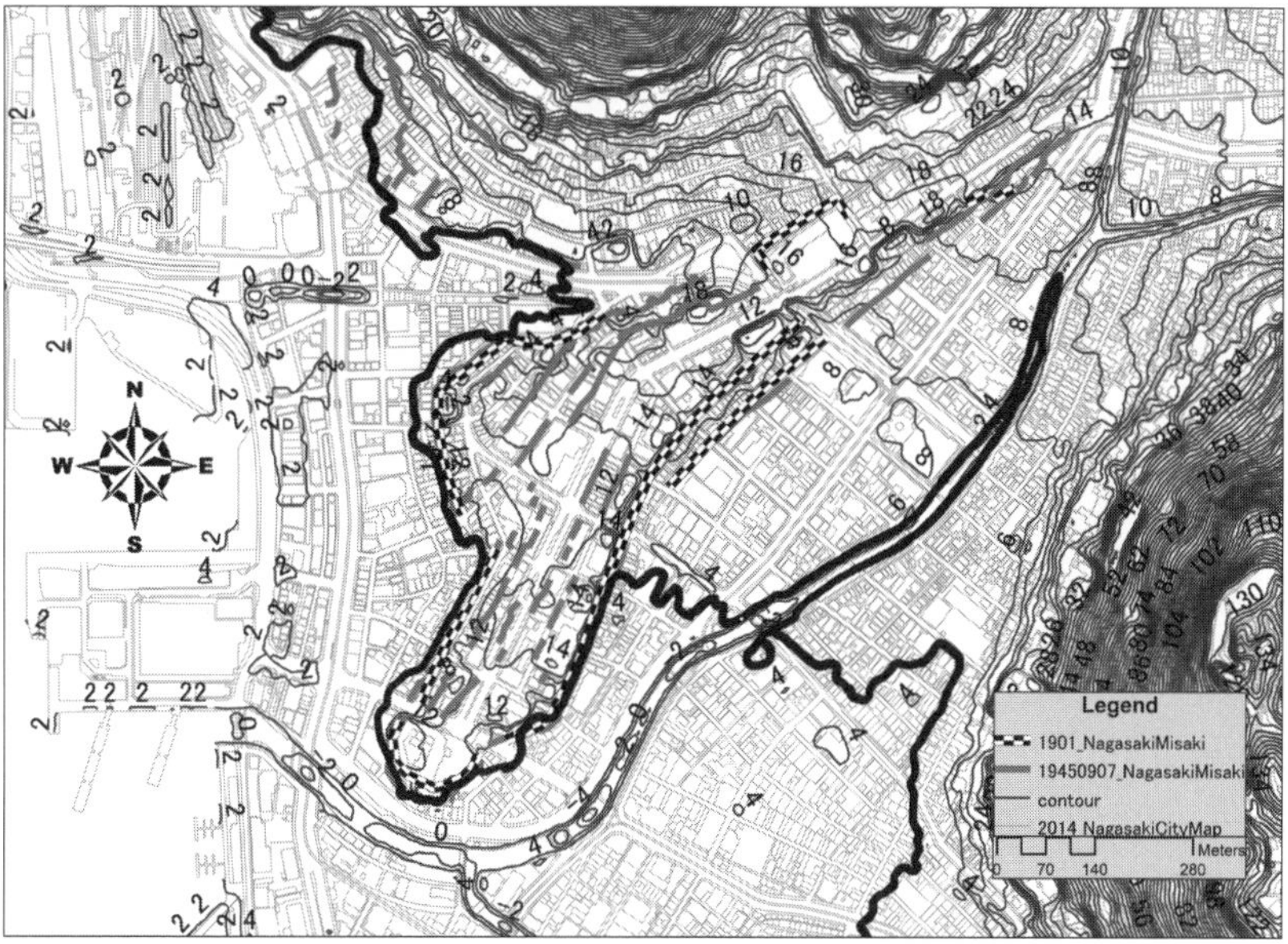

図11　筆者による長崎の岬の推定のための結果図（黒い太線は創建当時の海岸線と推定）

高が場所によって断絶されているためである。また、図の背景には二〇一四年度に発行した長崎市のデジタルデータを示すことで、場所の位置感覚を手助けするための工夫がなされている。更に、黒い太線は標高四ｍのものを示している。これは長岡ら（一九九九）が示した約四〇〇〇年前の推定を導入したもので考古学的な立場から認められている海岸線である。長岡らの考古学地層の研究によれば中島川河口から出島付近には扇状地が形成されているとしている。また、海面についても急激な海面上昇が見られた当時の時期を考慮し、現在の海抜よりも概ね五ｍまで上昇していたと見ている。そこで、現在の標高四ｍの等高線を繋いだものが黒い太線で示されている。この黒い太線が当時の海水が入ってきている海岸線と推定される。

　以上の結果を総合的に図示したのが図11である。この図には等高線の標高をより細かく示しており、一九〇一年の地図から抽出した石垣の部分（凡例：1901_NagasakiMisaki）と原爆投下後のアメリカ軍の航空写真から抽出した長崎の岬周辺の凹凸の変化がかなり大きい部分（凡例：19450907_NagasakiMisaki）を線分情報とし

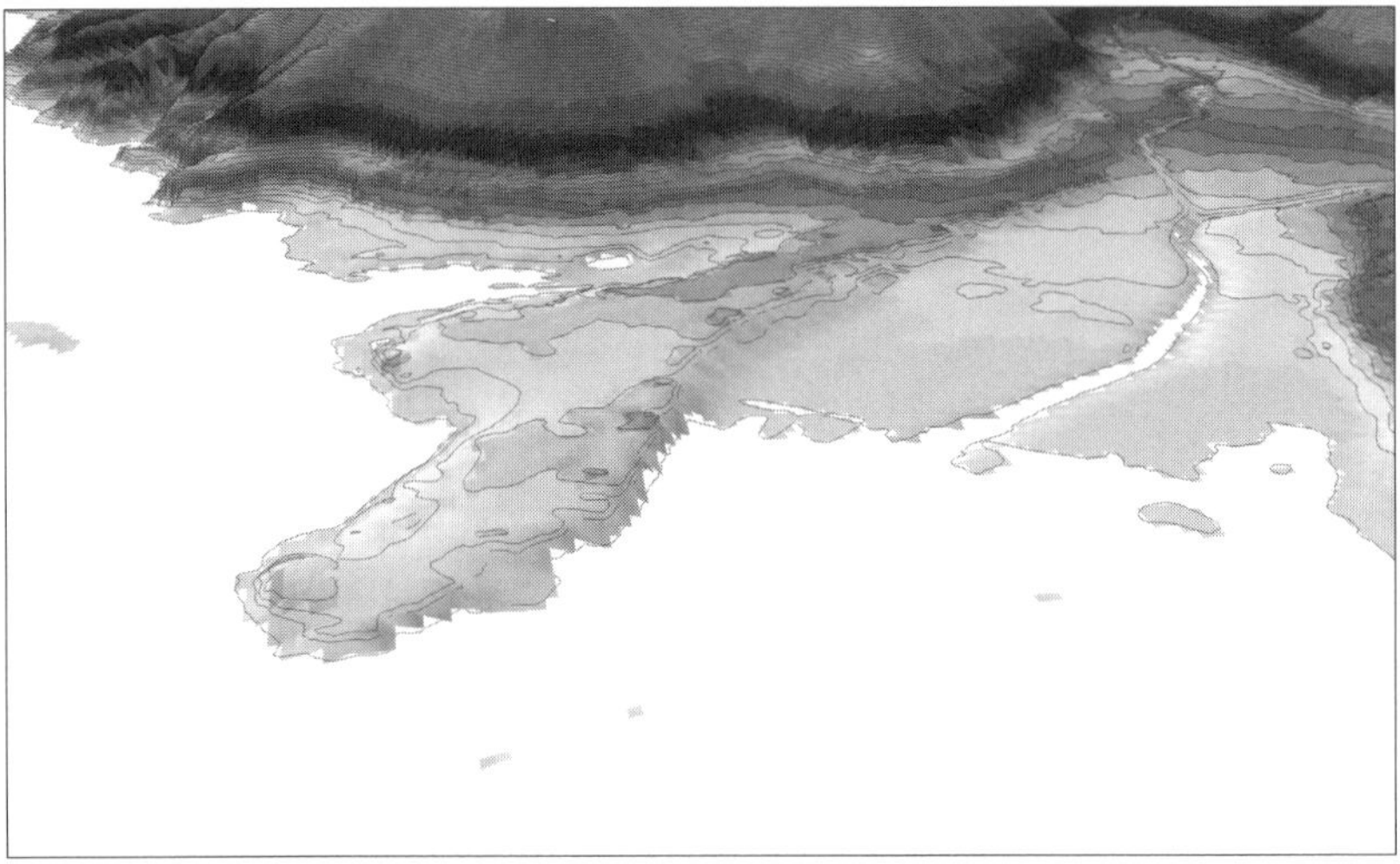

図12　3Dとして表現した創建当時の1570年代の長崎の岬の様子（“長か岬！”）

て示している。この図から推定される海岸線を、石垣や凹凸が激しい部分と仮定する場合は、等高線の標高は六mと合致する。しかし、沿岸地域の石垣を海水がうち浸かる海岸の岸壁に合わせることはあまりないことから（土屋、河田　一九八六）、標高の四m線分を海岸線と推定することが妥当と判断した。また、現在確認できる様々な絵図からも細長い岬には海水に面した石垣と教会や役所等に使用した建物を囲った石垣の二種類が使われていることが確認できる。この海岸線の推定結果はアマロの研究結果ともほぼ合致する。また、二〇二〇年の長崎の潮位表を一年間にわたって調べた結果[3]をみると概ね、引き潮（一番低い値：マイナス三三cm、二〇二〇年一月）から満ち潮（一番高い値：三二九cm、二〇二〇年九月）までの干満の差が約三六二cmとなり、凡そ四mの違いがあることから、平均海水面から満ち潮時には二m上昇し、引き潮時には二m低くなると見てよい。これを参照しながら、満ち潮時の塩水が到達する地域を推定すると、その場所は勝山町あたりまで到達することになる。また、中島川の河道からみると、塩水の到達場所は大井出橋（図10左図面のC地点）を超え、満ち潮が最も高い時には紅葉橋（図10左図面のD地点）まで到達する可能性がある。この結果は様々な古い文献にも記録されている内容と一致する

（長崎県庁跡地遺構を考える会　二〇一九）。

（２）実測地形図の３Ｄ表現

図11に示すデータはＧＩＳシステム上に構築したもので、ＧＩＳ機能を駆使すれば同じデータを３Ｄ地形図としても表現することが可能である。その結果を図12に示す。この結果は一五七一年の創建当時の長崎の岬を現在のデジタルデータから推定し作成したものである。作成のための前提条件は、一、海岸線の標高は現在の標高四ｍとして設定、二、標高は二ｍ間隔で色分けをし着色をして使用、三、ＧＩＳの３Ｄシステム上にこれらの条件を元に図化、することであった。この結果からも判るように一五七〇年代、創建当時の細長い岬は自然豊かな絶景が広がっており、長い岬が海に面して突出していたのである。

おわりに

長崎の岬について、今まで言葉で表現され、頭では描いていたものの、想像図の範囲を越えることはなかった。しかし、デジタルデータの普及と３Ｄ技術の発展により図化する作業が容易になった。その結果、長崎の岬をやや具体的な形として表現することができた。ここまでくると、果たして最初建てられた岬の教会はどんな姿だったのだろうか、海から見える教会の姿はどうだったのだろうかといろんな夢が膨らんでくる。日本最初の人工都市とでも言える長崎の岬に広がる六町はどのような姿で広がっていたのだろうか、そこで暮らしていた人々の生活はどうだったのだろうか、と次から次へと疑問が湧いてくる。今後、様々な先行研究や資料等を加えながらよりリアルな長崎の岬が表現されることを期待する。

注

（1）https://peace.cis.nagasaki-u.ac.jp/mapping/contents/map.php?TNo=534
（2）https://fgd.gsi.go.jp/download/menu.php
（3）https://www.data.jma.go.jp/kaiyou/db/tide/suisan/suisan.php?stn=NS

参考文献

川口洋平「近世長崎の発掘調査—近年の調査成果から—」日本の考古学、一一巻、二〇〇〇、一六一－一六八頁

工藤洋三、金子力『原爆投下部隊～第五〇九混成軍団と原爆・パンプキン』大村印刷株式会社、二〇一三

土屋義人、河田恵昭「大阪における安政南海道津波の復元（1）—氾濫災害について—」京都大学防災研究所年報、Ｖｏｌ．二九、Ｂ－2、一九八六、一－三二頁

外山幹夫『長崎史の実像』長崎文献社、二〇一三、二一頁

長岡信治、前田泰秀、奥野充「長崎湾及び長崎低地の沖積層と完新世の古地理変遷」第四世紀研究、Ｖｏｌ．三八、Ｎｏ．二、一九九九、九三－一〇七頁

長崎県庁跡地遺構を考える会『長崎の岬—日本と世界はここで交わった—』長崎文献社、二〇一九

長崎市「長崎市歴史的風致維持向上計画」、二〇二〇、一四頁

『長崎市制六十年史（前編）』、一九五六

ベビオ・ヴィエイラ・アマロ「港長崎の成立に関する研究」建築史学、六七巻、二〇一六、二－二九頁

第一七章　軍艦島の今と未来

出水　享

はじめに

現在、日本国内において国宝ならびに国指定重要文化財の数は約一万三千あり、その中で建造物は全体の約二割（約二千五百）を占めている。[1]現存する文化財建造物は建造後、数百年経過しているものもあり、老朽化が進んでいる。また、建造物は規模が大きく屋外で保存しなければならない。そのため、日本の高温多湿の気候風土や外海からの飛来塩分の影響により、建造物の老朽化が進みやすい。災害大国日本において自然災害の頻発や激甚化により毎年のように文化財が被災している。先人が残してくれた宝を守るのが今を生きる私たちの使命だが、保存状態によっては、莫大な費用が必要となる。場合によっては保存を断念することもある。二〇一六年一月には、大正時代の洋風建築で国登録有形文化財の岐阜市旧加納町役場が老朽化のため取り壊された。二〇一六年四月に発生した熊本地震では、熊本県内の文化財が被災した。熊本城では国指定重要文化財の櫓、阿蘇神社では国指定重要文化財の楼門が損壊・倒壊した。現在、その修復・復旧作業が進んでいる。

長崎では世界文化遺産・軍艦島（図1）が、襲来する台風や加速する老朽化により、年々形を変えている。二〇二〇年三月に、現存する日本最古の鉄筋コンクリート構造アパートの三〇号棟の外観の一部が崩落した。同年九月には台風により護岸が一部崩壊、石炭積込桟橋台跡が流出などの被害を受けた。軍艦島は、保存に関して非常に劣悪な環境に立地しており、今後の維持管理・保存が大きな課題である。

ここでは、軍艦島の「今」を述べるとともに筆者が取り組んでいる3D技術を用いた新しい文化財の保存方法や軍艦島を「未来」へ引き継ぐための保存の在り方について述べる。

第一節　軍艦島の変遷(2)

軍艦島（正式名：端島）は、長崎港から南西の海上約一七・五kmの外洋に位置する。島は南北に細長い形をし、南北約四八〇m、東西約一六〇mである。かつてこの島は海底炭鉱により栄え、最盛期の一九六〇年代には人口が約五、三〇〇人となり、人口密度は世界一となった（図2、3、4）。その後、一九七四年の閉山に伴い無人島になって現在に至る。

図1　軍艦島全景（撮影：出水享）

軍艦島の変遷を詳しく説明する。軍艦島は一八一〇年（江戸時代後期）頃に石炭が発見され、一八七〇年（明治三）に石炭の採掘が始まった。採掘される石炭は良質であり主に八幡製鐵所（北九州市）に供給され、日本の近代を支えた。一九六〇年代にエネルギー供給の主体が石炭から石油に転換するエネルギー革命が急速に進んだことから、一九七四年（昭和四九）一月に閉山、同年四月に無人島となった。その後、約二〇年間手付かずのまま放置されていたが、一九九三年（平成五）一一月に周辺クルーズが本格的に開始された。二〇〇九年一月に世界遺産暫定リストに記載され、二〇〇九年四月に島内の一部が観光で上陸可能となった。二〇一四年一〇月に国の史跡に指定され、二〇一五年七月に国際連合教育科学文化機関（ユネスコ）の世界遺産「明治日本の産業革命遺産　製鉄・製鋼、造船、石炭産業」の構成資産の一つとして登録された。

図2　坑内の様子
提供：軍艦島デジタルミュージアム③

図3　買い物の様子
提供：軍艦島デジタルミュージアム③

図4　運動会の様子
提供：軍艦島デジタルミュージアム③

図5　軍艦島を襲う高潮（撮影：柿田清英氏）

図6　護岸の被害
提供：軍艦島デジタルミュージアム③

第二節　海の脅威との戦い

軍艦島は、元々岩礁による小さい島であったが、島の繁栄とともにその周囲に六回にわたる埋立工事が行われ、島と護岸の拡張が行われている。現在の姿が形成されたのは昭和六年である。島の中央部の南北に延びる山は埋立て前の岩礁で、その東側と南側には炭鉱関連施設、北側と西側および山頂には居住施設がある。島の周囲には長さ約一・二km、高さ一〇m以上の城壁のような護岸が構築されている。しかし、大時化時には、護岸をはるかに超える高潮（図5）に襲われ、その潮の高さは七階建ての建物すら乗り越えたという。現在の護岸はコンクリート構造であるが大正末期までは石積み護岸であった。護岸はたびたび襲来する台風の高潮により破壊され、その度に補修・補強が繰り返し行われてきた。一九五六年の台風では南側と西側の護岸が約一〇〇mにわたって崩壊（図6）し、桟橋の流失、木造の商店街が全壊した。一九九一年の台風では、北東部の端島小中学横の護岸が崩壊し、建物下の土砂が流出し、大きな穴ができるとともに建物の基礎杭が剝き出しになった。その後、護岸は再構築され、護岸の外側に補強用のコンクリートが設置された。二〇一七年、二〇一八年に建物下に空いた穴は埋め戻された（図7）。二〇一八年一〇月に襲来した台風では、南側の見学通路に石や瓦礫が押し流されて柵が折れ曲がった（図8）。また、桟橋のコンクリート部分が一部損壊するなどの被害が出た。二〇一九年九月にも同様の被害を受けている。二〇二〇年の九月に立て続けに来襲した台風九号、一〇号では南西部の護岸が一部崩壊、東部の石炭積出桟橋台跡が流出（図9）などの被害がでた。ここで紹介したのは台風被害の一例に過ぎないが、軍艦島の歴史は海の脅威との戦いといえる。

図7　小中学校下の補修作業（撮影：出水享）

図8　見学通路の被害（撮影：出水享）

図9　石炭積出桟橋流失（(左) 流出前、(右) 流出後）（撮影：出水享）

第三節　急速に加速する老朽化

軍艦島にはもう一つの脅威がある。老朽化だ。島内には居住施設の鉄筋コンクリート構造の建物が立ち並んでいる（図10）。これらは建設当時から雨風や潮風に晒されてきた。また、無人島になってからはメンテナンスが行われず、ほったらかしの状態で現在に至るが、その間に老朽化が急速に進んでいる。図11はその一例だが、建物のいたるところにひび割れが発生し、場所によっては、錆びてボロボロになった黒い鉄筋が剥き出しになっている。老朽化のメカニズムとしては、長い年月をかけて、コンクリート表面から潮（塩）などが侵入し、その影響で内部の鉄筋が錆び始める。この状態ではひび割れは発生せず外観に異常は確認されない。その後、腐食が進むにつれて鉄筋の体積が膨張する。その膨張圧によって鉄筋を覆っているコンクリートを押し広げて、ひび割れが発生する。場所によってコンクリート表面が剝がれ落ちて鉄筋が剝き出しになる。剝き出しになった鉄筋は、水、塩に直接ふれることになり、さらに腐食が加速し、ボロボロになる。一度コンクリートに侵入した塩は除去することが難しいことから、塩害はコンクリートの癌と例えられることもある。コンクリートは、引っ張られる力に弱く、また圧縮される力に強い。そのため弱点部である引張力が作用する箇所に鉄筋を配置させることにより、強くしたものが鉄筋コンクリート構造物である。よって、鉄筋が錆びてボロボロになると構造物の強度が低下することになる。鉄筋は錆びると元に戻すことができないことから、鉄筋コンクリート構造物を長く維持するためには鉄筋を錆びさせないことが大切である。

鉄筋コンクリートを人間に例えると鉄筋が骨、コンクリートが肉といえる。現状の島内の建物の健康状態を人間に例えると「平均寿命を超えた全身癌だらけで骨粗しょう症」のような満身創痍の状態である。

そのような中、二〇二〇年三月に現存する日本最古の鉄筋コンクリート構造アパートの三〇号棟（一九一六年建設）の外観の一部が崩落した。崩落したのは南面の天井から五階にかけての外壁や梁の一部。五月には同箇所の崩落が四

図10　密集した建物（撮影：出水享）

図11　老朽化した建物
（（上）外観、（下）室内）
（撮影：出水享）

図 12
30 号棟の崩落
((上) 2018 年 2 月、
(中) 2020 年 5 月、
(下) 2020 年 12 月)
(撮影：出水享)

階分まで拡大した。六月には西側の天井から六階の外壁と梁の一部が崩落した。二〇二〇年九月の台風でもその被害が拡大した（図12）。三〇号棟は外装からは確認できないが内部の床が部分的に崩落しており、建物は一部「はりぼて」状態になっている。その「はりぼて」の部分に風または波が作用して崩壊したと考えられる。このことから考えると三〇号棟はフラフラの状態であることが想定できる。今後は、崩落のスピードがさらに加速すると予想され、場合によっては、今後、襲来する台風により大部分が崩壊する恐れがある。三〇号棟の崩落へのカウントダウンは始まっている。

第四節　軍艦島3Dプロジェクト(4)(5)

筆者は二〇〇九年頃から軍艦島に上陸し調査研究を行っている。当初は保存を目的として上陸していたが、予想を遙かに超える老朽化の状況になす術もなく、「敗北感」に打ちひしがれたことを今でも鮮明に覚えている。調査の度に「何ができるのだろうか?」と自問自答を繰り返す日々が続いた。軍艦島を保存するためには老朽化の程度やその進行速度を把握する必要がある。しかし、島内の構造物は老朽化が酷く調査には危険が伴うことや、多くの構造物が存在するため調査には膨大な時間が必要となる。

そこで、筆者が着目したのが3Dレーザースキャナやドローンの空撮映像を活用した3D技術である。これらの技術を活用することで軍艦島を遠隔・非接触で短時間・広範囲に、さらに高精度・高密度の3Dデジタルデータとして記録することができる。具体的には、建物、護岸、地面の形や建物のひび割れ、鉄筋の露出、外壁・スラブの崩落や海水（波）で侵食された地面の深さを記録できる。定期的にデータを取得し、比較することで崩落した箇所などの老朽化の進行速度を把握することができる。つまり、3D技術を用いることで軍艦島を島ごとデジタル真空パックした

図13　軍艦島3D

図14　軍艦島VR

状態で記録することができる。二〇一四年に長崎市の依頼[7]で実施した記録調査では、世界で初めて島をまるごと３Ｄ化（図13）に成功した。記録には筆者が以前勤めていた計測リサーチコンサルタント（広島市）の協力をえた。そして、二〇一五年には「軍艦島３Ｄプロジェクト」がグッドデザイン賞[8]を受賞した。評価のコメントは「文化遺産をテクノロジーを使ってアーカイブ化した点を評価した。大学の研究としてこのような事例が今後増えて行くことを期待する」であった。その後、筆者は、写真家の小島健一氏らと文化財を３Ｄ記録する『長崎３Ｄプロジェクト[5]』を立ち上げ、長崎県内を中心に全国各地の文化財の３Ｄ記録を行っている。軍艦島においては、二〇一六年、二〇一八年、二〇二〇年と定期的に記録を行っている。

記録した３Ｄデータは軍艦島の魅力を伝えるコンテンツとして活用できる。二〇一五年にＹｏｕＴｕｂｅ[9]で公開した３Ｄ動画は、普段、観光で見ることができない軍艦島をいろいろな視点で見ることができることから、大きな反響を呼び、当時、一〇万回以上再生された。また、ハコスコ（東京・渋谷区）とユニティ・テクノロジーズ・ジャパン（東京・中央区）に協力していただき軍艦島ＶＲ（図14）を製作し、二〇一六年二月にGOOD DESIGN Marunouchi

Exhibition #03「学ぶ・知る・体験するデザイン」で展示した。現在はハコスコ専用サイト[10]で公開されている。二〇一八年には、ホタルコーポレーション（大阪・住之江区）に協力していただき、3Dプリンターを用いて日本で初めてフルカラーの軍艦島模型（一一〇〇分の一）（図15）を製作した。製作した模型は、軍艦島資料館（長崎市）に展示されたほか、写真家の佐藤健寿氏の写真集「THE ISLAND 軍艦島」の発売記念イベントで活用された。

図15　3Dプリンターで製作した模型

第五節　どう守っていくのか？

軍艦島の保存については、「自然に朽ち果てていく姿を見守りたい」と「補修・補強して現状を維持してほしい」の二つの意見に分かれるが、圧倒的に前者の意見が多いように思える。朽ち果て行く姿が美しいと思える「廃墟美」を感じるからであろうか。筆者も前者の意見に近い。その理由は保存には膨大な費用（税金）が使われることが想定されるからだ。ただ、軍艦島は文化財に指定されているので保存は必須となっている。実際はどうなっているか説明する。軍艦島の管理者である長崎市は、優先順位[11]をつけて、保存活用のため段階的に整備する計画である。最も優先順位が高いのが島を守るために必要不可欠な護岸や石積擁壁、次に石炭を掘り出すために使われていた生産施設など、最後に島のシルエットに貢献し比較的に老朽化が進んでいない居住施設となっている。長崎市はこれらの構造物を平成三〇年から三〇年にわたって整備する計画であり、その予算は約一一〇億三千万円（年平均約三・七億）と試算している。ただし、この試算には今後、襲来が想定される台風被害の修復費用は計上されていない。また、整備時は試算時より老朽化が進んでいるため、当初計画費用で同等レベルの整備を行うのは難しいと考える。

保存活用の整備には膨大な費用が必要となることから、長崎市は平成二七年九月に軍艦島整備基金[12]を設立した。ふるさと納税をはじめ個人や企業からの寄付、市民からの募金、上陸観光費用の一部がこの基金に積み立てられている。平成三〇年度末でその積み立て金額は約六億円（年平均で約一・七億円）となっている。基金を占める割合としてはふるさと納税が多い。長崎市外在住の方から応援されていることに嬉しく思う。

筆者は軍艦島に限っては税金に頼らない保存が可能ではないかと考えている。それは軍艦島が唯一無二の存在であり、その価値が世界で群を抜いているからだ。世界中の廃墟や奇妙な光景を見てきた写真家佐藤健寿氏が軍艦島を「廃墟の王」と名付けたことからすると、その価値は計り知れない。

現状として、その価値を上手に発信できているとは思えない。筆者が足りないと考えるのは、『軍艦島の今』の情報である。『軍艦島の今』とは、朽ちていく軍艦島の今、自然災害に襲われている軍艦島の今、自然災害で崩壊した軍艦島の今、軍艦島を守るために汗を流す管理者・技術者・研究者の今、朽ちていく故郷を心配する元島民の今、軍艦島を盛り上げる観光クルーズ会社の今、軍艦島を応援するファンの今などである。例えば『みんなで守る軍艦島』プロジェクトを立ち上げて、『軍艦島の今』をチームとなって発信できれば、世界中にファンが増え、結果として寄付金が増えると考えている。

おわりに

世界文化遺産・軍艦島は、文化財の保存という観点では非常に劣悪な環境に立地している。襲来する台風や急速に加速する老朽化により、年々形を変えている。そのため維持管理・保存が大きな課題となっている。

軍艦島を3D記録することで形だけでなく状態を色情報として記録できることやデータを定期的に記録し過去のデータと比較することで変化を捉えることができる。このことから、3D技術は文化財の新しい記録方法として期待できる。さらに、3DデータはVRなどのコンテンツに利用できるほか、展示品などにも幅広い分野に活用できる。『みんなで守る軍艦島』プロジェクトは、軍艦島を「未来」へ引き継ぐための新しい保存の在り方だと考えている。筆者としては、今後も継続的に記録活動を行うともに軍艦島の今を発信していく。さらに、志を共にする仲間を増やし『みんなで守る軍艦島』プロジェクトの実現を目指す。

参考文献

（1）文化庁ＨＰ　http://www.bunka.go.jp/seisaku/bunkazai/shokai/shitei.html
（2）想像と記憶（軍艦島・端島）ＨＰ　http://www6.cncm.ne.jp/~hashima/
（3）軍艦島デジタルミュージアムＨＰ　https://www.gunkanjima-museum.jp/
（4）出水享「軍艦島３Ｄプロジェクト―最新のインフラ点検技術を活用したデジタルアーカイブ―」土木学会誌、一〇一（四）、二〇一六、二八二九頁
（5）軍艦島３ＤプロジェクトＨＰ　https://www.akira-demizu.com/gunkanjima
（6）端島遺構状況記録調査業務委託報告書二〇一四年六月
（7）グッドデザイン賞「軍艦島３Ｄプロジェクト」http://www.g-mark.org/award/describe/43107
（8）長崎３ＤプロジェクトＨＰ　https://nagasaki3d.tumblr.com/

（9）軍艦島3D映像（Ｙｏｕｔｕｂｅ）https://www.youtube.com/watch?v=DYIxWZ2cpNI
（10）ハコスコストアＨＰ　https://store.hacosco.com/
（11）長崎市史跡高島炭鉱跡保存管理計画書二〇一五年九月
（12）長崎市端島（軍艦島）整備基金ＨＰ　https://www.city.nagasaki.lg.jp/kanko/840000/843000/p029703.html

あとがき

新型コロナウイルス感染症の蔓延で授業形態が抑制的となり、長崎大学の学生たちも一般住民と同様、閉塞感ただよう生活を余儀なくされている。しかし、人がどのような環境にあっても、個人としての教養の育成は、何ものによっても抑制されるものではない。いずれ感染症の予防ないし治療が十全となった暁には、対面で行われる授業が再開されることであろう。だが、いかなる環境の変化があろうとも、得るべき知識や読むべき書物は無尽蔵に存在し、尽きることはない。戦時下の燈火に文字を追ったであろう学生たち、停電の続くなか薄明りを頼りにページを繰ったであろう災害地の学生たち、そして今、感染症の猛威の中、それでも知を求めようとする学生たちに、私たち「長崎大学地域文化研究会」から本書を届けたい。そして自分たちが日々を過ごす長崎の地に、その過去・現在・未来に、思いを馳せてくれることを願うものである。

本書の上梓に際し、懇切なる対応をいただいた九州大学出版会の奥野有希氏に、私たち執筆者一同から深甚なる謝意を届けたい。

二〇二一年四月吉日

長崎大学地域文化研究会代表　増﨑英明

執筆者紹介

編著者

増崎英明《ますざきひであき》　長崎大学附属図書館　館長……まえがき、第一章、あとがき

執筆者

前田桂子《まえだけいこ》　長崎大学教育学部　教授……第二章

木村直樹《きむらなおき》　長崎大学多文化社会学部　教授……第三章

野上建紀《のがみたけのり》　長崎大学多文化社会学部　教授……第四章

王　維《ワンウェイ》　長崎大学多文化社会学部　教授……第五章

中島貴奈《なかじまたかな》　長崎大学教育学部　准教授……第六章

吉良史明《きらふみあき》　長崎大学教育学部　准教授……第七章

Rudy Toet《ルディトート》　長崎大学多文化社会学部　助教……第八章

南森茂太《みなみもりしげた》　長崎大学経済学部　准教授……第九章

田口由香《たぐちゆか》　長崎大学教育学部　准教授……第一〇章

山口敦子《やまぐちあつこ》　長崎大学水産学部　教授……第一一章

安武敦子《やすたけあつこ》　長崎大学工学部　教授……第一二章

赤澤《あかざわ》祐子《ゆうこ》　長崎大学原爆後障害医療研究所 附属放射線・環境健康影響共同研究推進センター 資料収集保存・解析部
生体材料保存室 准教授……第一三章

才津《さいつ》祐美子《ゆみこ》　長崎大学多文化社会学部 教授……第一四章

大平《おおひら》晃久《てるひさ》　長崎大学教育学部 准教授……第一五章

全《チョン》 炳徳《ビョンドク》　長崎大学情報データ科学部 教授……第一六章

出水《でみず》 享《あきら》　長崎大学工学部 技術専門職員……第一七章

（執筆順、二〇二一年三月三一日現在）

今《いま》と昔《むかし》の長崎《ながさき》に遊《あそ》ぶ

2021年7月10日　初版発行

編著者　増　﨑　英　明

著　者　長崎大学地域文化研究会

発行者　笹　栗　俊　之

発行所　一般財団法人　九州大学出版会

〒814-0001 福岡市早良区百道浜 3-8-34

九州大学産学官連携イノベーションプラザ 305

電話　092-833-9150

URL　https://kup.or.jp/

印刷・製本／シナノ書籍印刷（株）

Printed in Japan　ISBN978-4-7985-0310-3